教育部高等学校机械类专业教学指导委员会规划教材

汽车车身结构与设计

朱茂桃 丁 华 主编

清华大学出版社
北京

内容简介

本书系统地讲述了汽车车身结构设计的概念、理论与方法，包括概论、基于人体工程学的车身总布置设计、车身造型、汽车的空气动力特性、汽车车身的结构分析与设计、汽车车身碰撞安全设计、汽车车身结构的有限元分析、车身NVH特性研究、车身材料及轻量化。

本书可作为高等学校车辆工程专业本科生和研究生的教材，也可作为相关工程技术人员的参考书。

版权所有，侵权必究。举报：010-62782989，beiqinquan@tup.tsinghua.edu.cn。

图书在版编目(CIP)数据

汽车车身结构与设计/朱茂桃，丁华主编. —北京：清华大学出版社，2018(2025.1重印)
(教育部高等学校机械类专业教学指导委员会规划教材)
ISBN 978-7-302-49998-5

Ⅰ. ①汽… Ⅱ. ①朱… ②丁… Ⅲ. ①汽车－车体结构－高等学校－教材 ②汽车－车体－设计－高等学校－教材 Ⅳ. ①U463.82

中国版本图书馆 CIP 数据核字(2018)第 076359 号

责任编辑：许 龙
封面设计：常雪影
责任校对：刘玉霞
责任印制：刘海龙

出版发行：清华大学出版社
网 址：https://www.tup.com.cn，https://www.wqxuetang.com
地 址：北京清华大学学研大厦A座　邮 编：100084
社 总 机：010-83470000　邮 购：010-62786544
投稿与读者服务：010-62776969，c-service@tup.tsinghua.edu.cn
质量反馈：010-62772015，zhiliang@tup.tsinghua.edu.cn

印 装 者：三河市龙大印装有限公司
经 销：全国新华书店
开 本：185mm×260mm　印 张：16.5　字 数：400千字
版 次：2018年6月第1版　印 次：2025年1月第5次印刷
定 价：46.00元

产品编号：078558-01

前言 FOREWORD

从 2009 年我国汽车产销量首次超越美国、跃居世界第一以来，我国已连续 8 年成为世界第一的汽车产销大国，汽车工业及关联产业就业人数超过 5000 万。连年的产销增长、高比例的税收以及巨大的就业和消费市场的拉动，使汽车产业成为我国国民经济当之无愧的支柱产业。当前，我国的经济进入结构转型的新常态，制造业也随之进入"工业 4.0"的新时代。在这样的背景下，作为支柱的汽车产业面临着严峻挑战，也迎来全新的发展机遇。随着汽车工业规模的不断扩大，汽车及其相关产业的人才需求一直都保持高位状态。与此相适应，致力于高层次人才培养的汽车工业高等教育也得到了长足发展。据不完全统计，迄今全国开办车辆工程类专业的高等院校有 160 余所。

为了满足快速发展的汽车工业对专业工程技术人才培养的需求，在教育部高等学校机械类专业教学指导委员会支持下，由清华大学出版社组织各相关高校，制定了车辆工程、汽车服务工程专业规划教材的编写计划。本教材同时入选了"十三五"江苏省高等学校重点教材，相信本教材的出版将对我国车辆工程专业的高等教育产生积极的影响，为我国汽车行业人才培养模式的改革作出积极的探索。

本教材在内容的选择上除了反映车身开发方面的基础理论和共性技术，如车身总布置设计人机工程学、汽车造型设计、汽车空气动力学、车身有限元以外，还注重介绍反映当前国际汽车车身开发方面的新理论、新技术，如汽车车身 CAD/CAE/CAM 技术、车身 NVH、车身刚度与轻量化等。教材的内容主要围绕乘用车车身展开，其他车型也可借鉴。本书围绕当今车身开发的安全、节能和环保三大主题，以人机工程学作为车身布置的核心内容，依次展开，对车身结构强度和刚度、碰撞安全性等综合性能指标进行了阐述。

学习本课程前，学生应学过车辆工程专业的基础课程，熟悉汽车的结构与工作原理，对车身结构、工程力学以及有限元方法有一定的了解。

本书由江苏大学朱茂桃、丁华主编。第 2、3、4、6 章由朱茂桃编写，第 8、9 章由丁华编写；第 7 章由南京理工大学王良模编写，第 1、5 章由金陵科技学院智淑亚编写；江苏大学徐晓明、张学荣、胡东海参与了部分内容的编写。

受水平和条件所限，书中难免有不妥和遗漏之处，欢迎使用本书的师生和读者提出宝贵意见，以便作者在本书再版时予以更正。

作　者

2018 年 1 月

目 录
CONTENTS

第1章 概论 ··· 1
  1.1 汽车车身概述 ································· 1
    1.1.1 车身形式的发展历史 ····················· 1
    1.1.2 现代设计方法的特点 ····················· 2
  1.2 汽车车身设计的特点与要求 ····················· 5
    1.2.1 车身设计的特点 ························· 5
    1.2.2 车身设计的技术要求 ····················· 6
  1.3 现代汽车车身开发流程和方法 ··················· 7
    1.3.1 现代车身开发流程 ······················· 7
    1.3.2 现代车身设计方法 ······················ 16
  习题 ·· 21

第2章 基于人体工程学的车身总布置设计 ·············· 22
  2.1 人体工程学概述 ······························ 22
    2.1.1 人体工程学简介 ························ 22
    2.1.2 人体工程学中的人体参数 ················ 23
    2.1.3 人体工程学的汽车车身内部布置工具 ······ 24
  2.2 人体工程学在车身布置中的应用 ················ 38
    2.2.1 眼椭圆的应用 ·························· 38
    2.2.2 人体坐姿校核 ·························· 43
    2.2.3 人机工程学在显示装置中的应用 ·········· 48
    2.2.4 人机工程学在操纵装置中的应用 ·········· 50
    2.2.5 上下车方便性校核 ······················ 52
  2.3 各类车身的布置 ······························ 53
    2.3.1 汽车车身总布置的原则、内容和方法 ······ 53
    2.3.2 轿车车身的布置 ························ 55
    2.3.3 客车车身的布置 ························ 63
  习题 ·· 66

第3章 车身造型 ... 67

3.1 概述 ... 67
3.1.1 造型开发的主要内容 ... 67
3.1.2 汽车车身造型的要求 ... 68
3.1.3 现代车身造型的发展趋势 ... 68

3.2 车身造型基础和方法 ... 70
3.2.1 汽车造型程序总论 ... 70
3.2.2 车身造型流程 ... 71
3.2.3 车身造型方法 ... 73

3.3 车身计算机辅助造型 ... 79
3.3.1 信息的获取与交流 ... 79
3.3.2 效果图 ... 79
3.3.3 数字化模型 ... 80
3.3.4 1∶1效果图 ... 80
3.3.5 制作1∶1实体模型 ... 80
3.3.6 虚拟成像系统 ... 81
3.3.7 并行工程 ... 81

习题 ... 81

第4章 汽车的空气动力特性 ... 82

4.1 概述 ... 82
4.2 车身气动造型 ... 83
4.2.1 气动力与气动力矩 ... 83
4.2.2 作用在汽车上的气动阻力 D ... 85
4.2.3 汽车的气动升力 L 和纵倾力矩 PM ... 86
4.2.4 汽车的气动侧向力 S、横摆力矩 YM 和侧倾力矩 RM ... 87
4.2.5 气动阻力对汽车动力特性的影响 ... 89
4.2.6 气动阻力对汽车燃油经济性的影响 ... 89
4.2.7 气动力矩对汽车气动稳定性的影响 ... 90
4.2.8 汽车造型的发展变化 ... 91
4.2.9 最佳气动造型 ... 92

4.3 汽车内流场特性分析 ... 94
4.3.1 发动机冷却系统分析 ... 94
4.3.2 对驾驶室的环境要求 ... 98
4.3.3 汽车空调的特点 ... 100

4.4 提高汽车空气动力特性的措施 ... 100
4.4.1 改善轿车空气动力特性的措施 ... 101
4.4.2 改善货车空气动力特性的措施 ... 102

    4.4.3 改善大客车空气动力特性的措施 ·················· 104
  4.5 车身空气动力学试验 ·················· 104
    4.5.1 汽车风洞试验目的与方法 ·················· 104
    4.5.2 汽车风洞的结构形式 ·················· 106
    4.5.3 汽车风洞的特点 ·················· 109
    4.5.4 汽车风洞试验模型 ·················· 112
    4.5.5 汽车风洞试验的准则与规范 ·················· 113
  习题 ·················· 115

第 5 章 汽车车身的结构分析与设计 ·················· 116

  5.1 汽车车身的组成与结构类型 ·················· 116
    5.1.1 轿车车身的组成 ·················· 116
    5.1.2 轿车车身结构类型 ·················· 117
  5.2 轿车车身结构分析与设计 ·················· 120
    5.2.1 车身结构的总体设计要求 ·················· 120
    5.2.2 车身结构的划分 ·················· 121
    5.2.3 车身结构件的分析与设计 ·················· 123
    5.2.4 车身覆盖件的结构分析与设计 ·················· 125
    5.2.5 焊接接头设计 ·················· 127
  5.3 车身结构强度与刚度设计 ·················· 130
    5.3.1 车身结构强度设计 ·················· 130
    5.3.2 车身疲劳强度设计 ·················· 133
    5.3.3 车身结构刚度设计 ·················· 136
  5.4 车身结构的动力学性能设计 ·················· 138
    5.4.1 振动模态分析 ·················· 138
    5.4.2 车身结构动力学性能设计 ·················· 141
  5.5 车身强度与刚度试验 ·················· 144
    5.5.1 车身静态试验 ·················· 144
    5.5.2 车身动态试验 ·················· 149
  习题 ·················· 152

第 6 章 汽车车身碰撞安全设计 ·················· 153

  6.1 汽车碰撞安全性设计 ·················· 153
    6.1.1 汽车安全性概述 ·················· 153
    6.1.2 汽车碰撞形式及乘员伤害 ·················· 154
    6.1.3 汽车安全技术法规与新车评价规程 ·················· 155
    6.1.4 汽车碰撞时的车身安全性设计 ·················· 158
  6.2 车身抗撞性试验 ·················· 167
    6.2.1 抗撞性试验分类 ·················· 167

6.2.2 整车碰撞试验 ············· 167
6.2.3 零部件试验 ············· 172
习题 ··················· 173

第7章 汽车车身结构的有限元分析 ········ 174

7.1 有限元分析软件 ············· 174
7.1.1 ANSYS 软件 ············ 174
7.1.2 ABAQUS 软件 ············ 174
7.1.3 ADINA 软件 ············ 175
7.1.4 MSC 软件 ············· 175
7.1.5 HyperWorks 软件 ·········· 176
7.1.6 其他有限元软件 ··········· 177

7.2 车身所受载荷 ············· 177
7.2.1 弯曲载荷 ············· 178
7.2.2 弯扭载荷 ············· 178
7.2.3 纵向载荷 ············· 179
7.2.4 侧向载荷 ············· 180
7.2.5 碰撞载荷 ············· 180
7.2.6 局部的集中载荷 ··········· 181
7.2.7 安全系数 ············· 181

7.3 车身结构分析和模型建立 ········· 181
7.3.1 车身有限元模型建立 ········· 183
7.3.2 车身强度分析 ··········· 188
7.3.3 车身刚度分析 ··········· 188
7.3.4 车身碰撞安全分析 ·········· 188

7.4 车身有限元分析实例 ··········· 190
7.4.1 车身强度分析实例 ·········· 190
7.4.2 车身刚度分析实例 ·········· 191
7.4.3 车身模态分析实例 ·········· 192
7.4.4 车身碰撞安全分析实例 ········ 194

习题 ··················· 200

第8章 车身NVH特性研究 ··········· 201

8.1 汽车NVH特性 ············· 201
8.1.1 概述 ··············· 201
8.1.2 声学基础理论 ··········· 202
8.1.3 汽车中的NVH现象 ········· 204
8.1.4 车身的NVH特性 ·········· 205

8.2 NVH特性设计方法 ··········· 205

		8.2.1 整车 NVH 目标的确定	206
		8.2.2 NVH 目标的分级	206
		8.2.3 NVH 设计中的 CAE 方法介绍	207

8.3 车内的降噪措施 208
8.3.1 车内噪声的成因 208
8.3.2 隔声与吸声 208
8.3.3 车内噪声的主动控制 211

8.4 NVH 特性研究的试验方法 213
8.4.1 NVH 特性的评价方法 213
8.4.2 消声室内的噪声试验 214
8.4.3 道路噪声试验 215

8.5 有限元分析软件在车身 NVH 研究中的应用 216
8.5.1 建立有限元模型 216
8.5.2 模态分析 217
8.5.3 模态分析结果与评价 218

习题 221

第 9 章 车身材料及轻量化 222

9.1 车身常用材料 222
9.1.1 车身用钢板 222
9.1.2 普通低碳钢板 225
9.1.3 镀锌薄钢板 225
9.1.4 高强度钢板 226

9.2 轻合金材料 232
9.2.1 铝合金 232
9.2.2 镁合金 233

9.3 塑料及复合材料 234
9.3.1 工程塑料 234
9.3.2 复合材料 235

9.4 汽车车身轻量化设计 235
9.4.1 采用新材料实现车身轻量化 236
9.4.2 采用新工艺实现车身轻量化 243
9.4.3 优化车身结构实现轻量化 247
9.4.4 车身轻量化设计方法 250
9.4.5 车身轻量化面临的主要问题 252

习题 253

参考文献 254

第 1 章

概　论

1.1　汽车车身概述

现代汽车由三大部分组成,即底盘、发动机、车身,称为汽车的三大总成。纵观世界汽车工业史,可以看出,现代汽车是"底盘—发动机—车身"逐步发展完善过来的,其发展过程在很大程度上取决于当时的科学技术和物质生活条件。汽车与人们的日常生活息息相关,车辆的更新换代是为了适应人们生活的各种不同目的和用途。各国发展的历程与实践证明,汽车整车生产能力的提升主要取决于车身的生产能力,汽车的更新换代、改型改装、产品促销等在很大程度上取决于车身。特别是轿车,其发展取决于车身技术水平。车身工程是汽车工业中最年轻而又发展最迅速的一个分支。

从19世纪末到20世纪初期,汽车设计师把主要精力都用在了汽车机械工程学的发展和革新上。到了20世纪前半期,汽车设计者们开始着手从汽车外部造型上进行改进,并相继引入了空气动力学、流体力学、人体工程学以及工业造型设计(工业美学)等概念,力求让汽车能够从外形上满足各种年龄、各种阶层,甚至各种文化背景的人的不同需求,使汽车从冰冷的机械变成具有非凡魅力的艺术品。

轿车车身的设计和制造直接受相关学科技术进步的影响,而轿车本身又是一种大批量生产、工业化程度非常高的大众化产品,且产品种类繁多,市场国际化竞争激烈,并与人类社会有着密切关系,因此,本章主要以轿车车身为例,以车身特点为导向,以它的发展历程和发展趋势为主线,介绍车身形式的演变及开发流程,并概述传统与现代设计方法的特点。

1.1.1　车身形式的发展历史

汽车车身在发展过程中,最富有特色、最具有直观性的首先是车身外形的演变,它主要经历了具有里程碑意义的六个阶段,即马车型汽车、厢型汽车、甲壳虫型汽车、船型汽车、鱼型汽车和楔形汽车,其中甲壳虫型轿车可以说是一个划时代的产品。

1913年以前,从汽车诞生起,汽车车身是木质马车的改型,直到1915年世界上才出现第一辆由美国巴德公司为道奇轿车制造的全钢车身,从此汽车车身跨进金属结构的时代。那时能获得一辆封闭式车身的汽车就是用户的最大心愿。20世纪30年代流行厢式大车身,那时车速很低,设计师不需顾虑空气阻力的大小。40—50年代军车大出风头,为了打赢第二次世界大战,各式战争用车,如吉普、牵引车纷纷涌向战场。60年代汽车在保持大功率的同时,车身开始讲究安全性。70年代的能源危机使小巧玲珑的轻型轿车很受欢迎,把日本等推上了经济大国的地位。80年代车身设计师要兼顾动力性、排污性及经济性等多方面的要求。随着电子技术的广泛使用以及虚拟现实技术在车身造型中的应用,造型设计中可采用计算机模拟色彩、纹理、质感、背景、阴影及运用三维视觉效果生成虚拟汽车车身造型。通过仿真设备和虚幻环境的动态模型创造出人能够感知的虚拟现实,完全替代传统的实体模型和造型效果图的平面表述方式,甚至能做到未出实车而能体验实车的感觉,使车身造型技术发生了实质性的变革。结构紧凑、强度高的流线型轿车现已大量行驶在道路上。展望未来,进入21世纪后,从世界各大汽车博览会推出的多款新概念车看,汽车造型更具个性和特色。

1.1.2 现代设计方法的特点

在近百年中,汽车设计技术也经历了由经验设计发展到以科学实验和技术分析为基础的设计阶段。20世纪60年代中期,在设计中引入电子计算机后又形成了计算机辅助设计(computer aided design,CAD)、计算机辅助工程(computer aided engineering,CAE)、计算机辅助制造(computer aided manufacture,CAM)等新方法,使设计逐步实现半自动化和自动化。

经验设计是以已有产品的经验数据为依据,运用一些带有经验常数或安全系数的经验公式进行设计计算的一种传统的设计方法。这种设计由于缺乏精确的设计数据和科学的计算方法,使所设计的产品不是过于笨重就是可靠性差。一种新车型的开发,往往要经过设计—试制—试验—改进设计—试制—试验等二次或多次循环,反复修改图纸、完善设计后才能定型,设计周期长,质量差,消耗大。

随着测试技术的发展与完善,在汽车设计过程中引进新的测试技术和各种专用的试验设备,进行科学试验,从各方面对产品的结构、性能和零部件的强度、寿命进行测试。同时,广泛采用近代数学物理分析方法,对产品及其总成、零部件进行全面的技术分析、研究,这样就使汽车设计发展到以科学试验和技术分析为基础的阶段。电子计算机的出现和在工程设计中的推广应用,使汽车设计技术飞跃发展,设计过程完全改观。汽车结构参数及性能参数等的优化选择与匹配、零部件的强度核算与寿命预测、产品有关方面的模拟计算或仿真分析等都在计算机上进行。这种利用计算机及其外部设备进行产品设计的方法,统称为计算机辅助设计(CAD)。

1. CAD技术的发展历史

20世纪50年代到60年代初期,CAD技术处于准备和酝酿阶段,这个时期的主要技术特征是被动式的计算机绘图。60年代,CAD技术得以蓬勃发展,交互式计算机图形学的创立推动了成熟的图形输入/输出设备的出现。70年代,CAD技术被广泛使用,1970年美国Applicon公司首先推出了面向企业的CAD商品化系统。80年代,CAD技术迅猛发展,CAD技术不仅面向大中型企业,在小型企业也得到扩展。90年代以后,CAD技术具有良好的开放性,图形接口、功能日趋标准化。CAD体系结构大体可以分为基础层、支撑层和应用层三个层次。基础层由计算机以及外围设备和系统软件构成。随着网络的发展,异地协同虚拟CAD环境将是CAD支撑层的主要发展趋势。应用层针对不同的领域的需求,有各自的CAD专用软件来支持相应的CAD工作。

2. CAD 技术的发展趋势

CAD 技术的发展趋势主要体现在以下几个方面。

1) 标准化

随着 CAD 技术的发展,标准化问题越来越受到重视。迄今为止已制订的标准有多种,比如,面向图形设备的标准 CGI,面向用户的图形标准 GKS 和 PHIGS,面向不同 CAD 系统的数据交换标准 IGES、STEP 和窗口标准等。除此之外,还有《CAD 文件管理》《CAD 电子文件应用光盘存储与档案管理要求》等标准。

2) 开放性

CAD 系统目前建立在开放式操作系统 Windows/VISTA/XP/NT 和 UNIX 平台上,为最终用户提供二次开发环境。

3) 集成化

计算机集成制造系统(computer integrated manufacture system,CIMS)是在新的生产组织原理指导下形成的一种新型生产模式,它将计算机辅助设计(CAD)、计算机辅助制造(CAM)、计算机辅助工程分析(CAE)、计算机辅助工艺规划设计(CAPP)集成起来。CAD/CAM/CAE/CAPP 的集成建立了一种新的设计、生产、分析以及技术管理的一体化。CIMS 是以计算机网络和数据库为基础,利用信息技术和现代管理技术把制造企业的经营、管理、计划等全部活动集成起来的一种生产、经营和管理模式。

4) 网络化

由于互联网的快速发展,将设计工作推向网络协同这种模式,要求 CAD 技术在以下几个方面提高水平:

(1) 能够提供基于互联网的完善的协同设计环境。

(2) 能够提供网上多种 CAD 应用服务。

5) 智能化

现有的 CAD 技术在机械设计中只能处理计算、分析与绘图等数值型的工作。然而,设计活动中往往存在一些符号推理型工作,包括方案构思与拟定、最佳方案选择、结构设计、评价以及参数选择等,这些工作需要采用符号推理的方法才能解决。因此,智能化 CAD 系统是机械 CAD 发展的必然趋势。以下问题应予以更多的关注:

(1) 发展新的设计理论与方法。

(2) 继续深入研究知识工程在机械设计领域中应用的一些基本理论与技术问题。

6) 并行工程

并行工程(concurrent engineering)是随着 CAD、CIMS 技术的发展提出的一种新的系统工程方法。这种方法的思路,就是并行、集成地设计产品及其开发的过程。在并行工程运行模式下,每个设计者可以像在传统的 CAD 工作站上一样进行自己的设计工作。

7) 虚拟现实与 CAD 集成

虚拟现实(Virtual Reality,VR)技术在 CAD 中的应用很广,首先可以进行各种具有沉浸感的可视化模拟,可以验证设计的正确性与可行性。其次,还可以模拟产品装配过程,这样可以检验设计阶段的零部件是否合适与正确。

随着计算机在汽车设计中的推广应用,一些近代的数学物理方法和基础理论方面的新成就在汽车设计中也日益得到广泛应用。现代汽车设计,除传统的方法和计算机辅助设计方法外,还引进了最优化设计、可靠性设计、有限元分析、计算机模拟计算或仿真分析、模态分析等现代设计方法与分析手段,甚至还引进了雷达防撞、卫星导航、智能化电子仪表及显示系统等新技术。

3. CAE 技术的发展

1) CAE 技术的发展历史

20 世纪 50 年代中期,CAE 技术开始着手研究,到 70 年代初期,CAE 技术开始出现。80 年代中期,CAE 软件在可用性、可靠性和计算效率上逐渐成熟。比较著名的 CAE 软件有 NASTRAN、ANSYS、ASKA、MARC、DYNA-3D 等。但由于管理数据存在缺陷,运行环境仅限于当时的大型计算机和高档工作站。近几年 CAE 技术的理论和算法日趋成熟,已经成为航空、航天、机械、土木结构等领域工程和产品结构分析必需的数值计算工具。前后处理是 CAE 软件实现与 CAD、CAM 等软件无缝集成的关键部分。通过增设与 CAD 软件的数据接口模块,实现有效的集成,通过增加面向行业的数据处理和优化算法模块,实现特定行业的有效应用。目前,国际上先进的 CAE 软件,已经可以对工程和产品进行以下的性能分析、预报及运行行为的模拟:

(1) 静力和拟静力的线性与非线性分析。包括对各种单一和复杂组合结构的弹性、弹塑性、塑性、蠕变、膨胀、几何大变形、大应变、疲劳、断裂、损伤,以及多体弹塑性接触在内的变形与应力应变分析。

(2) 线性与非线性动力分析。包括交变载荷、爆炸冲击载荷、随机地震载荷以及各种运动载荷作用下的动力过程分析、振动模态分析、谐波响应分析、随机振动分析、屈曲与稳定性分析等。

(3) 声场与波的传播分析。包括静态和动态声场及噪声计算,固体、流体和空气中波的传播分析,以及稳态和瞬态分析(传导、对流和辐射状态下的热分析、相变分析等)。

2) CAE 技术的发展趋势

CAE 技术的发展趋势体现在以下几个方面:

(1) 真三维图形处理与虚拟现实。随着 PC 的图形处理能力在近年提高了数百倍,三维图形算法、图形运算和参数化建模算法的不断发展,真三维的虚拟现实技术将会成熟。因此,CAE 软件的前后处理系统将会为适应真三维图形而有新的发展。

(2) 面向对象的工程数据库及其管理系统。高性能的大容量存储器及其高速存取技术在迅猛发展,PC 的硬盘容量将会由 GB 量级达到 TB 量级,用户将要求把更多的计算模型、设计方案、标准规范和知识信息纳入 CAE 软件的数据库中,因此,CAE 软件数据库及其数据管理技术将会有很大发展。

(3) 多相多态介质耦合、多物理场耦合以及多尺度耦合分析。对于多物理场的强耦合问题、多相多态介质耦合问题,目前尚处于基础性前沿研究阶段。但是,它们已经成为国内外科学家的重点研究课题,由于其强烈的工业背景,基础研究的任何突破都会被迅速地纳入 CAE 软件。

(4) 适应于超级并行计算机和机群的高性能 CAE 求解技术。CAD/CAE/CAM 已成为技术人员实施技术创新的得力工具,运行速度每秒千亿次、万亿次、千万亿次及量子计算机即将诞生,分布式并行计算机群即将投入使用。因此,一些新的高精度和高效率并行算法正在被研究,一些实用的新算法将不断问世。这些新的高性能算法必将被做成 CAE 的软件模块,使其在对复杂的工程或产品仿真时,能够充分发挥超级并行计算系统的软、硬件资源,高效率和高精度地获得计算结果。

(5) GUI+多媒体用户界面。伴随着计算机图形用户界面(GUI)和联机共用的图形与数据库软件的发展,会听、看、说、写和学习的计算机将问世,这些多媒体技术一定会使未来 CAD/CAE/CAM 软件的用户界面具有更强的直观、直感和直觉性,CAE 软件将来不仅具有弹出式下拉菜单、对话框、工具杆和多种数据导入的宏命令,还要开发若干专用的智能用户界面,这样有助于用户选择单元形态、分析流程、判断分析结果等。

(6) 模态分析由线性向非线性问题方向发展。近年来,在工程中的非线性问题日益突出,因此非线性模态分析也越来越受到人们的重视。非线性模态动力学已经日渐形成,有关非线性模态的正交性、解耦性、稳定性、模态的分叉、渗透等问题是当前研究的重点,在非线性建模理论与参数辨识方面的研究也是当今研究的热点。

3) CAD/CAE 集成技术的发展趋势

CAD/CAE 集成技术的发展趋势体现在以下几个方面:

(1) 数字化设计制造集成技术。

(2) 实现了 CAD/CAE/CAM(简称为 3C)无缝合成。

1.2 汽车车身设计的特点与要求

汽车车身是汽车三大总成之一,相当于一个临时住所或活动的建筑物,车身应为驾乘人员提供良好舒适的乘坐和工作环境,使其免受振动、噪声、废气以及恶劣气候的影响;在运载货物时,应保证货物完好无损且装卸方便;同时,车身结构还应保证行车安全,减轻事故后果。但车身又受到质量和空气的限制,被认为是一种具有特定功能和优美造型的艺术品,其结构包括车身壳体、车前钣金件、车门、车窗、车身外部装饰件和内部装饰件、座椅以及通风、空调装置等,在货车和专用汽车上还包括货厢和其他装置。车身的独特性决定着自身的设计特点。

1.2.1 车身设计的特点

1. 汽车车身设计涉及面广,远远超出一般机械产品的范围

汽车车身设计要考虑安全、环保、节能三大主题;设计和造型中要考虑空气动力学的影响,使其空气阻力最小以便降低能耗,提高燃油经济性;还应满足人机工程学要求,使驾乘人员乘坐舒适,操作轻巧、方便;设计时还涉及车身造型艺术、内部装饰、取暖、通风、防振、隔声、密封、照明以及人体工程等。同时,一方面要考虑使车身轻量化,另一方面又要保证其足够的强度和刚度,以保证运行中的可靠性,这涉及结构力学、计算数学和计算机等方面的知识。

2. 汽车车身设计方法有别于汽车上其他总成

车身不仅是一个产品,还是一件精致的综合艺术品,设计应遵循美学原则,以其明晰的雕塑形体、优雅的装饰件和内部装饰以及悦目的色彩使人获得美的享受,点缀人们的生活环境。车身外形还可反映时代的风貌、民族传统和独特的企业形象。车身外形设计、制图和结构计算方法、制造与装配工艺均不同于其他总成的设计。

3. 车身的结构设计有独特的要求

汽车车身的零件繁多、结构复杂,一般普通轿车白车身由 400~500 个冲压件组成。汽车车身所受载荷复杂,包括驱动、制动、转弯等惯性力,还包括路面反力和作用于不同位置的发动机等总成载荷。车身边界复杂,不同的悬架种类在不同情况下对车身产生不同的约束和支承。

另外,车身设计还应进行防振降噪、碰撞安全性、金属材料腐蚀性及轻量化方面的结构设计。

由此可见,汽车车身设计有别于汽车上其他总成的设计,有其自身的设计特点,需要综合运用结构力学、空气动力学、人机工程学、人体测量学、造型艺术、技术美学、计算机技术、汽车工程技术、用户心理学等各种不同领域的知识以及集各种行业之大成。可以毫不夸张地说,汽车车身技术的发展状况足以反映出一个国家的工业水平和完备程度。

1.2.2 车身设计的技术要求

汽车车身所特有的使用性能要求和使用环境,决定了现代汽车车身设计必须满足一定的技术要求,主要有性能、结构、制造、维修等方面。

1. 方便舒适性

车身室内布置应提供良好的操纵性和乘坐方便性、舒适性和行驶稳定性,且通风良好,保护乘员免受行驶时的振动、噪声、废气的侵袭以及外界恶劣气候的影响。

2. 安全可靠性

车身设计时的安全性应考虑两个方面,即正常行驶时的防护措施与发生意外事故时的补救措施。车身设计的可靠性是指既要保证在常规负荷下车身结构及其附件的耐用性和有效性,又要考虑到在允许超负荷下的安全性。

车身设计有助于改善发动机的冷却,提高汽车的行驶稳定性、行车安全性、减轻交通事故的后果。

3. 动力性和经济性

车身外形必须具有较低的空气阻力以提高汽车的动力性和燃料经济性;车身结构材料在满足强度、刚度要求的条件下,应该尽量减轻质量,降低成本。

4. 视野

车身外形布置必须保证驾驶员和乘员具有良好的视野。

5. 时代性

车身造型应美观、新颖、时代感强。

6. 维护、保养与拆装方便性

维护、保养是保证汽车正常运行和使用的必要手段,所以车身设计必须考虑一切需要经常维修和保养的零部件及总成的可及性与方便性。一切具有独立性功能的附件总成的润滑、清理与拆装应以最少或不需拆卸车身本身的构件为好。

7. 遵守"三化"标准

车身设计必须遵守有关标准和法规的要求,实现"三化",即零件标准化、部件通用化、产品系列化。

1.3 现代汽车车身开发流程和方法

汽车车身是工业技术和艺术造型相结合的产物。在外形结构上,车身壳体是由许多具有空间曲面外形的大型覆盖件组合而成。在装配这些大型覆盖件时对互换性和装配精度有严格的要求,因而决定了车身设计不同于一般机械总成设计,无论在选材、加工、装配、结构还是使用功能等各方面都与汽车上的其他总成大相径庭。

1.3.1 现代车身开发流程

1. 概述

从整个汽车设计与制造的发展趋势看,现代汽车产品设计过程是一种并行的、协同的、面向全生命周期的设计模式。企业最重要的战略任务之一,就是要保障其长久的生存能力,而核心要素是具有竞争优势的产品。当前在日趋激烈的全球竞争、越来越挑剔的用户、瞬息万变的市场以及日新月异的技术变革等客观条件下,汽车产品必须拥有较高的技术含量、质量上乘、符合法规和环保要求,按照市场期望的价格投放市场后,才能使企业获得适当的利润。

一辆全新轿车的开发,从项目开始到最终产品批量生产,一般需要36～50个月的时间。为保障企业具有持久的竞争力,必须合理安排汽车开发流程。整车开发流程是界定一辆汽车从概念设计经过产品设计、工程设计到制造,最后转化为商品的整个过程中各业务部门责任和活动的描述(见图1-1)。整车产品开发流程也是构建汽车研发体系的核心,直接体现研发模式的思想;然而具体的研发项目操作时,国内厂家经常需要花大量时间和资源构架研发计划,项目执行过程中计划更改频繁,造成管理上有难度。而国际汽车厂商在国内的合资企业,研发流程已有成熟模板,在成本进度方面估算比较准确,项目执行后期容易控制,项目风险也相对较低。

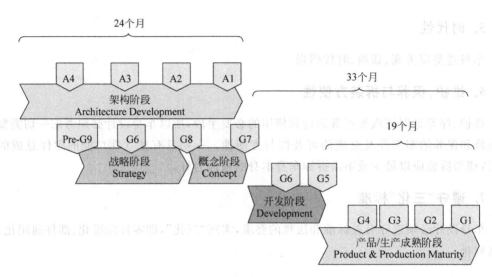

图 1-1 整车开发流程

1) 架构阶段

架构开发是整车开发(GVDP)过程中的先导过程。全新架构开发过程约为 18 个月,由 4 个里程碑组成,架构开发启动(A4)、架构策略意图确定(A3)、架构方案批准(A2)和架构开发完成(A1)。A4 之前主要识别初始的架构目标,A4~A3 定义架构的性能和带宽,从架构策略意图确定(A3)开始与架构主导的整车项目开发并行开展。A3~A2 确定架构方案,A2~A1 完成架构开发。架构策略批准(A3)之后启动整车项目战略立项(G9)、架构方案批准(A2)之后启动项目启动(G8)、架构开发完成(A1)之后启动整车方案批准(G7)。

2) 战略阶段

产品战略阶段是产品型谱向产品项目的转化阶段,在这个阶段,需要完成公司对原有产品型谱和未来产品战略的再平衡,决定是否启动产品项目的开发工作。这一阶段的工作重点是更为深入地分析产品在产品型谱中的定位。产品项目需要达到的边界条件,比如销量、投资、成本、产品特征、开发周期、赢利能力等。产品战略阶段从 G10~G8,约 9 个月,分别为战略准备 G10、战略立项 G9 和项目启动 G8。业务规划项目管理部业务规划科(BPD)牵头各业务部门为产品项目的批准进行战略准备,包括市场的调研,产品定位、竞争对手的分析及各部门策略研究等。

3) 概念阶段

概念阶段是在产品战略明确并且可行性得到批准的基础上,完成产品项目方案的开发。这些方案包括动力总成的方案、整车的 VTS 目标、全尺寸主题模型、关键零部件的设计、整车的物料成本、制造规划方案、产品质量目标等等。概念阶段从 G8~G7,约 6 个月。根据产品项目任务书设定的边界条件、细化市场、造型、工程和制造的需求,识别项目中的冲突。

4) 开发阶段

开发阶段是产品概念的实现阶段,通过产品工程、制造工程、前期质保和采购的同步工作完成产品概念的早期验证,最终完成产品图纸的设计工作。开发阶段主要涵盖 G7~G5 约 14 个月。这一阶段的主要交付是发布经验证的表面数据,以支持产品工程发布最终面向制造的工程数据和图纸。同时工程的第一辆工程样车(EP)造车完成,以生产为目的的整车装配工艺发布完成。

5）产品及生产成熟阶段

主要是完成产品本身的设计有效性验证，同时推动零部件和整车达到制造质量成熟的状态，实现产品的批量生产制造。该阶段从 G5～G1，约 19 个月，包括开发和制造批量生产工装模具；验证产品是否符合 VTS/SSTS 中所有的规定项目；生产样车制造和验证，进行 100% 零部件和工艺的验证；确认工艺装备、检验生产制造的过程能力，制造符合相关阶段要求的产品。

大众集团对于新项目的开发流程就如图 1-2 所示，整个项目节点划分非常细致，其中最关键点分别是：PF 项目确认、B 认可、0S 零批量以及 SOP 量产。B 认可后，所有零部件供应商必须要进行开模，相当于实物制造启动指令；0S 交样也是大众非常关键的一点，这个时候大众质保部门会全力介入，比如产线试装、各路况路试、供应商首批样件检验和认可、供应商产能评审 2TP 等。

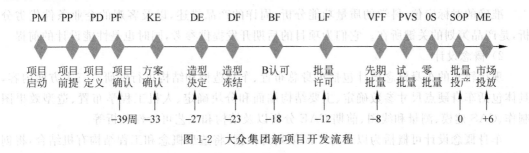

图 1-2 大众集团新项目开发流程

因此，车身产品开发过程可归纳为产品策划、概念设计、技术设计、产品试制、样车试验和生产准备等几个阶段，如图 1-3 所示。

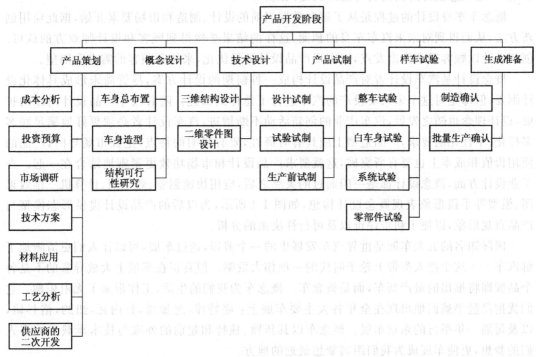

图 1-3 产品开发过程

1) 产品策划

企业为了生存,必须不断有新产品来替代老产品,才能保持利润的稳定增长。显然产品策划在项目开发中的作用越来越重要,它不仅反映用户需求、市场前景,而且直接影响产品开发形式、产品资源利用以及产品性能指标等关键问题。此外,产品策划设计范围很广,包括开发调研(科技调研、市场调研、竞争环境调研、企业内部调研等)、立项决策(成本分析、投资预算、风险分析等)、技术方案、材料应用、工艺分析以及产品的二次开发等内容,需要有产品策划团队协作完成。

产品策划中的一项重要基础工作是产品对标(benchmarking)。根据用户要求和市场调研情况,在新产品开发初步定位的基础上,确定目标车型和竞争对手车型,对产品进行产品行销、技术含量、开发目标及产品模块等方面的对比评估和定位。在对标分析的基础上形成完整的开发建议书和产品描述报告,从宏观上初步定义车身开发任务,明确关键性能指标、目标成本以及开发阶段重要的试验验证标准。

准确的对标定位、科学的质量功能分析、周详的产品描述,以及客观的企业条件优劣分析,是产品策划的关键所在。它们为项目的后期开发提供参考,同时也是性能设计的前提。

2) 概念设计

现代轿车的车身概念设计包括车身总布置、车身造型和结构可行性研究三大方面内容,具体包括车身硬点尺寸参数确定、主要结构端面和分块确定、人机工程学布置、造型效果图制作、CAS建模、测量和线图、前期CAE分析以及结构和工艺可行性分析等。

车身概念设计可概括为以车身产品策划为依据,将造型概念和工程结构有机结合,将创意转化为方案的实现过程。概念设计的市场化,是决策层和设计师共同追求的目标。如何将概念设计更好地接近产品的市场需求,降低投放市场的风险,判断概念产品能否进一步开发生产,是概念设计阶段需要考虑的关键问题。

概念车车身设计的过程是从了解和掌握当前的设计、制造和市场要素开始,据此应用创新方法,从而得到对未来汽车车身的预测,这样的结果必然得到顾客和设计师双方的认可。创新设计以顾客需求为出发点,以实现产品设计的最优化,来达到顾客的需求和期望。

概念设计是汽车设计者对产品设计构成一种前期的设计方案,尽管尚未形成具体化设计纲要,但却是对这个未来要投产的汽车进行了总体的描述。随着汽车产品设计内涵的扩展,设计理念也随之发展,汽车产业的创新活动不断增进,汽车设计者必须更好地满足顾客多样化、个性化的要求,产品造型上应具有时尚性,要有鲜明的特点,把握市场导向,产品的使用价值和成本上也要有所突破,这就要求产品设计和市场功效更紧密地结合在一起。在工业设计方面,概念设计都是一闪而过的灵感之后,应用快速创意、效果图、计算机三维效果图、模型等手段形象表现概念设计构想,如图1-4所示,为以后的产品设计提供形态模型与产品直观形象,以便于初步评价以及可行性决策的分析。

国际知名的五大车展是世界汽车发展史的一个剪影,透过车展,可以让人们更清晰地了解汽车——这个把人类带上轮子时代的一项伟大发明。但真正在车展上大放异彩的不是各个品牌即将推出的量产新车,而是概念车。概念车为我们的生活、工作带来了无限乐趣。它们犹抱琵琶半遮面地出现在全年各大主要车展上:底特律,芝加哥,日内瓦,纽约,洛杉矶,以及每隔一年举行的东京车展。概念车以其新颖、独特和超前的外观与技术承载着太多人们的梦想,更使车展成为我们距离梦想最近的地方。

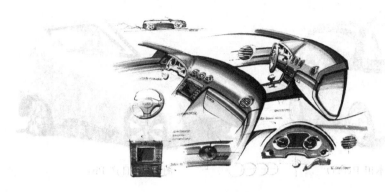

图 1-4　概念设计构想

奥迪的 Rosemeyer(图 1-5)是一辆具有神秘色彩的概念车,它是奥迪最早的"大嘴巴",在 2001 年法兰克福车展的记者发布会上仅作了很短暂的展示。该车浑身充满未来感与肌肉线条,ASF 全铝车身结构,以及铝合金选调组件,车身内装则主要是高档碳纤维以及防滑麂皮。

标致 4002(图 1-6)的设计者是一位 32 岁的德国美术设计师——Stefan Schulze,他以 1936 年的标致 4002 为原型,赋予"复古兼前卫"的理念,创造出了一头双眼坚毅地注视着未来的雄狮——一部改进型单排双座运动跑车。最重要的设计元素莫过于那让人过目难忘的、从前部开始沿车顶贯穿至车尾的铬合金散热格栅,包含了标致 4002 车型中经典的双头灯,车灯呈向上的走向,与轮胎的角度巧妙的搭配,更加突出了整车独特的外形曲线。

图 1-5　奥迪 Rosemeyer

图 1-6　标致 4002

本田 PUYO 概念车(图 1-7)的亮点是车身采用柔软材质,有类似果冻般的触感,本田认为这更能增强这款车的安全性。PUYO 在暗的环境下可以发光,因此它在街上行驶时很容易引起人们的注意。PUYO 采用了无角的箱体设计,这个设计使得它箱体般的车身不存在任何尖角,转折都有柔软的过渡,腰线以上的全玻璃设计表明了本田设计者想给 PUYO 车内的乘客带来更大限度的舒畅开阔的感受。

日产 Pivo 概念车(图 1-8)亮点是 360°旋转驾驶舱。Pivo 有着如同蜗牛般的滑稽造型,更为奇特的是它的驾驶舱能够进行 360°旋转。另外,配上可环视四周的 Around View Monitor 和贯穿行车死角的 See Through Pillar,能在拥挤的大都市里畅行无阻。前、后各配备 1 台可通过 2 个轴输出的超级马达,可单独控制 4 个车轮的驱动力。

图 1-7 本田 PUYO

图 1-8 日产 Pivo

3）技术设计

技术设计是在汽车造型评审通过并冻结后进行的结构方面详细的设计工作。技术设计包括三维结构设计和二维工作图设计两大方面。

总体设计要解决两个主要问题：①车身的造型设计，从客户的需求、美学、空气动力特性、车身内部的宽敞程度及安全性等，综合分析考虑车身的造型问题。用户对汽车的第一印象就是车身，车身与汽车的总体布置有关，因此，有些汽车公司以车身造型为中心进行汽车的开发工作。②使用计算机技术解决汽车的总体布置、主要性能参数尺寸以及各总成之间的配合及电控问题。

图样是设计师与工艺师及其他相关人员交流的"工程语言"。车身三维结构设计需要确定系统、部件（总成）和零件的结构，因此设计师必须把所设计的三维结构用图样表达出来，而零件设计是产品设计的基础。在进行零件设计时，首先要考虑该零件在整个部件中的功能和要求；其次，零件应选用什么材料和设计成什么形状；最后，零件如何与部件中的其他零件相互配合和安装。

设计时，设计师必须无条件地执行国家的有关法规和标准。对于出口产品或合资企业产品，还必须执行国外的相关标准，如 ISO（国际标准化组织）、SAE（美国汽车工程师协会）、JIS（日本工业标准）、EEC（欧洲经济共同体）、ECE（欧洲经济委员会）等标准。图纸绘制完成后，需要将部件和零件按照它们所属的装配关系编组，每个部件、每个零件及其图纸都给定一个编号，以便对全部的图纸进行管理。目前，在企业中用得较多的是工程零件报表（engineering bill of material，EBOM），见表 1-1。

表 1-1 EBOM 实例

序号	层级	图号	名称	数量	部件类型	非金属(Y/N)	材料牌号	规格/mm	标准	轮廓尺寸(长/宽/高)/mm
1	1	5201G01-××	前风窗上装饰板总成	1	总成	Y				
2	2	5201041-××	上装饰板	1	零件	Y	ASA	4.0	TL-VW52311	1988/130/124
3	2	5201045-××	密封条总成	1	总成	Y	EPDM		JF01-17	1985/14/8

4）产品试制

汽车产品设计完毕后进入试制阶段，在这个过程中需要实现设计所要求达到的各项性能指标、样车试制要求的车型外观、动力传动配置、结构合理性和整体平衡性等，必要时还会对产品设计进行改良修正。一项设计优良的汽车产品最终投产离不开高技术含量的试制过程。

汽车产品试制一般发生在整车企业需要推出全新车型或对原有车型进行改进或升级时。汽车产品试制的对象主要指样车、车身、车身局部、内外饰件和零部件。根据产品的材料和工艺不同，车身试制分为内外饰件和白车身试制两大类。试制样车一般有概念车、验证车和试验用车三种。概念车更多关注外观和造型，而验证车和试验用车设计和试制更多强调尺寸合理及质量合格等。汽车产品试制绝大部分由受委托的设计公司、整车企业内部试制车间或者零部件供应商完成。

由于先进制造技术的发展，车身试制以 CAD/CAM/CAE 为支撑，以快速成型技术与快速模具为主要手段，配备多功能五轴激光加工工艺装备和三坐标测量设备与分析系统，实现了车身试制的快速、精确和产业化。由于快速成型制造技术可在短期内迅速完成满足用户需求的一定批量的产品，大幅降低了新产品开发研制的成本和投资风险，所以在小批量、多品种和改型快的现代制造模式下，具有强劲的发展势头，同时也成为车身试制的主要手段之一。

目前在我国，汽车产品试制公司很少，如苏州雪樱、芜湖普泰、天津华庆等几家，随着国外汽车试制公司的进入，如日本三立、韩国 DAEJIN（大真产业）公司和本土资金进入，专门从事汽车试制的企业会逐渐增多。

5）样车试验

样车试验是产品验证的重要环节。根据试验对象的不同，车身试验分为整车试验、白车身试验、系统试验和零部件试验；根据试验对象的制造状态不同，车身试验分为 A 样车试验、B 样车试验和 C 样车试验；根据试验目的的不同，车身试验可分为性能试验和可靠性试验。试验类型不同，试验项目数量、试验依据、试验规范和评价标准也不尽相同。

车身试验流程比较简单，大体可分为以下几个步骤。

(1) 试验准备：确定试验方案，准备试验条件，设计夹具以及准备试件。

(2) 安装调试：按规定条件安装试件，调试设备。

(3) 试验条件评审：对试验现场的安装、加载和测试条件进行评审。

(4) 试验：对样车进行性能测试，记录数据。

(5) 数据分析：对试验数据进行整理分析，编写试验报告。

(6) 报告评审：评审报告的规范性和数据的正确性。

(7) 报告归档：试验报告存入 PDM（Product Data Management）数据库。

6）生产准备

经过若干轮（一般为两轮）产品试制和试验后，设计最终冻结，产品的生产准备开始全面启动。生产准备主要完成制造确认和批量生产确认两方面工作。制造确认要求生产部门对所有生产设备完成调试并确认合格；批量生产确认要求生产部门确认生产能力可满足生产纲领，并且在生产准备阶段进行试生产，完成所有试生产车辆的生产，解决遗留的生产问题，为全面批量生产做好充分的准备。

生产准备阶段将涉及以下几方面工作内容：

(1) 持续地对市场/竞争对手进行评估，更新并确认市场推广计划，制定售后服务计划。

(2) 完成样车的试制和试验工作。
(3) 对样车进行评估,更新车辆的性能、可靠性和耐久性。
(4) 完成产品公告、环保目录的准备及上报工作。
(5) 完成工程设计或工艺变更。
(6) 确认所有生产设备和工艺都经过调试并具备足够的能力。
(7) 持续性控制项目成本,并监督项目收益的变化。
(8) 在满负荷生产率条件下,验证所有子公司和供应商的生产工艺。
(9) 确认所有物流和生产控制系统都能正常且充分地运作。
(10) 对生产的整车质量进行评审,并确认其满足项目的质量目标。
(11) 最终确认整车的销售价格,并确认市场发布工作准备就绪。

在投产前,汽车样车要进行一系列的试验,其中室内试验包括风洞测试、噪声测试、碰撞测试、抗电磁干扰测试、等速油耗测试等;室外测试项目主要包括耐久性测试、加速性测试、制动测试、高速行驶稳定性测试、超高温和超低温测试、可靠性(异响、磨损、变形、裂纹)测试等。

从车身设计过程看,现代设计方法与传统设计方法存在的最大区别是:设计程序由串行设计发展为并行设计;设计方法更多地引入计算机辅助系统;设计内容更加注重产品的策划和关键环节的控制,以确保最大限度地缩短开发周期和降低开发成本。

2. 车身产品开发内容

在现代车身开发过程中,造型设计是影响整个流程和汽车市场销量的关键。这里主要介绍车身造型方法和步骤。车身造型主要包括以下几方面工作:外形构思、效果图设计、模型制作和CAD建模。

1) 外形构思

造型设计师在产品策划阶段,根据前期定位、市场需求和技术描述,从造型的角度进行创意构思和造型定位。新颖别致的创意是车身造型设计的关键,是汽车不同风格的体现,也是汽车产品吸引消费者的亮点所在。目前汽车的开发周期一般需要两年左右,要保证现在的创意在两年后不过时,造型设计师必须具备敏锐的造型观察力、判断力和对流行趋势的预测能力。

新型轿车的构思是在同类旧款车型或其他车型的基础上借鉴、继承和改进而形成的,根据目前同类车型的对标情况,总结出造型的发展趋势,并根据前期市场调研情况,包括竞争车型、流行元素、价位、目标客户群等方面,假想用户的审美情趣,确定车身的主要造型元素和风格,进而确定新产品的方案和参数。这是创造性思维的体现,也是指导效果图设计的基础。

每年在世界各地举办的汽车展览会、市场的信息反馈等,都是设计开发部门的资料信息来源。目前,品牌轿车"四位一体"(4S)的专营店中,其中一项是"信息反馈"(Survey),其作用之一就是为厂家开发新产品提供依据。

表达创意最直接和快速的手段是草图,草图是造型设计师思维创意的快速表达,通常要设计出多种方案的草图,如图1-9所示。草图全部完成后通常进行一个内部的评审,选出几个具有代表性的造型方向进行下一步的细化工作,即效果图设计。

图 1-9 造型草图

2) 效果图设计

设计师将造型设计用效果图反映在画面上，称为二维造型设计。画效果图之前还必须绘制总布置草图，它是预先对车内各部件以及乘员坐姿等的布置，以满足功能要求及人机工程要求。同时，效果图作为开发人员造型构思和初步选型的参考，还可以用来指导油泥模型、数字模型和做方案展示。因此，效果图要有精确的效果，比例、透视、色彩、材质等都需要有准确的表达。图 1-10 中显示了整车的形状、色彩、材质及反光效果等。

图 1-10 车身外形效果图

效果图分为车身外形效果图和车身内饰效果图，车身外形效果图应表现出车型前面、侧面和后面三者的关系，同时也要表现出车门外手柄、外后视镜、刮水器臂和车牌位置等结构细节；车身内饰效果图主要表现出仪表板、中控台、门护板、座椅及相互之间的空间位置等。

一般情况下，效果图设计要经过三轮设计和选择，最终以唯一方案来指导 CAS 设计和模型制作。计算机软件的应用在很大程度上提高了设计的工作效率，目前，设计师大多通过计算机来完成效果图的设计。

3) 模型制作

模型制作是造型过程中的重要环节。三维模型包括实体模型和数字模型两大类，实体模型分为 1∶5 油泥模型和 1∶1 油泥模型、树脂模型等，油泥模型以手工制作为主，树脂模型多以数控铣加工。数字模型主要有前期的 CAS 模型和后期的 A-CLASS 两种。

目前随着虚拟现实技术的发展，可根据效果图的造型特征，直接在计算机中用辅助造型建模软件建立三维数字模型（即 CAS 模型），配合虚拟现实技术用于方案评审展示，方案评审完毕后选出相应造型，通过数控铣床铣削出全尺寸油泥模型，然后对铣出的模型进行精细处理，在造型确定后扫描全尺寸油泥模型并建立 A-CLASS 表面。

4) CAD 建模

建立 A-CLASS 表面，就是通过三维坐标测量仪对全尺寸模型进行测量，得到模型上离散的点集，将点集数据输入计算机，通过专门的 CAD 设计软件建立整个车身表面的数学模型（即 CAD 模型）（图 1-11），以供工程设计人员用来进行详细的三维结构设计。

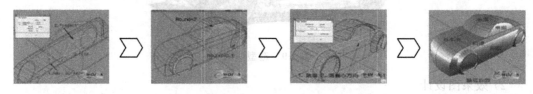

图 1-11 CAD 建模过程

车身表面数学模型要符合 A 级曲面的要求。所谓 A 级曲面，是指必须满足相邻曲面间的间隙在 0.005mm 以下（有些汽车厂甚至要求到 0.001mm），切率改变（tangency change）在 0.16 度以下，曲率改变（curvature change）在 0.005 度以下，符合这样的标准才能确保板件的环境反射不会有问题。

至此，前期造型设计工作并未完全结束，因为在工程设计时可能还会出现许多前期造型无法预料的问题，所以在后续工作中需要造型设计师配合对造型做相应调整，甚至在车型上市后，根据用户的反馈信息也可能对造型继续做相应改进，直到这款车型停产为止，其造型工作才算最终结束。

随着计算机技术的不断发展，各种新的造型方式不断被尝试，"无纸化设计"和"无油泥设计"是近年来比较热门的造型方式，给人们提供了更便捷的工作方式和更高的工作效率。无论技术如何发展，观察力、想象力、美感、空间感、工程知识和技能等永远都是汽车造型设计师的必修课。

1.3.2 现代车身设计方法

1. 性能设计

传统的产品设计以经验设计为主，把满足功能要求放在第一位。近年来，随着计算机辅助设计的迅速发展，在车身设计中越来越多地引入了 CAD/CAM 的设计手段，改善了传统车身设计方法固有的开发周期长、设计累计误差大等问题。计算机三维建模有快速、精确等优势。

国际知名的汽车制造商，其设计部门已经全面应用性能设计技术，从产品的概念设计开始，贯穿于整个产品技术设计阶段，直到后续的产品试验验证，以性能设计中的目标性能为指导纲要。对车身而言，所要控制的主要产品性能见表 1-2。

其中，碰撞安全主要包括主/被动安全性、车体结构碰撞安全性、内外部凸出物以及乘员约束系统安全性等；舒适性包括静态/动态舒适性、居住性、驾乘操作舒适方便性以及视野性等；NVH 性能包括振动匹配设计、噪声品质控制和车身固有频率主动控制技术等。

表 1-2 性能设计控制项目

总成性能	白车身	整车性能	碰撞安全性
	门盖系统		防腐性
	HVAC		NVH
	仪表板		空气动力性能
	座椅		可靠性、耐久性
	悬置/翻转		舒适性
	内/外饰非标准件		
	约束系统		

性能设计主要有三大要素：①产品设计前期的对标技术，准确的对标分析、科学的项目规划和详尽的产品描述，为项目后期开发提供了参考依据和指导纲要，同时也是性能设计的前提条件和基准依据。②产品设计过程的CAE分析和验证工程，随着工程设计的数据状态进行动态更新，CAE的分析验证也会相应变化。CAE不仅保证了工程设计的质量，还提供了技术保障。③实行闭环控制模式，在项目运行的过程中，产品验证环节既是各个阶段的评审节点，又为性能设计提供主线功能，因此能保证各个阶段的输出均在控制目标内，整个项目的运作从头至尾都处于闭环控制。

2. 并行工程

并行工程是一种工程方法论，它是将设计产品及相关过程并行化和集成化的系统化方法，要求产品开发人员从设计一开始即考虑产品生命周期中的各种因素。这种并行汽车车身设计的手段与技术可大大缩短产品的开发时间，增强竞争力，增加经济效益。应用此方法，对车身进行改型设计，并利用有限元、优化、可靠性等方法，对设计的可行性进行分析。并行工程在整车开发过程中，起了非常重要的作用。

在并行工程模式中，产品的创新不仅要考虑产品功能本身，还要把产品制造和装配的难易、生产成本及周期考虑进去。产品部门不仅要考虑自身的目标，还要考虑整个产品生命周期从概念形成到产品消亡的各种因素，充分利用企业的一切资源，满足客户的要求。借助计算机网络平台，实现知识、信息和数据的共享。

设计阶段的并行工程主要在三个方面得到实施：开发流场的并行、设计方案的并行和项目团队的协同工作。

3. 逆向工程

逆向工程是根据测量实物模型的三维数据，建立数字模型或修改原有的车型设计，然后将这些模型数据进行处理与曲面重建，再应用于新产品的分析、设计和加工过程中。目前主要是应用多维坐标测量机进行接触与非接触数据采集的方法。逆向工程系统主要由三部分组成：产品实物几何外形的数字化、CAD模型重建、产品或模具制造。组成系统的硬、软件主要有测量机与测量探头、数据处理、模型重建软件(CAD/CAM)、CAE软件、CNC加工设备、快速成型机、产品制造设备等。硬件方面，需要能精密测量、采集坐标点的扫描系统。软件方面，需要能对所得点云数据进行处理及曲面重构的软件系统。软、硬件两方面技术的飞速发展使获得高质量的CAD模型成为可能。在硬件方面，出现了种类繁多的自动测量大面积数据的数字化3D测量仪。在软件方面,也产生了各式各样软件,它们可以对大量数字化点进行处理并生成高质量的曲面。

逆向工程一般可分为四个阶段:

1) 数据获取

通常采用三坐标测量机(CMM)或激光扫描等测量装置来获取零件原型表面点的三维坐标值。

2) 数据处理

对获取的数据进行一系列数据处理(如数据拓扑的建立、数据滤波、数据精简、特征提取与数据分块等)。对于形状复杂的点云,经过数据处理,将被分割特征相对单一的块状点云,按测量数据的几何属性对其进行分割,采用几何特征匹配与识别的方法来获取零件原型所具有的设计与加工特征。

3) 原型 CAD 模型的重建

将分割后的三维数据在 CAD 系统中分别做表面模型的拟合,并通过各表面片的求交与拼接等逻辑运算获取零件原型表面的 CAD 模型。

4) 重建 CAD 模型的检验与修正

根据获得的 CAD 模型重新测量和加工出样品,来检验重建的 CAD 模型是否满足精度或其他试验性能指标的要求,对不满足要求者重复以上过程,直至达到零件的设计要求。

目前最先进的技术是运用激光—机器视觉测量系统进行数据采集和曲面的自动重建。现在主要采用的是激光三坐标扫描仪,运用激光扫描仪扫描物体后,所得到的原始数据并不能够立即使用,因为还有噪声信号、非被测物体的背景表面信号、被测物体表面一些不合理的部分数据等,这些都要通过能够处理点云拼接的软件进行编辑和进一步优化处理。可使用的软件有 RAPIDFORM 或 POLYWORKS。

RAPIDFORM 软件虽然自动化程度高、编辑的辅助功能强大,但是当在处理大数据量时速度会变慢。而 POLYWORKS 软件的特点除了自动化程度高、编辑的辅助功能强大外,处理大数据量时则比 RAPIDFORM 软件的速度快。如图 1-12 所示为软件处理后已经生成面的 IGES 格式输出,生成的斑马线分布均匀、纹路清晰,且无不良波动情况产生。可见所检测的曲面是光顺的,并且曲面之间是光滑过渡的。

图 1-12　软件处理后的 IGES 输出

4. 虚拟设计

虚拟设计是通过虚拟技术的虚拟性、仿真性和交互性，让消费者参与到设计中来，与设计人员一起探讨和研究汽车造型，并对设计结果进行分析、评价和体验。这种先进技术对汽车车身造型技术的提高可产生巨大的影响，能够更加有效地接近客户，完成产品的研发。

1) 虚拟设计代表了一种全新的制造体系和模式

在虚拟设计中，产品开发是基于一种数字化的虚拟产品开发方式（virtual product development），以用户的需求作为第一驱动，将用户的需求化为最终的产品模型，其在制造业的应用极大地推动了行业的自动化。汽车虚拟设计技术的优势集中体现在：

（1）使汽车外形设计师更好地以客户需求为导向进行产品开发和创新；

（2）有助于减少整个汽车开发过程中的实物模型数量；

（3）提高生产效率，缩短新车型的上市时间；

（4）汽车虚拟技术系统具有精确强大的建模能力以及修正能力，避免了从方案图到实物模型的过程中出现设计意图走样；

（5）能够方便、快捷地对作品进行修改，如形体设计局部和细节变化、车身油漆色彩和内饰件材质纹理设计的系列变化等。

2) 虚拟技术在汽车车身设计方面的应用

应用虚拟设计技术（VDT）可以在计算机中实现整车概念设计、造型设计、总布置设计、结构设计以及零部件的设计等。建立的三维汽车模型，可清晰地显示出汽车的发动机、底盘、内饰甚至每一个焊接点，设计者可分析每个部件的状况，了解各个部件的运行性能。这种三维模型准确性和精确度很高，制造商可按照得到的计算机数据直接进行批量生产。虚拟设计技术的基础是三维 CAD/CAE 技术，通过建立可视化程度很高的三维数字化模型，当需要各种绘图数据时，可以快速并方便地从三维模型中提取，而不需重新输入数据，因此，对于车身零部件等模型的更改和重建是非常方便的。

3) 虚拟技术在汽车试验方面的应用

汽车在开发研究中，常常要对其动力学进行分析，包括稳定性和安全性等试验。以前通常是提取多辆实车进行各类试验以得到汽车的相关性能参数，但由于花费巨大和具有危险性（碰撞、高速稳定性试验等），这种方法需要逐步进行改进。采用虚拟试验方法，则只需先用木材、黏土或陶土做一辆汽车模型，在风洞中测定其空气动力学数据，再把模型扫描进虚拟环境系统，把它放大成与真车一样的大小。通过虚拟环境系统模拟撞车，可以精确地把木偶的手或脚的受力情况反映出来，采用这个系统，可以减少约一半的设计费用及时间。

4) 虚拟技术在汽车车身制造过程中的应用

虚拟制造（Virtual Manufacturing，VM）由虚拟信息系统（Virtual Information System）和虚拟物理系统（Virtual Physical System）组成，是由多学科知识形成的综合系统，是利用计算机支持技术对必须生产和制造的汽车进行全面建模和仿真，它能够仿真非实际生产的材料和产品，同时产生有关它们的信息。它是一种新的制造技术，可以对产品设计、工艺规划及加工制造等生产过程进行统一建模。在产品设计阶段，实时且并行地模拟出产品未来制造全过程及其对产品设计的影响，能够预测产品性能及产品的可制造性，并通过创造视觉、听觉、触觉和嗅觉等临场感知来体验产品的最终效果等，这样可以最大限度地满足客户需求，得到最优化的产品，以达到产品的开发周期和成本的最小化、产品设计质量的最优化及生产效率的最高化。

5. 仿真模拟设计

仿真模拟设计是利用计算机软件，在计算机上进行实车动画模拟、人机关系的空间适应性模拟、动作模拟、空气动力学模拟等。这种方法可以检验设计的正确性以及造型结构是否相互干涉和影响，是十分经济、快速、实用的方法。而汽车虚拟制造就是以计算机支持的仿真技术为前提，对设计制造过程进行统一建模，在产品概念设计、创意设计以及上下游工程设计阶段，实时并行地模拟出产品未来设计制造全过程及其对产品设计的影响，预测产品性能、产品制造技术及产品的可制造性，从而更有效、更经济及更灵活地组织生产，使工厂和车间的设计布局更合理、更有效，以达到产品的开发周期和成本与产品的批量和品种无关、产品设计制造质量好及生产效率高的目的。

6. 快速成型

快速成型技术采用材料累加的新成型原理，直接由 CAD 数据生成三维实体模型。这一技术不需要传统的刀具、机床、夹具，便可快速而精密地制造出任意复杂形状的零件模型。它是以产品形态的计算机参数化模型为基础，将其转换为 STL 文件格式，再用软件从 STL 文件"切"出设定厚度的一系列片层，然后将每一片层的图形资料传到快速自动成型机中，用不同材料和不同的添加方式，依次将每一层做出来并同时连接各层，直到完成整个零件的加工。这是当前实现复杂产品(零件)形态的快速、精确的制作方法。快速成型机的主要成型方法有光敏液相法、选区挤塑法、选区激光烧结法、片层添加法、选区黏结法和固基光敏液相法等。这种技术对车身设计起着很重要的作用，大大简化了车身设计过程。

7. 数字化建模技术

数字化车身设计的核心是数字化建模。数字化建模技术就是根据已有的草图或想象，利用交互式将物体的形状在计算机上建立起数学模型。利用该数学模型在车身产品还未生产出来时，就可以对车身进行测量，并进行空气动力学测试、应力分析、模拟加工和演示等，是对车身进行分析计算的基础。

数字化车身设计的主要步骤：

（1）确定车身总布置，并利用车身扫描技术和矢量化技术，将车身总布置图由三维扫描仪直接输入计算机工作站，经过矢量处理后得到原始数据点。

（2）根据已有的总布置尺寸和图形，在计算机屏幕上用线条和色彩覆盖总布置图，再借助于 Alias 软件构造出三维数学模型，进而绘制出立体效果图。

（3）通过三维图像的屏幕投影，从任意角度观看造型形体，并对三维数学模型进行修改，从而建立起车身外表面的数学模型。

（4）利用 CAD 技术、数控技术、激光技术和材料集成起来的从设计到实体模型加工一体化的系统技术，用 CAS 数据加工出 1∶1 的油泥模型，用于进行外观评价和性能参数调试分析。

（5）根据车身表面的数学模型进行车身结构及内饰、仪表板等内部部件的设计，建立模具加工文件,并利用CAE技术从事车身强度、刚度、碰撞和空气动力学方面的计算和模拟。

数字化车身设计的特点:摆脱了前期手工制作1∶1缩比油泥模型的过程和三坐标测量的误差,因而设计周期短、精度高且减轻了设计的劳动强度,还能充分发挥设计人员的创造性。

8. 3D打印技术

3D打印技术,是一种以数字模型文件为基础,运用粉末状金属或塑料等可黏合材料,通过逐层打印的方式来构造物体的技术。3D打印机出现在20世纪90年代中期,即一种利用光固化和纸层叠等技术的快速成型装置。它与普通打印机工作原理基本相同,打印机内装有液体或粉末等"打印材料",与计算机连接后,通过计算机控制把"打印材料"一层层叠加起来,最终把计算机上的蓝图变成实物。如今这一技术在多个领域得到应用,人们用它来制造服装、建筑模型、汽车等。

三维打印技术的魅力在于它不需要在工厂操作,桌面打印机可以打印出小物品,而且人们可以将其放在办公室一角、商店甚至房子里;而自行车车架、汽车方向盘甚至飞机零件等大物品,则需要更大的打印机和更大的放置空间。3D打印技术最突出的优点是无须机械加工或任何模具,就能直接从计算机图形数据中生成任何形状的零件,从而极大地缩短产品的研制周期,提高生产率和降低生产成本。

习 题

1. 什么是车身?车身的功能有哪些?
2. 传统车身设计方法存在哪些问题?
3. 现代车身设计方法有哪些优点?

第 2 章
基于人体工程学的车身总布置设计

2.1 人体工程学概述

2.1.1 人体工程学简介

人体工程学即人机工程学，它是一门根据人的心理、生理特点来研究人、机、环境之间的相互关系和相互作用，以此达到优化人—机—环境系统的学科。人体工程学应用在汽车领域，就是通过对人体尺度和人在车中的作业空间、人与汽车的信息交互、人体对车内和车外环境的适应性等的研究，以求使汽车的各项性能全面符合人的生理与心理要求。

人体工程学的发展经历了三个阶段：经验的人体工程学、科学的人体工程学、现代的人体工程学。经验的人体工程学始于人类的出现，一直延续到第一次产业革命时期，其间最能体现人体工程学应用的是我国古代的指南车，它是最早的自动控制系统，其设计原理与现代人机工程学的反馈原理相吻合。科学的人体工程学始于第一次产业革命，并一直延续到 20 世纪 80 年代，其间工程技术设计思想开始发生了一个根本性的转变：由"使人适应机器"转变为"使机器适应人"，人机协调问题也显得越来越重要。20 世纪 80 年代以后，人类就进入了现代的人体工程学阶段，其突出特点是人—机—环境系统的最优化设计。

我国的人体工程学研究起步较晚，但是由于国家的大力支持，其正在处于大力发展的阶段。特别是在车辆设计领域，我们现在仍然面临着汽车的噪声控制、汽车内部小气候环境的宜人化控制等问题。在不久的将来，随着能源与环境问题的倍受关注，车辆技术发展的又一趋势可能是各种非石油燃料的新型车辆的使用，这些新型的车辆将带给驾驶者许多新的驾驶操纵特性，对车辆设计和使用提出某些新的人机工程问题。

经过几十年的发展和实践，尤其是 1995 年之后三维数模的引入，可以在汽车总体布置中对人机工程进行细致和精确的校核。目前汽车总体布置包括：

(1) 确定汽车造型的硬点尺寸；
(2) 确定汽车内部空间尺寸；
(3) 校核驾驶员的最佳坐姿；
(4) 校核操纵方便性；
(5) 校核视野；
(6) 校核上下车方便性；
(7) 汽车乘坐安全性（主动、被动安全性）；
(8) 汽车舒适性（噪声、振动、乘坐空间和温度）；

(9) 汽车使用方便性；

(10) 汽车装配、保养方便性；

(11) 轿车娱乐性(收音机、CD、DVD 机等)；

(12) 轿车外形观赏性(车型样式、色彩等)。

其中前 6 项与轿车总布置关系最大，直接需要总布置阶段进行设计和校核。

汽车人机工程设计的一般步骤为：

(1) H 点：选定设计用的百分位人体，根据加速踏板、地板及方向盘的位置选择合适的人体坐姿以初步确定 H 点。根据车身空间，通过对选定人机的布置及相关校核初步确定后排的 H 点及坐姿。

(2) 视野校核：根据 H 点及人体坐姿确定眼椭圆的尺寸位置以及相关人机工程硬点，然后进行前方视野、后视野、挡风玻璃刮刷面积、遮阳板、内外后视镜、仪表板视野等设计。

(3) 操作舒适性校核：所有可操作部件都能被驾驶员方便舒适地操作，包括脚踏板校核、手伸及面校核、换挡、手刹、门内板操作键以及发动机盖、行李厢盖。

(4) 汽车的安全性分析：主要包括车内外突出物校核、汽车安全带布置校核、汽车安全气囊的布置以及上下车的方便性校核等。

2.1.2 人体工程学中的人体参数

1. 人体基础数据

人体基础数据主要有三个方面，即有关人体构造、人体尺寸以及人体的动作域等相关数据：

(1) 人体构造与人体工程学关系最紧密的是运动系统中的骨骼、关节和肌肉，这三部分在神经系统支配下，使人体各部分完成一系列的运动。骨骼由颅骨、躯干骨、四肢骨三部分组成，脊柱可完成多种运动，是人体的支柱；关节起骨间连接且能活动的作用；肌肉中的骨骼肌受神经系统指挥收缩或舒张，使人体各部分协调动作。

(2) 人体尺寸，是人体工程学研究最基本的数据之一。

人体尺寸决定了人体占据的几何空间和活动范围，是汽车内部布置的主要依据。各国都建立了适合不同要求的人体数据库，GB 10000—1988 定义了我国成年人体尺寸数据。从人机工程学角度出发，为保证产品适合使用者要求，必须以群体人体尺寸统计数据作为设计依据。群体数据统计特征包括均值、标准差和百分位数等，可通过从群体中抽取一定数量的个体作为样本进行测量和统计分析获得。图 2-1 和表 2-1 为 SAE J833 定义的部分人体尺寸。

(3) 人体动作域。人们在室内、外各种工作和生活活动范围的大小，即动作域，它是确定室内、外空间尺度的重要依据因素之一。以各种计测方法测定的人体动作域，也是人体工程学研究的基础数据。如果说人体尺寸是静态、相对固定的数据，人体动作域的尺度则为动态的，其动态尺度与活动情景状态有关。室内、外设计时人体尺寸具体数据尺寸的选用，应考虑在不同空间与围护的状态下，人们动作和活动的安全，以及对大多数人的适宜尺寸，并强调以安全为前提。例如，对门洞高度、楼梯通行净高、栏杆扶手高度等，应取男性人体高度的上限，并适当加以人体动态时的余量进行设计；对踏步高度、台面高度等，应按女性人体的平均高度进行设计。

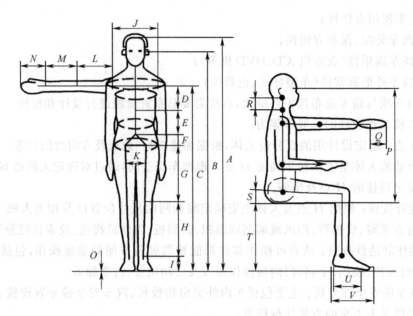

图 2-1　SAE J833 定义的部分人体尺寸

表 2-1　SAE J833 定义的部分人体尺寸数据

部位 百分位	A	B	C	D	E	F	G	H	I	J	K
5th	1550	1448	1220	160	160	84	362	351	78	292	168
50th	1715	1605	1358	177	177	88	407	398	86	334	177
95th	1880	1762	1496	194	194	92	452	445	94	376	186

部位 百分位	L	M	N	O	P	Q	R	S	T	U	V
5th	250	221	165	25	696	96	83	64	398	160	250
50th	275	244	185	25	769	110	89	80	440	180	285
95th	300	267	205	25	842	124	95	96	482	200	320

2. 百分位

百分位表示人体的某项基础数据对于使用对象中有百分之几的人可适用，这是人体工程学中一条基本的设计原则。车身设计中一般采用 5%、50% 和 95% 三种百分位的人体尺寸，分别代表矮小身材、平均身材和高大身材的人体尺寸。车身设计中，常把第 95% 百分位的值作为设计上限，把第 5% 的值作为下限，这样的设计结果可满足 90% 的使用对象。

2.1.3　人体工程学的汽车车身内部布置工具

1. 人机工程关键硬点

1) H 点装置及其上的关键点

H 点装置用于建立车内布置的关键参考点和尺寸。车内布置最重要的参考点是 H

点。有两种装置可以用来定义 H 点,即 H 点测量装置(H-Point Machine,HPM)和 H 点设计工具(H-Point Design Tool,HPD)。HPM 是用于对尺寸进行审核和测量对比的设备,HPD 是设计中用于乘员布置的 CAD 工具。在 HPM 和 HPD 上,定义了与设计和人机关系相关的点和参考线,包括 H 点、D 点、K 点、躯干线、腿线和坐垫线等。

H 点是 H 点装置上躯干与大腿的铰接点。在不同场合,其表现形式也不同。

(1) 设计 H 点。它是借助 HPD 按一定程序建立的 H 点,用以表达设计乘坐位置。

(2) 乘坐参考点(Seating Reference Point,SgRP),欧洲标准和我国国标称为 R 点。

(3) 实际 H 点。它是将 HPM 按规定步骤安放在实车指定乘坐位置座椅上时,所测得的 H 点位置。

(4) D 点。是坐姿状态下 H 点装置臀部的最低点。

(5) K 点。H 点装置上大腿与小腿的铰接点,即膝关节点。

(6) 躯干线。H 点装置上自 H 点出发,平行于后背腰部区域外表面,用于定义躯干角度的直线。

(7) 腿线。是连接腿部两端关节的直线,包括大腿线和小腿线。大腿线连接 H 点和 K 点,小腿线连接 K 点和踝关节点。

(8) 坐垫线。H 点装置上,自 H 点出发,用于定义坐垫角度的直线。

2) 鞋、踏板参考点及其相关定义

鞋是 H 点装置的一部分,对于定位 H 点装置非常重要。

(1) HOS(Heel of Shoe)。H 点装置鞋跟端点,其侧向位置位于鞋底中心线处。HOS 用于定义 AHP 和 FRP。

(2) AHP(Acceleration Heel Point)。当 H 点装置的鞋按照适当方法根据自由状态的加速踏板定位后,其踵点与地板表面的交点。

(3) BOF(Ball of Foot)。鞋底表面一点,与踵点相距 200mm。其侧向位置位于鞋底中心线处。

(4) 裸足底线。鞋底附近与鞋底成 6.5° 的直线,用于定义踝关节角度。

(5) 地板参考点(Floor Reference Point,FRP)。将 H 点装置的鞋按一定方法定位(鞋底与考虑地毯压塌量的地板表面接触)后,HOS 与地板的交点。FRP 不适用于驾驶员右脚(用 AHP 代替)。

(6) 踏板参考点(Pedal Reference Point,PRP)。当鞋按照适当方法根据加速度踏板定位后,加速踏板表面上与 BOF 接触的点。

加速踏板平面与加速踏板上表面的切点,位于加速踏板上表面的中心线上,与 AHP 点距离为 200mm。AHP 与 PRP 的关系如图 2-2 所示。

2. 头廓包络

1) 概述

头廓包络是指不同身体的乘员以正常姿势坐在适宜的位置时,其头廓的包络,用于在设计中确定乘员所需的头部空间。通过对人的头部尺寸进

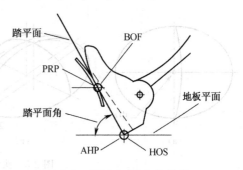

图 2-2 AHP 与 PRP 的关系

行测量和统计,SAE制定了平均头廓线,用来描述侧视和后视方向头廓的平均尺寸,如图 2-3 所示。将平均头廓线板上的眼点沿着眼椭圆轮廓上半部分运动,平均头廓线随之运动,描绘出的各个位置平均头廓线的包络就是头廓包络线,如图 2-4 所示。

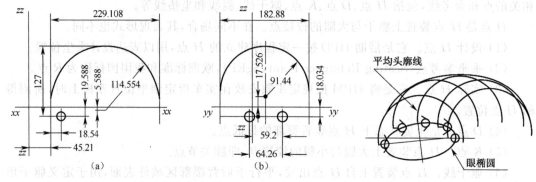

图 2-3　SAE 平均头廓线
(a) 侧视图;(b) 后视图

图 2-4　头廓包络面生成原理

2) 头廓包络面的尺寸和定位

头廓包络面的尺寸包括长轴、短轴和竖轴的长度。对应各种座椅水平调节行程的乘员头廓包络面尺寸参见表 2-2,尺寸代号的含义如图 2-5 所示。

表 2-2　头廓包络面尺寸

百分位	乘员	TL23/mm	L_x/mm	L_y/mm (车内侧)	L_y/mm (车外侧)	L_z/mm
95th	驾驶员和前排外侧乘员	>133	±211.5	143.75	166.75	+133.50
		≤133	±198.76	143.75	166.75	+133.50
		0	±173.31	143.41	166.41	+147.07
	前排中央乘员	>133	±211.5	143.75	143.75	+133.50
		≤133	±198.76	143.75	143.75	+133.50
	其他	0	±173.31	143.41	143.41	+147.07
99th	驾驶员和前排外侧乘员	>133	±246.04	166.79	189.79	+151.00
		≤133	±232.40	166.79	189.79	+151.00
		0	±198.00	165.20	189.20	+169.66
	前排中央乘员	>133	±246.04	166.79	166.79	+151.00
		≤133	±232.40	166.79	166.79	+151.00
	其他	0	±198.00	165.20	165.20	+169.66

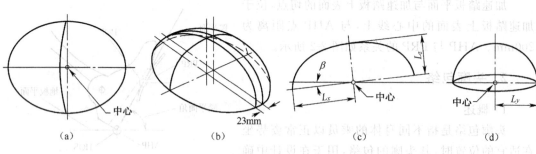

图 2-5　头廓包络面尺寸代号含义
(a) 俯视图;(b) 侧视图;(c) 驾驶员头廓包络面;(d) 后视图

2002 版 SAE J1052 标准中,适合 A 类车的头廓包络面只在侧视图有向前下方的倾角 β。对于可调节座椅,倾角为 12°;对于固定座椅,倾角需要根据设计乘员背部角 $A40$ 计算,即

$$\beta = 0.719A40 - 9.6°\tag{2-1}$$

头廓包络面中心的三个坐标分量 X_c、Y_c 和 Z_c 分别以 PRP、Y 零平面和过 AHP 的水平面为定位基准。当座椅水平调节量 TL23 大于零时,有

$$\begin{cases} X_c = 664\text{mm} + 0.587L6 - 0.176H30 - 12.5t + X_h \\ Y_c = W20 \\ Z_c = 638\text{mm} + H30 + Z_h \end{cases}\tag{2-2}$$

式中,$L6$ 为转向盘中心到加速踏板参考点(PRP)的前后距离;$H30$ 为座椅高度;t 为变速类型,当有离合踏板时 $t=1$,否则 $t=0$;X_h、Z_h 的取值参见表 2-3;$W20$ 为 SgRP 点在汽车坐标系中的 Y 坐标。

表 2-3 X_h 和 Z_h 的取值

TL23/mm	X_h/mm	Z_h/mm	TL23/MM	X_h/mm	Z_h/mm
>133	90.6	52.6	0	85.4	42.0
<=133	89.5	45.9			

对于固定座椅(座椅水平调节量 TL23 为零),有

$$\begin{cases} X_c = 640\sin\delta + X_h \\ Y_c = W20 \\ Z_c = 640\cos\delta + Z_h \\ \delta = 0.719A40 - 9.6° \end{cases}\tag{2-3}$$

式中,δ 为固定座椅眼椭圆侧视图倾角。

3. 眼椭圆

1) 眼椭圆的定义、由来及用途

眼椭圆(Eyellipse——Eye 和 Ellipse 的合成)是指不同身材的乘员以正常姿势坐在车内时,其眼睛位置的统计分布图形,左右各一,分别代表左、右眼的分布图形,如图 2-6 所示。

眼椭圆的概念是随着汽车产业的工程能力发展而被提出的,是汽车工程师为了保证大多数汽车驾驶员拥有良好的视野特性而发展出来的。1963 年,美国选用三种车型,对 2000 多人进行了眼点测试。被测试者来自世界各地,然后对测试的眼点位置进行统计分析,形成最佳的与实际相符的曲线。统计结果是:眼睛分布范围在俯视图和侧视图的投影

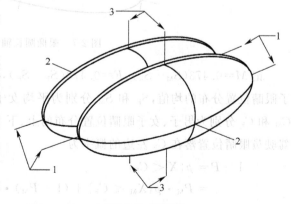

图 2-6 眼椭圆
1—长轴轴线 A_x;2—短轴轴线 A_y;3—竖轴轴线 A_z

均可近似为椭圆,故称为眼椭圆。据此,美国制定了 SAE J941《汽车驾驶员眼范围》标准。在该标准中,根据眼点的分布情况,分为 90 百分位、95 百分位、99 百分位等眼椭圆。

驾驶员眼睛在车内坐标系中的位置是进行视野设计与校核的基准,它是视野设计的工具。驾驶员眼椭圆的确立为研究汽车视野性能提供了科学的视野原点基准。由于驾驶员身材、姿势及驾驶习惯的差异,视野原点不可能是某个固定点,而是呈某种形状的分布图形,不能简单地以平均身材驾驶员的眼睛位置所在点作为汽车视野分析的视点基准。因此,在试验测定和统计分析后,美国 SAE 推荐使用标准眼椭圆这种统计概念的图形作为汽车视野设计和校核的科学依据基准。本教材依据 2010 版的 SAE J941 标准进行讲述,主要介绍适合 A 类车、可调节座椅的眼椭圆。

2) 眼椭圆尺寸计算和定位

(1) 眼椭圆尺寸的计算

① 长轴长度 L_x。研究表明,驾驶员眼睛位置沿椭圆长轴方向(A_x 方向)的部分与驾驶员身高呈现 0.473 的相关关系。即:若两个驾驶员身高相差 10mm,则其眼睛位置与 A_x 方向相差 4.73mm。令变量 $X=0.473(S-S_R)$ 表示眼睛在 A_x 方向的位置,S 代表身高,S_R 为参考身高。由单一性别驾驶群体的身高呈正态分布,则男子和女子眼睛的位置沿 A_x 方向各自呈正态分布,如图 2-7 所示。

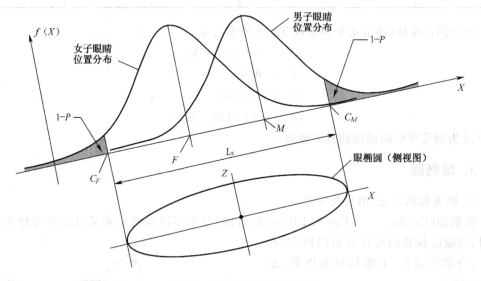

图 2-7 眼椭圆长轴计算原理

记 $M=0.473(S_M-S_R)$,$F=0.473(S_F-S_R)$,M 和 F 分别为目标驾驶员群体男子和女子眼睛位置分布的均值,S_F 和 S_M 分别为平均女子身高和平均男子身高。如图 2-7 所示,C_M 和 C_F 分别为男子、女子眼睛位置分布的上、下 $1-P$ 分位点,P 为眼椭圆的百分位值,则驾驶员眼睛位置落在 C_F 左边的概率为

$$1-P = p\{X<C_F\}$$
$$= P_M \cdot p\{X_M<C_F\} + (1-P_M) \cdot p\{X_F<C_F\}$$
$$= P_M \cdot p\left\{\frac{X_M-M}{\sigma_M}<\frac{C_F-M}{\sigma_M}\right\} + (1-P_M) \cdot p\left\{\frac{X_F-F}{\sigma_F}<\frac{C_F-F}{\sigma_F}\right\}$$

$$= p_M \cdot \Phi\left(\frac{C_F - M}{\sigma_M}\right) + (1 - P_M) \cdot \left(\frac{C_F - F}{\sigma_F}\right) \tag{2-4}$$

式中,X_M 和 X_F 分别为男子和女子眼睛位置分布变量;P_M 为目标驾驶员群体中男子出现的概率;Φ 表示标准正态分布函数;σ_M 和 σ_F 分别为男子和女子眼睛位置分布标准差,并且

$$\begin{cases} \sigma_M = (0.473^2 \sigma_{SM}^2 + 41.87^2)^{1/2} \\ \sigma_F = (0.473^2 \sigma_{SF}^2 + 41.87^2)^{1/2} \end{cases} \tag{2-5}$$

式中,σ_{SM} 和 σ_{SF} 分别为男、女驾驶员身高分布的标准差。

同理,有

$$\begin{aligned} P &= p\{X < C_M\} \\ &= P_M \cdot p\{X_M < C_M\} + (1 - P_M) \cdot p\{X_F < C_M\} \\ &= P_M \cdot p\left\{\frac{X_M - M}{\sigma_M} < \frac{C_M - M}{\sigma_M}\right\} + (1 - P_M) \cdot p\left\{\frac{X_F - F}{\sigma_F} < \frac{C_M - F}{\sigma_F}\right\} \\ &= p_M \cdot \Phi\left(\frac{C_M - M}{\sigma_M}\right) + (1 - P_M) \cdot \left(\frac{C_M - F}{\sigma_F}\right) \end{aligned} \tag{2-6}$$

由于 P 为眼椭圆的百分位值,根据式(2-5)和式(2-6)可以计算 C_M 和 C_F 的值,则眼椭圆长轴的长度为

$$L_x = C_M - C_F \tag{2-7}$$

② 短轴和竖轴长度。对于一定的驾驶员群体来说,当其坐在适宜的驾驶位置时,其眼睛位置在汽车坐标系三个方向上均呈正态分布。研究发现,眼椭圆的短轴和竖轴长度基本上不受驾驶员身高和布置参数的影响。因此,可以根据眼睛位置一维正态分布变量的标准差和眼椭圆百分位值 P 来计算 L_y 和 L_z,即

$$L_y = 18.34[\Phi^{-1}(P) - \Phi^{-1}(1-P)] \tag{2-8}$$

$$L_z = 28.39[\Phi^{-1}(P) - \Phi^{-1}(1-P)] \tag{2-9}$$

式中,Φ^{-1} 表示标准正态分布函数的反函数。

③ 适合美国人的 A 类车、可调节座椅眼椭圆尺寸。根据美国人体数据(男女比例为 1∶1;男子平均身高为 1755mm,标准差为 74.2mm;女子平均身高为 1618mm,标准差为 68.7mm)计算,可以得到适合美国人的 A 类车、可调节座椅眼椭圆尺寸,参见表 2-4。

表 2-4 适合美国人的 A 类车、可调节座椅眼椭圆尺寸

百分位	TL23/mm	长轴 L_x/mm	短轴 L_y/mm	竖轴 L_z/mm
95th	1~133	173.8	60.3	93.4
	>133	206.4	60.3	93.4
99th	1~133	242.1	85.3	132.1
	>133	287.1	85.3	132.1

(2) 眼椭圆的定位

眼椭圆的定位包括确定椭圆中心位置和倾角。影响眼椭圆定位的布置参数包括转向盘在前后方向相对于加速踏板参考点(PRP)的距离($L6$)、座椅高度($H30$)、变速类型(手动还是自动)和座椅升程($A19$)等,如图 2-8 所示。

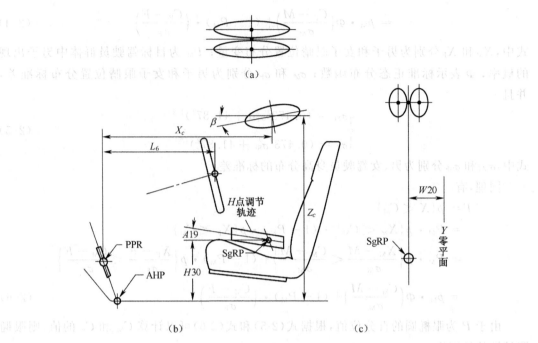

图 2-8 影响眼椭圆定位的布置参数
(a) 俯视图；(b) 侧视图；(c) 后视图

2010 版 SAE J941 标准采用的是有关乘员眼睛位置分布规律最新的研究成果，其眼椭圆不再根据设计乘员背部角度 $A40$ 定位，而是认为：转向盘前后位置和座椅高度是影响眼椭圆中心位置的主要因素。新的定位方法采用了更多、更准确的参数作为定位因子，提高了灵活性和准确性。

① 眼椭圆倾角的计算。眼椭圆的三个轴线互相垂直。轴线 A_y 方向平行于汽车坐标系 y 轴方向。对于 A 类车可调节座椅的眼椭圆，长轴轴线 A_x 与水平面的夹角应根据 H 点调节轨迹倾角 $A19$ 计算，即

$$\beta = 18.6° - A19 \tag{2-10}$$

② 椭圆中心的计算。椭圆中心的 3 个坐标分量 X_c、Y_c（分别以 Y_{cl} 和 Y_{cr} 代表左右眼椭圆中心 y 坐标）和 Z_c 分别以 PRP、Y 零平面和过 AHP 的水平面为定位基准，其计算公式为

$$\begin{cases} X_c = 664\text{mm} + 0.587L6 - 0.176H30 - 12.5t + \dfrac{C_M + C_F}{2}\cos\beta \\ Y_{cl} = W20 - 32.5\text{mm} \\ Y_{cr} = W20 + 32.5\text{mm} \\ Z_c = 638\text{mm} + H30 + \dfrac{C_M + C_F}{2}\sin\beta \end{cases} \tag{2-11}$$

式中，$L6$ 为转向盘中心到加速踏板参考点（PRP）的前后距离；$H30$ 为座椅高度；t 为变速器类型，当有离合踏板时 $t=1$，否则，$t=0$；C_M、C_F 分别为男子和女子眼睛位置分布的上、下 $1-P$ 分位点；β 为侧视图眼椭圆的倾角；$W20$ 为 SgRP 点在汽车坐标系中的 Y 坐标。

(3) 适合美国人的 A 类车可调节座椅眼椭圆定位公式

通过试验统计得出 $\beta=12°$。将美国人体数据代入式（2-10）和式（2-11）中，得到适合美

国人的 A 类车可调节座椅眼椭圆定位公式,即

$$\begin{cases} \beta = 12° \\ X_c = 664\text{mm} + 0.587L6 - 0.176H30 - 12.5t \\ Y_{cl} = W20 - 32.5\text{mm} \\ Y_{cr} = W20 + 32.5\text{mm} \\ Z_c = 638\text{mm} + H30 \end{cases} \quad (2\text{-}12)$$

3) 眼椭圆的理论解释

（1）眼椭圆的数学含义

眼椭圆的理论是基于二维随机变量,即对一定的驾驶员群体,当其坐在适意的驾驶位置时,其眼睛位置在汽车坐标系三个方向上呈正态分布。设二维随机变量(x_1, x_2)中,x_1、x_2代表眼睛位置坐标在汽车坐标系相应视图方向上的两个分量。由正态分布可知,x_1、x_2的联合分布为二维正态分布。该视图方向的眼椭圆轮廓实际上是二维随机变量(x_1, x_2)在某高度上的水平截面线,如图 2-9 所示。

二维正态分布变量的概率密度函数 $f(x_1, x_2)$ 可写为

$$\frac{(x_1' - \mu_1')^2}{C_1 \lambda_1^2} + \frac{(x_2' - \mu_2')^2}{C_1 \lambda_2^2} = 1 \quad (2\text{-}13)$$

式(2-13)为标准的椭圆方程。取不同的概率密度值 C 时,就对应着概率密度函数图形上不同高度的水平截面线。因此某视图方向眼椭圆的几何含义,就是该方向眼睛坐标变量二维正态分布概率密度函数的等概率密度曲线。

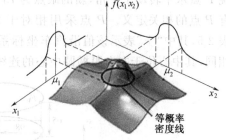

图 2-9 二维正态分布概率密度图形和等概率密度线

（2）眼椭圆的视切比

视切比定义为眼睛位置落在眼椭圆切线包含眼椭圆一侧的概率。对于眼椭圆的任意切线,眼睛位置落在包含眼椭圆一侧的概率都相等,且等于眼椭圆百分位。图 2-10 示意了眼椭圆视切比的含义。容易与其混淆的概念是包含比,其定义为眼睛位置落在眼椭圆内的概率。视切比总是要大于包含比。

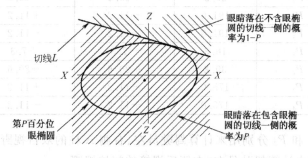

图 2-10 眼椭圆视切比的含义

由于眼睛位置在 X、Y、Z 三个方向上的正态分布性质,决定了它在三维空间中的分布呈椭球状,称为三维眼椭圆。在数学上,三维眼椭圆也是用视切比来定义的,即:三维眼椭圆是由无数个平面所形成的包络面,每个平面都与椭球相切,且把空间分为包含三维眼椭圆

和不包含三维眼椭圆两部分；眼睛位置落在其任意切平面包含三维眼椭圆一侧的概率都等于视切比。三维眼椭圆左右各一，分别表示左右眼的分布图形。

4) 眼点

眼椭圆为驾驶员视野设计提供了科学依据，但实际应用中有时也不方便。例如，设计后视野时，需以眼椭圆轮廓上距离后视镜最远的点作为眼点，但这个眼点不容易找到。经过统计研究，SAE得出了方便某些场合使用的视原点，借助它们可方便地得到眼点。

(1) E 点

E 点（眼点）代表眼睛的位置，是视野设计过程中视线的出发点。眼点 E_L 和 E_R 两个，分别代表左右两个眼睛的位置，左右眼点的距离为 65mm。

(2) P 点

P 点是驾驶员头部水平转动的中心点，与 E 点等高，位于左右眼点 E_L 和 E_R 连线中点后方 98mm 处，如图 2-11 所示。图 2-11(a) 所示的头部水平转动角为零；图 2-11(b) 中头部绕 P 点水平转动了 α 角，新的眼点为 E_L' 和 E_R'。SAE 中只定义了 A 类车的 P 点，B 类车没有 P 点的相关定义。P 点采用相对于 95 百分位中央眼椭圆中心的偏移量来定位，参见表 2-5，其中"+"表示该值沿汽车坐标系轴线正方向起作用。中央眼椭圆是大小和眼椭圆相同，其中心位于左右眼椭圆中心的连线中点的辅助椭圆。

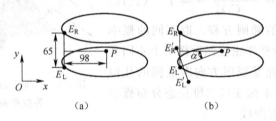

图 2-11 眼点与 P 点的相对位置

表 2-5 P 点相对于 95 百分位中央眼椭圆中心的偏移量

TL23/mm	P 点	d_x/mm	d_y/mm（左侧驾驶）	d_y/mm（右侧驾驶）	d_z/mm
>133	P_1	0	−7.3	+7.3	−20.5
	P_2	26.2	+20.6	−20.6	−20.5
	P_3	191.0	−11.2	+11.2	+22.5
	P_4	191.0	+11.2	−11.2	+22.5
<133	P_1	16.3	−7.3	+7.3	−20.5
	P_2	39.2	+20.6	−20.6	−20.5
	P_3	175.0	−11.2	+11.2	+22.5
	P_4	175.0	+11.2	−11.2	+22.5

头部转动点 P_1 和 P_2 分别用来计算驾驶员左、右侧 A 柱的双目视野障碍角。头部转动点 P_3 和 P_4 分别用来计算驾驶员左、右侧后视镜的间接视野。

4. 人体模型

以人体参数为基础建立的人体模型是描述人体形态特征和力学特性的有效工具，是研究、分析、设计、评价、试验人机系统不可缺少的重要辅助手段。

按人体模型的用途,有设计用人体模型、工作姿势分析用人体模型、动作分析用人体模型、运动学分析用人体模型、动力学分析用人体模型、人机界面匹配评价用人体模型、试验用人体模型等多种类别;按人体模型的构造方法,有物理人体模型与数字人体模型两类。以下着重介绍布置和测量用人体模型。

1) 物理人体模型

车身布置使用的物理人体模型主要是 H 点装置。如前所述,H 点装置包括 H 点测量装置 HPM 和 H 点设计工具 HPD,下面主要介绍它们的结构和功能。

(1) H 点测量装置

20 世纪 60 年代,美国通用汽车公司的工程师 Michael Myal 设计了一种三维布置尺寸的测量工具。1962 年,SAE 设计设备委员会将该装置纳入 SAE J826B 标准,称为标准 H 点测量装置(HPM,型号为 Oscar)。Oscar 在美国、欧洲和日本等得到了广泛应用,成为测量 H 点和汽车内部尺寸的主要设备,如图 2-12(a)所示。

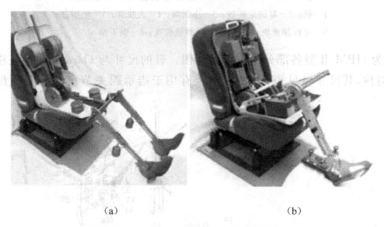

图 2-12　SAEJ826 H 点测量装置
(a) Oscar 型;(b) HPM-Ⅱ型

在研究和应用过程中发现,Oscar 的刚性躯干外壳不能很好地模拟乘员背部的形状和姿态。1993 年,SAE 设计设备委员会制定了重新设计 H 点测量装置的计划,由美国密歇根大学交通研究所生物科学分部和密歇根州立大学生物机械设计研究实验室联合开展了 ASPECT(Automobile Seat and Package Evaluation and Comparison Tools)计划,开发了 ASPECT 物理人体模型(ASPECT Physical Manikin,APM),如图 2-12(b)所示。2002 年,SAE 设计设备委员会将 APM 纳入 SAE J826 标准(型号为 HPM-Ⅱ),取代了原来的 Oscar 型 H 点测量装置。

HPM-Ⅱ型的用途与 Oscar 型基本相同,可测量 H 点位置、坐垫角、靠背角和腰部支撑量四个座椅参数;若与该装置上的大腿部、小腿部和鞋配合使用,则可测量车内布置尺寸。与 Oscar 型相比,HPM-Ⅱ型活动的腰部能很好地模拟人体背部和靠背的相互作用,可测出腰部支撑量。Oscar 型测得的 H 点在座椅上的位置会受到座椅高度和前后位置,以及大腿部和小腿部位置等因素的影响,布置参数的改变会影响 H 点位置的测量结果;而使用 HPM-Ⅱ型测量 H 点和座椅参数时无需将腿部和鞋安装上,H 点在座椅上的位置不受其他因素的影响,使用简单方便。

HPM-Ⅱ型 H 点测量装置由鞋、小腿部、大腿部、坐垫盘和躯干部组成,各部分均可拆卸,如图 2-13 所示;此外,还包括鞋固定装置和头部空间测量装置两个附件。

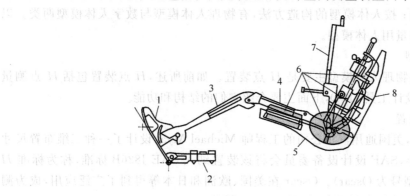

图 2-13 SAE J826 H 点测量装置(HPM-Ⅱ型)
1—鞋;2—鞋固定装置;3—小腿部;4—大腿部;5—坐垫盘;
6—可拆卸重块;7—头部空间测量装置;8—躯干部

图 2-14 为 HPM-Ⅱ型各部分结构的示意图。鞋的尺寸与 Oscar 相同,但相对于其自身中心线左右对称,其尺寸参见表 2-6。鞋上装有用于指示踝关节角度的刻度盘。鞋固定装

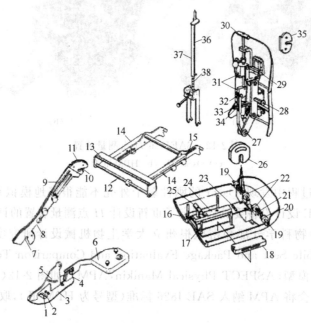

图 2-14 HPM-Ⅱ型 H 点测量装置结构示意图
1—BOF;2—AHP 到 PRP 的侧向距离刻度盘;3—倾角计基准面(鞋底角) 4—HOS;5—踝关节角度刻度盘;6—鞋固定装置;7—踝关节点卡槽;8—小腿线基准;9—小腿长刻度盘;10—膝关节点卡槽;11—膝关节角刻度盘;12—膝关节杆;13—小腿侧向位置刻度盘;14—倾角计基准面(大腿角);15—大腿长度刻度盘;16、33—加载点;17—大腿重块定位杆;18—大腿重块;19—H 点位置标记;20—大腿部固定衬套;21—H 点位置杆;22—躯干部固定衬套;23—侧向水平仪;24—倾角计基准面(坐垫角);25、30—把手;26—骨盆重块;27—H 点转轴;28—下背部重块托架;29—上背部重块托架;31、37—倾角计基准面(躯干角);32—头部空间测量装置固定栓;34—腰部支撑量刻度盘;35—背部重块;36—装有探头的滑动杆;38—有效头部空间刻度盘

置用来将鞋定位于加速踏板处或地板上。小腿和大腿长度均可按照其刻度盘上的刻度进行调节,并可以用紧固旋钮固定于某刻度处。SAE J826 标准给出了用于确定 SgRP 和中等身材男子腿部的长度尺寸,参见表 2-7。在大腿部靠近膝关节一端还装有用于度量小腿侧向位置的刻度盘。膝关节处装有角度刻度盘,用来指示膝关节角度。坐垫盘由坐垫板、大腿和骨盆重块定位杆、H 点位置指示杆、躯干部支撑装置、水平仪等组成。坐垫板是根据美国中等身材男子坐姿时大腿和臀部轮廓制成的,用于测量坐垫角;同时,在其上面还装有支撑大腿和骨盆重块、大腿部和躯干部的结构。水平仪用来指示水平基准面,以保证坐垫盘不向左右倾斜。躯干部由胸部、腰部和骨盆部组成,相互之间铰接在一起,能够真实地模拟人的躯干弯曲状况;而腰部向前的凹进量用以度量座椅的腰部支撑量大小。躯干部与靠背表面接触的壳体部分是根据美国中等身材男子坐姿时背部形状制作的三块曲面板。在胸部和腰部都装有支撑重块的托架。在腰部还装有支撑头部空间测量装置的固定栓。头部空间测量装置专门用于测量乘员头部空间硬点尺寸 $H61$。

表 2-6 鞋的尺寸

项目	尺寸	项目	尺寸
鞋的总长	306mm	踝关节点在鞋底面的投影点到 HOS 的距离	81mm
BOF 到 HOS 的距离	200mm	踝足底线与鞋底面的夹角	6.5°
踝关节点到鞋底面的距离	107mm		

表 2-7 腿长度　　　　　　　　　　　　　　　　　　　　　　　mm

部位	用于建立 SgRP	中等身材男子
大腿	456	432
小腿	459	417.5

如前所述,在 HPM 上定义了许多与设计和人机关系密切相关的参考线,如鞋底线、小腿线、大腿线、坐垫线和躯干线等。为便于测量参考线之间的角度,在鞋、大腿部、坐垫盘、躯干部和头部空间测量装置上都有安放倾角计的基准面,安放倾角计后可以将该部位相对于水平面的倾角读出;而关节角度可以直接从该关节处的角度刻度盘上读取。

(2) 人体设计样板

人体设计样板(HPD)是车身布置最基本的工具,常用塑料板材等按 1∶1、1∶5、1∶10 等常用制图比例制成,用于辅助制图、乘员乘坐空间布置和测量以及校核空间尺寸。

美国福特汽车公司 S.P. Geoffrey 通过 X 射线法确定骨骼和关节位置,并取得了躯干和肢体活动范围,据此开发了二维人体设计样板。1962 年,该人体设计样板被 SAE 收录到 J826 标准中。标准化的样板尺寸和轮廓形状与 Oscar 型 H 点测量装置相对应,其组成结构如图 2-15 所示。在躯干、大腿和小腿上有基准线。躯干、H 点、膝关节点和踝关节点处还有角度测量装置,用来确定关节角度。

2002 年,SAE J826 标准中用 HPM-Ⅱ型 H 点测量装置代替了 Oscar 型,J826 人体设计样板相应地更新为 H 点设计工具(HPD),如图 2-16 所示。HPD 是 HPM-Ⅱ型 CAD 模型的简化形式,它采用三维曲线和曲面来表示 HPM-Ⅱ型各部分的空间形状。HPD 模型的鞋、小腿部和大腿部位于身体右侧。模型上以点和线的形式标出了 HOS、BOF、H 点、小腿

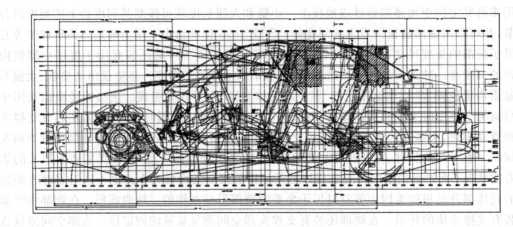

图 2-15　车身总布置图(侧视图)

线和躯干线等参考点和参考线。HPD 的 50th 和 95th 百分位大腿和小腿长度没有改变,参见表 2-8。由于采用了三维空间点、线和面的表示形式,HPD 能够更好地适应现代三维数字化设计环境的要求。

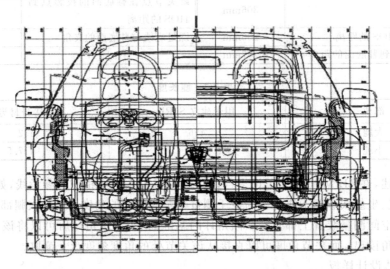

图 2-16　车身总布置图(前后视图)

表 2-8　SAE J833 定义的部分人体尺寸数据　　　　　　　　　　　　　　mm

部位 百分位	A	B	C	D	E	F	G	H	I	J	K
5th	1550	1448	1220	160	160	84	362	351	78	292	168
50th	1715	1605	1358	177	177	88	407	398	86	334	177
95th	1880	1762	1496	194	194	92	452	445	94	376	186

部位 百分位	L	M	N	O	P	Q	R	S	T	U	V
5th	250	221	165	25	696	96	83	64	398	160	250
50th	275	244	185	25	769	110	89	80	440	180	285
95th	300	267	205	25	842	124	95	96	482	200	320

2) 数字人体模型

随着计算机技术的发展和并行工程的应用,在概念设计阶段同时进行三维数字化人机工程设计是现代车身设计的必然要求。以人体参数为基础建立的数字人体模型,是描述人体形态和力学特征的有效手段,是研究、分析、设计和评价人机系统不可缺少的测量和模拟工具。

目前已出现上百种人体模型软件系统,其中,汽车设计领域最著名的是 RAMSIS,它是由慕尼黑工业大学和 TecMath 公司(现在为 Human Solutions 公司),在众多德国汽车制造商和座椅生产商的资助下开发于 1988—1994 年。RAMSIS 包括德国、美国和日本等国的人体数据,可生成任何百分位的人体模型,并提供年限参考和预测功能;有较强的姿势求解和控制算法;能生成眼点看去的视景;外观也较逼真,如图 2-17 所示。

在构造数字人体模型时,为描述人体各肢体间的运动学关系,需定义骨骼模型。骨骼模型包括人体的

图 2-17 RAMSIS 人体模型

肢体段数目、连接形式拓扑关系和各关节的自由度,形成了人体的基本运动学描述。根据骨骼模型可建立任意关节之间的运动学关系,从而对肢体进行驱动或者姿势求解和预测,以完成最基本的人机工程分析。骨骼模型描述了肢体的基本活动形式,完整的人体模型还需要建立形象的外表。RAMSIS 系统采用 DIN33402 标准中 Jenik-Bosch 三维人体模板的关节活动方式定义其骨骼模型,每个关节处分别具有 1、2 或者 3 个转动自由度,如图 2-18 所示。

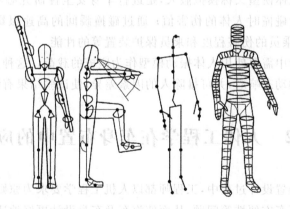

图 2-18 Jenik-Bosch 三维人体模板、RAMSIS 的骨骼模型和外表模型

在汽车设计中,主要根据汽车人机工程学原理应用数字人体模型进行乘员布置设计、驾驶员视野分析、操纵件伸及性分析、舒适姿势预测及评价、布置空间分析、进出方便性分析以及发动机罩和行李厢盖的开启方便性检查等。

汽车设计与试验用的人体模型,视用途不同,种类也不一,如有撞车试验用人体模型(假人)、振动试验用的多自由度移动人体模型以及确定车身实际 H 点位置用的 H 点人体模型,如图 2-19 所示。

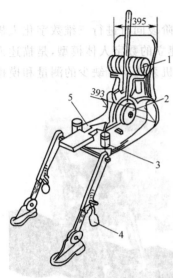

图 2-19　H 点人体模型
1—上躯干重块；2—臀部重块；
3—大腿重块；4—小腿重块；
5—加载方向

H 点是人体身躯与大腿的连接点，即胯点（Hip Point）。用第 95 百分位的人体样板确定的 H 点称为"最后设计 H 点"，记作 $H95$。"最后设计 H 点"又称为"座椅参考点"（"R 点"）。用第 5 百分位的人体样板确定的 H 点称为"最前设计 H 点"，记作 $H5$。"最前设计 H 点"与"最后设计 H 点"的水平距离 ΔH_X（见式(2-14)），即为座椅的水平调节量。"最前设计 H 点"与"最后设计 H 点"的垂直距离 ΔH_Z（见式(2-15)），即为座椅的垂直调节量。

$$\Delta H_X = H_{X95} - H_{X5} \tag{2-14}$$
$$\Delta H_Z = H_{Z5} - H_{Z95} \tag{2-15}$$

H 点人体模型由背板部、座板部、小腿部及足部等组成，各部尺寸、质量及质心位置均以人体测量资料为依据。背板部模仿人体的背部，由背板、背托架、躯干杆、水平仪 A 及胸部和臀部重块组成。座板部由座板、控制杆、T 形杆、水平仪 B、大腿重块、膝部角度盘等构成。小腿部由左右小腿及质量块组成。模型的背盘与臀盘交接处，在相当于人体胯点的位置上设有铰接副，铰接线的中点被定义为 H 点。当 H 点人体模型按照有关标准的规定安放在汽车座椅上时，模型上 H 点在车身中的位置便是汽车实际 H 点的位置。模型上装有的量角器是供安放模型时确定或调节各部之间的夹角而使用。我国 H 点人体模型的标准见 GB/T 11559—89，国际标准化组织的 H 点人体模型可参阅 ISO6549。

撞车试验用的人体模型又称模拟假人，是进行车身安全性研究必不可少的设备。通过其体内的传感器测量碰撞时人体的伤害值；通过碰撞瞬间的高速摄影分析人体的运动状态，借以比较撞车时乘员的伤害程度和乘员保护装置等的性能。

汽车平顺性试验中需要使用人体振动模型作为座椅的载荷。这种人体振动模型应能较好地反映真人人体的动态响应，并可排除人的因素差异，使试验结果有统一的比较依据。

2.2　人体工程学在车身布置中的应用

在汽车车身总布置设计过程中，工程师都以人机工程学要求为原则来解决乘坐舒适性、安全性、视野性、上下车方便性等问题，从而使汽车及车身设计更好地适应了人体特点，同时也提高了人机系统工作效率。

2.2.1　眼椭圆的应用

1. 风窗玻璃刮扫面积、部位和除霜面积的确定

为了使风窗玻璃雨刮器有效地清除附着在挡风玻璃上的雾、霜、雨、雪、泥、尘埃及其他污物,保证驾驶员的视线清晰,保证雨雪天气行车安全,整车设计时需对风窗雨刮器进行刮刷面积校核分析。校核刮扫面积和部位时,须以眼椭圆为基准。

校核时,先在车身侧视图与俯视图上画出标准的眼椭圆,再根据表2-9中规定的角度值分别作眼椭圆上下左右四个切平面,这四个切平面与风窗玻璃的交线构成了汽车视野要求的刮扫区域。图2-20为SAE J903c规定的理论刮扫区,它是由四个切平面与前风窗玻璃的交线围成的区域。此区域内的刮净率要求分别是:区域C为100%,区域A为85%,区域B为95%,如图2-21所示。

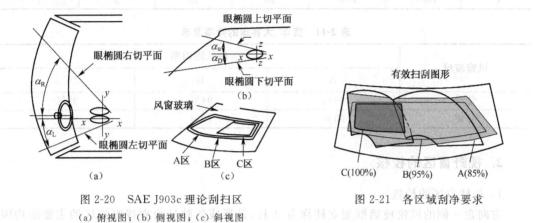

图 2-20　SAE J903c 理论刮扫区　　　　图 2-21　各区域刮净要求
(a) 俯视图; (b) 侧视图; (c) 斜视图

表 2-9　风窗玻璃刮扫面积的要求

车　种	H点至地面距离/mm	区域	角度/(°)			
			上	下	左	右
CBE 和 CAE 载重汽车	0~1020	A	10	5	18	56
		B	5	3	14	53
		C	5	1	10	15
	1020~1270	A	8	7	18	56
		B	3	5	14	53
		C	3	1	10	15
	1270 以上	A	6	9	18	56
		B	1	7	14	53
		C	1	5	10	15
COE 型载重汽车	1270 以上	A	6	9	18	56
		B	1	7	14	53
		C	1	5	10	15
大客车	1280~1520	A	7	14	18	65
		B	2	11	14	5
		C	1	11	18	25
轻型多用途载重汽车	不限	A	7	5	16	49
		B	4	3	13	49
		C	4	2	8	13

风窗玻璃除霜系统也是以眼椭圆为基准,在规定的除霜试验条件下用同样的方法,在30min内各种不同类型汽车除霜面积的最低要求分别见表2-10、表2-11。如果除霜效果达

不到要求，可以适当修改暖风除霜机的喷口位置和设计形状，或者加大暖风量。

表 2-10 轿车风窗玻璃刮扫要求

区域	刮净率	眼椭圆百分位	角度/(°)			
			左	右	上	下
A	80%	95%	18	56	10	5
B	95%	95%	14	53	5	3
C	100%	95%	10	15	5	1

表 2-11 货车、大客车的除霜要求

风窗玻璃	最低除霜率		
	A	B	C
整块	80%	94%	99%
分块	65%	70%	84%

2. 视野盲区的校核

1) A柱盲区的校核

方向盘一侧的风窗玻璃框架立柱称为A柱，是形成驾驶员前方视野盲区的主要结构因素之一。A柱盲区的校核方法如下（图2-22）：在左眼椭圆上，找出离A柱最近的一点B，此点代表驾驶员的左眼；过B点作一水平截面，截A柱得断面$A—A$；再由B点向A柱外缘作切线得到在A柱上的切点A和视线B；驾驶员左右眼距离一般取65mm，于是在右眼椭圆上，找出与左眼椭圆上B点相对应的右眼点C，则可求得到头部转动中心点，即在B、C两点中垂线后方98.6mm处；由于A柱位于左右眼直前视线31.72°的方向，处于30°以外的位置，须转动头部方能将直前视线投向目标，绕头部转动中心点转动头部直至头部中心线对准A柱，直至视线B与两眼点连线呈直角，得到视线B'，此时B、C两点随之转动至新的位置分别为点B'和C'；过C'点作A柱内缘的切线得到A柱上一切点E和视线C，则视线B'与视线C之间的夹角即为A柱对左右眼产生的双目障碍角；过C'点作视线B'的平行线得到视线C'，则双眼盲区角度的大小，可以由视线C'与视线C之间的夹角来度量。

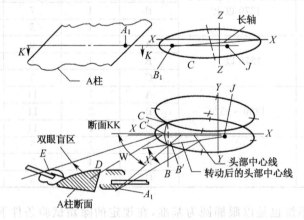

图 2-22 柱盲区校核

2) 前风窗开口视野校核

前风窗开口上沿应该具有足够的高度,以使驾驶员能够方便地观察车头前方 12m 远、5m 高的交通灯。前风窗开口下沿高度与前方下视野有关,其高度的选取应保证地面盲区长度在许可范围内。对于微型车和轿车,前方上视野必须给予重视。此外,不合理的前方上、下视野还会影响驾驶员颈部的舒适性。设计时,需要作出各种条件下的上、下视野线,以检查前风窗的布置,如图 2-23 所示。其中,V_1、V_2 两点的定义参见 GB/T 11562—2014。

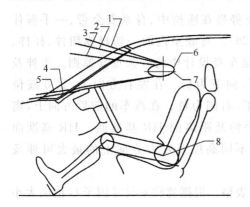

1—观察交通灯的眼椭圆视切线(最小为 14°);
2—过前风窗玻璃刮扫区域上边界的眼椭圆视切线(通常为 10°);
3—过 V_1 点的前风窗玻璃透明区上边界视线(7°);
4—过 V_2 点的前风窗玻璃透明区下边界视线(5°);
5—过 V_2 点的转向盘轮缘上切线;
6—V_1 点;
7—V_2 点;
8—SgRP

图 2-23 前方视野线及视角

3. 内、外后视镜安装

内、外后视镜的设置增加了驾驶员的后视野,使其能在正常驾驶时及时了解到车后以及左右的情况,确保了行车安全。内、外后视镜因为安装在汽车的不同部位,所以有着不同的视野范围(图 2-24,图 2-25)。同时,不同的安装部位也有着不同的安装要求,但是这些安装要求都是基于眼椭圆而设定的。

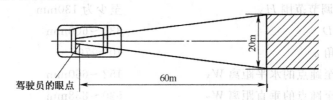

图 2-24 汽车内后视镜的后方视野区域

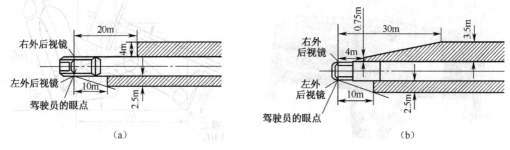

图 2-25 汽车外后视镜的后方视野区域
(a) 总质量小于 2000kg 的 M1 和 N1 类汽车的外后视镜的后视野区;(b) 总质量大于或等于 2000kg 的 M1 和 N1 类汽车以及其他 M 和 N 类汽车的外后视镜的后视野区

车内后视镜要求安装在第 95 百分位眼椭圆上边缘水平切线之上或下边缘水平切线之下的位置。要求车外后视镜安装在第 95 百分位眼椭圆上边缘水平切线之上或下边缘水平切线之下的位置，以使头部和眼睛的总转动量不超过 60°，并且应避开风窗玻璃上不能刮刷到的部分或 A 柱遮挡区域。

4. 驾驶室内手伸及界面的确定

汽车驾驶员的手伸及界面是指以正常驾驶姿势坐在座椅中、身系安全带、一手握住方向盘时另一手所能伸及的最大空间界面（图 2-26）。驾驶室内的一切操纵钮件、杆件、开关等的位置均应在驾驶员手伸及界面之内，这是车身设计中的一条重要原则。手伸及界面的 0 线位于通过 H 点的水平面上，向上为正，向下为负。在左右方向上，其 0 线位于通过 H 点的纵向垂直平面上，驾驶员左侧为正，右侧为负。在汽车的前后方向上，离加速踏板踵点后方水平距离为 d 处，有一表示手伸及距离的 HR 基准面。HR 基准面至手伸及界面之间的水平距离表示了驾驶员在不同高度及左右方向上的最大可伸及距离。

为便于使用，驾驶员手伸及界面的数据已列成表格。根据驾驶室尺寸因子 G 值的大小和使用车辆男女驾驶员的比例不同，ISO 3958 共列出了 21 张表格。根据算出的 G 值及已确定的男女驾驶员比值，从表中找到相应的表格。测得的手操纵钮件离基准面 HR 的水平距离（测量值）与表格中的给定值（极限值）相比较，若前者小于后者便认为该手操作钮件布置合理，即可伸及；否则认为不合理，应重新考虑其布置位置。

ISO3958 适用于以下尺寸范围的轿车（参阅图 2-27）：

座椅靠背角 β	9.0°～33.0°
最后 H 点至踵点的垂直距离 H_z	330～520mm
H 点的水平调节范围 H_x	至少为 130mm
转向盘直径 D	330～600mm
转向盘倾斜角 α	10°～70°
转向盘中心至踵点的水平距离 W_x	152～660mm
转向盘中心至踵点的垂直距离 W_z	530～838mm

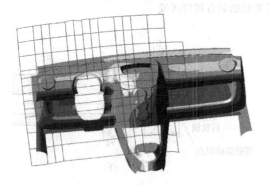

图 2-26 手伸及界面示意图

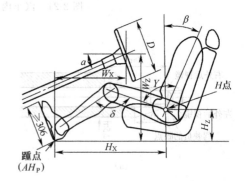

图 2-27 ISO3958 适用尺寸范围

标准中以驾驶室尺寸为综合因子 G 将各类驾驶室分成 7 挡:

$$G < -1.25$$
$$-1.24 < G < -0.75$$
$$-0.75 < G < -0.24$$
$$-0.24 < G < 0.24$$
$$0.24 < G < 0.74$$
$$0.75 < G < 1.24$$
$$G < 1.25$$

每挡中根据使用车辆的男女驾驶员比例又分为三种情况,即男女驾驶员比分别为 90/10、75/25 及 50/50。

检验的步骤为:

(1) 测量出被检车辆驾驶室的以下几项尺寸: β、α、γ、W_X、W_Z、H_Z 及 D。

(2) 根据式(2-16)算出驾驶室尺寸综合因子 G:

$$G = 0.0018H_Z - 0.0197\beta + 0.0027D + 0.0106\alpha - 0.0011W_X + 0.0024W_Z + 0.0027\gamma - 3.0853 \tag{2-16}$$

(3) 按式(2-17)算出基准面 HR 离踵点的距离 d(单位为 mm):

$$d = 786 - 99G \tag{2-17}$$

如果 $d - H_X \leq 0$,基准面 HR 纵向地位于踵点之后 d 处;如果 $d - H_X > 0$,基准面 HR 纵向地位于最后 H 点处。

(4) 建立以下三个正交平面:基准面 HR,驾驶员座椅对称平面及通过最后 H 点的水平面。这三个平面构成了直角坐标系。

(5) 测量出被检验的手操作钮件在这一坐标系中的坐标值。

(6) 根据算得的 G 值和使用情况确定的男女驾驶员比,从 21 张表格中选取相应的表格。

(7) 将步骤(5)中测得的钮件坐标值与表格中的对比值相对照,若操作钮件离基准面 HR 的测量值(汽车前后方向)小于或等于表格中的值,则认为可伸及;否则为不可伸及,应考虑更新布置其位置。

2.2.2 人体坐姿校核

在整车布置设计的过程中,为了能尽量降低驾驶员的疲劳程度,通过对人体的生理结构进行研究而得到人体的舒适驾驶姿势,这是在总布置设计中必须遵守的依据,同时本着提高车内空间利用率、满足外造型和整车尺寸原则,进行人性化的最优化设计。主要内容包括驾驶员 SAE95% 人体坐姿舒适性校核、后排乘员 SAE95% 人体坐姿舒适性校核和驾驶员 SAE5% 人体坐姿舒适性校核。引用的标准包括 SAE J1100—2009 Motor Vehicle Dimensions(汽车尺寸)、SAE J826—2015 Devices for use in defining and measuring vehicle seating accommodation、SAE J4002—2010 H 点机械和设计工具规程和规格、SAE J1517—2011 驾驶员选择的座椅位置和 SAE J1052—2010 汽车驾驶员及乘员头部位置。根据以上标准,输入以下条件:整车内表面 CAS 数据、加速踏板参考点、方向盘中心、方向盘倾角、驾驶员 H 点、驾驶员踵点、后排乘员 H 点、后排乘员踵点、驾驶员 H 点可调节范围,即可进行人体坐姿校核。

1. 驾驶员 SAE95% 人体坐姿舒适性校核

SAE95% 人体模型尺寸如图 2-28 所示。

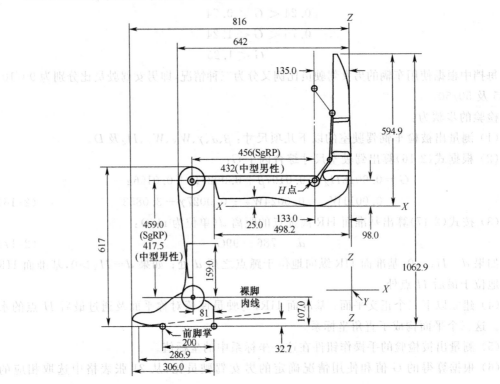

图 2-28　SAE95% 人体模型尺寸

根据踵点、踏板参考点、驾驶员设计 H 点、方向盘中心位置及座椅靠背角确定驾驶员坐姿,对以下尺寸进行测量:

　　H30-1:R 点到踵点的垂直距离;
　　L53:R 点到踵点的水平距离;
　　A40-1:靠背角;
　　A42-1:躯干与大腿夹角;
　　A57-1:大腿与水平面夹角;
　　A44-1:膝盖角;
　　A46-1:踝角;
　　H61-1:头部有效空间;
　　H47-1:头部包络线与顶篷的最小间隙。

人体乘坐的舒适和疲劳程度与坐姿关节角度有关。舒适关节角度通常因车而异。图 2-29 及表 2-12 为轿车驾驶员人体坐姿舒适推荐值。对于驾驶员人体坐姿除应满足表 2-12 中的推荐值外,还应与参考车型进行对比分析。

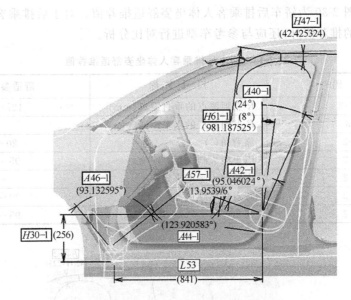

图 2-29 驾驶员 SAE95% 人体坐姿舒适性校核尺寸

表 2-12 轿车驾驶员人体坐姿舒适推荐值

代　　码	尺寸名称	舒适参考范围
H30-1	R 点到踵点的垂直距离(mm)	250～405
L53	R 点到踵点的水平距离(mm)	—
A40-1	靠背角(°)	20～30
A42-1	躯干与大腿夹角(°)	95～115
A57-1	大腿与水平面夹角(°)	—
A44-1	膝盖角(°)	100～145
A46-1	踝角(°)	87～110

2. 后排乘客 SAE95% 人体坐姿舒适性校核

根据踵点、地板平面、后排乘客设计 H 点位置及座椅靠背角确定后排乘客坐姿,对以下尺寸进行测量:

H30-2:R 点到踵点的垂直距离;

L53:R 点到踵点的水平距离;

A40-2:靠背角;

A42-2:躯干与大腿夹角;

A57-2:大腿与水平面夹角;

A44-2:膝盖角;

A46-2:踝角;

H61-2:头部有效空间;

H47-2:头部包络线与顶篷的最小间隙。

表 2-13 及图 2-30 为轿车后排乘客人体坐姿舒适推荐值。对于后排乘客人体坐姿除应满足表 2-13 中的推荐值外，还应与参考车型进行对比分析。

表 2-13 轿车后排乘客人体坐姿舒适推荐值

代　　码	尺寸名称	舒适参考范围
H30-2	R 点到踵点的垂直距离 (mm)	127～405
L53	R 点到踵点的水平距离 (mm)	—
A40-2	靠背角 (°)	20～75
A42-2	躯干与大腿夹角 (°)	95～115
A57-2	大腿与水平面夹角 (°)	—
A44-2	膝盖角 (°)	90～145
A46-2	踝角 (°)	95～130

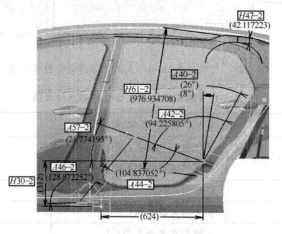

图 2-30　后排乘客 SAE95% 人体坐姿舒适性校核尺寸

要确定后排乘客踵点位置，即将后排乘客的脚模型尽可能地向前布置，直到与前排座椅刚开始发生干涉的位置，若此时后排乘客的踝角小于 130°，则取此位置的踵点位置为后排乘客踵点的位置；若此时后排乘客的踝角大于 130°，则将脚模型向后移动使后排乘客的踝角等于 130°的位置，此时的踵点位置为后排乘客的踵点位置，如图 2-31 所示。

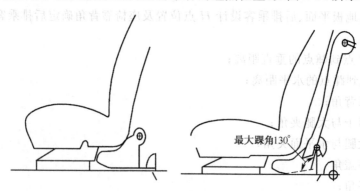

图 2-31　后排乘客踵点位置

3. 驾驶员SAE5%人体坐姿舒适性校核

根据踵点、踏板参考点、驾驶员设计H点、方向盘中心位置及座椅靠背角确定驾驶员坐姿，对以下尺寸进行测量(图2-32):

H30-1：R点到踵点的垂直距离；
L53：R点到踵点的水平距离；
A40-1：靠背角；
A42-1：躯干与大腿夹角；
A57-1：大腿与水平面夹角；
A44-1：膝盖角；
A46-1：踝角。

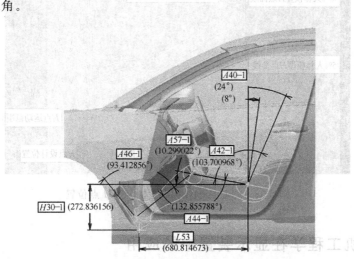

图2-32 驾驶员SAE5%人体坐姿舒适性校核尺寸

表2-14为轿车驾驶员人体坐姿舒适性推荐值。对于驾驶员人体坐姿除应满足表2-14中的推荐值外，还应与参考车型进行对比分析。

表2-14 轿车驾驶员人体坐姿舒适推荐值

代　码	尺寸名称	舒适参考范围
H30-1	R点到踵点的垂直距离(mm)	250~405
L53	R点到踵点的水平距离(mm)	—
A40-1	靠背角(°)	20~30
A42-1	躯干与大腿夹角(°)	95~115
A57-1	大腿与水平面夹角(°)	—
A44-1	膝盖角(°)	100~145
A46-1	踝角(°)	87~110

驾驶员SAE5%人体模型H点位置的确定：按照式(2-18)确定H点曲线，该曲线与设计H点位置沿座椅前后运动轨迹的交点为SAE5%人体模型H点的位置，如图2-33所示。式(2-18)为H点曲线方程，其中X为H点与踏板参考点的水平距离，Z为H点与踵点的

垂直距离。

$$\begin{cases} X_{97.5} = 936.6 + 0.613879Z - 0.00186247Z^2 \\ X_{95} = 913.7 + 0.672316Z - 0.00195530Z^2 \\ X_{90} = 885.0 + 0.735374Z - 0.00201652Z^2 \\ X_{50} = 793.7 + 0.903387Z - 0.00225518Z^2 \\ X_{10} = 715.9 + 0.968793Z - 0.00228674Z^2 \\ X_5 = 692.6 + 0.981427Z - 0.00226230Z^2 \\ X_{2.5} = 687.1 + 0.895336Z - 0.00210494Z^2 \end{cases} \quad (2-18)$$

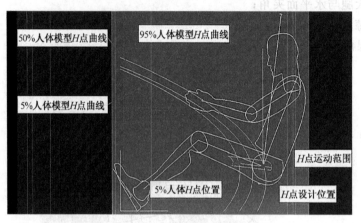

图 2-33　驾驶员 SAE5％人体模型 H 点位置

2.2.3　人机工程学在显示装置中的应用

在人机系统中,显示装置的功能通过可视化的数值、文字、符号、标志、图形、声音以及其他人体可感知的刺激信号向"人"传递"机"的各种运行信息。其中,视觉显示装置是人机系统中功能最强大、使用最广泛的显示装置。视觉显示装置向驾驶员提供机器系统运行过程的有关信息,使驾驶员及时、合理地进行操纵,从而使机器系统按预期的要求运行,完成预定的工作。目前汽车上使用最普遍的视觉显示装置,主要还是各种仪表和信号灯。

1. 仪表板的总体设计

1) 仪表板的空间位置

仪表板的空间位置(图 2-34)应使驾驶员不必运动头部和眼睛,更不需移动身体位置就能看清全部仪表,从而既可保证高工作效率还可以减轻驾驶员的疲劳。

通常,仪表板离人眼的距离最好是 710mm 左右,其高度最好与眼平齐,板面上边缘的视线与水平视线的夹角不大于 10°,下边缘的视线与水平视线的夹角不大于 45°。与此同时,仪表板应与驾驶员的视线成直角,至少不应小于 60°。

图 2-34　仪表板的空间位置

当人在正常坐姿下操作时,头部一般略自然前倾,所以布置仪表板时应使板面相应倾斜。仪表板应布置在驾驶员的正前方并与地面的夹角为 60°~75°。

2) 仪表板的仪表排列

根据视觉运动规律,仪表板面一般应呈左右方向为长边的长方形形状。最常用、最主要的仪表应尽可能安排在视野中心 3°范围内,这是人的最优视区。一般性仪表允许安排在 20°~40°视野范围内。40°~60°视野范围只允许安排次要的仪表。各仪表刻度的标数进级系统应尽可能一致。图 2-35 是美国 SAE J209 标准推荐的一种仪表板上仪表的分区和排列形式。

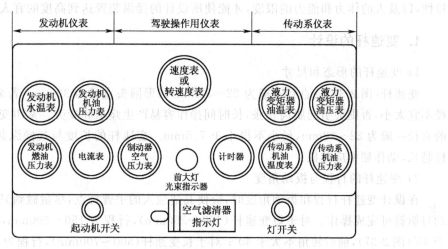

图 2-35 美国 SAE J209 标准推荐的一种仪表板

2. 信号灯的设计

1) 信号灯的位置设计

所有信号灯都要求设在驾驶员不用转动头部和转身就能看见的视野范围内。性质重要的信号灯应当与其他信号灯有明显的区别,必须安置在视野中心 3°范围之内,必要时可采用视、听或视、触双重感觉通道的信号;一般信号灯应安排在视野中心 20°范围之内;只有相当次要的信号灯才允许安排在视野中心 60°~80°范围内。

2) 信号灯与操纵器和其他显示装置的协调性

当信号灯的含义与某种操作响应相联系时,必须考虑它与操纵器和操作响应的协调关系。例如,指示进行某种操作的信号灯最好设置在相应的操纵器的上方或下方;信号灯的指示方向要同操作活动的方向相适应(如拖拉机、汽车上的转向指示灯,开关向左扳,左灯亮,表示向左转弯;开关向右扳,右灯亮,表示向右转弯)。有的信号灯仅用来揭示某个部件或某个显示器发生故障,为了既能引起操作者的注意,又能方便地找到发生故障的地方,最好在视野中心处和靠近有关部件或显示器处各装设一个信号灯,使两者同时显示。信号灯系统应同其他显示装置形成一个整体,避免相互重复和干扰。

2.2.4 人机工程学在操纵装置中的应用

人机系统中,操纵装置(又称控制装置、调节装置)是指通过驾驶员的动作(直接或间接)来使汽车起动、停车或改变运行状态的各种元件、器件、部件、机构以及它们的组合等环节。其基本功能是把驾驶员的响应输出转换成机器设备的输入信息,进而控制机器设备的运行状态。操纵装置的设计,应使驾驶员能在驾驶时,安全、准确、迅速、舒适、方便地持续操纵而不产生早期疲劳。为此,设计时必须充分考虑人体的体形、尺度、生理特点、运动特征和心理特性,以及人的体力和能力的限度,才能使所设计的操纵装置达到高度的宜人化。

1. 变速杆的设计

1) 变速杆的形态和尺寸

变速杆(图2-36)的直径一般为22～32mm,球形圆头直径为32mm。若采用手柄,则直径不宜太小,否则会引起肌肉紧张,长时间操作容易产生痉挛和疲劳。常用变速杆执握手柄的直径一般为22～32mm,最小不得小于7.5mm。变速杆的长度与其操纵频率有关,变速杆越长,动作频率应越低。

2) 变速杆的行程与扳动角度

在设计变速杆行程和扳动角度时,应使其适应人的手臂特点,尽量做到只用手臂而不移动身躯就可完成操作。对于短变速杆(150～250mm),行程为150～200mm,左右转角不大于45°(图2-37),前后转角不大于30°;对于长变速杆(500～700mm),行程为300～350mm,转角为10°～15°。通常变速杆的动作角度为30°～60°,不超过90°。

图2-36 汽车变速杆

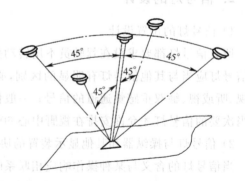

图2-37 变速杆摆动角度

3) 变速杆的位置与操纵力

由于汽车驾驶员通常采用坐姿操作,所以操纵杆手柄的位置应与人的肘部等高。汽车变速杆的操纵力为30～50N,操纵力最大不应超过60N。

2. 脚踏板的设计

在汽车的行驶过程中,造成驾驶员操纵疲劳的主要因素是频繁踩踏,这就要求汽车驾驶室特别是驾驶员经常接触的三个踏板（离合踏板、制动踏板和加速踏板）的布置一定要合理。脚踏板分为直动式、摆动式和回转式。其中，汽车上常用的是直动式踏板，例如汽车的加速踏板就是直动式中有以脚跟为支点的脚踏板；汽车的制动踏板，则是直动式中的脚悬空的脚踏板（图2-38）。

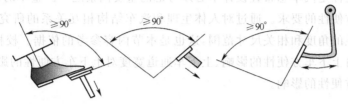

图2-38　脚悬空的踏板

1) 脚踏板装置设计

脚踏板装置的设计应以脚的使用部位、使用条件和用力大小为依据。常用的汽车用脚踏板多采用矩形或椭圆形平面板（图2-39），具体尺寸设计如图2-40所示。

 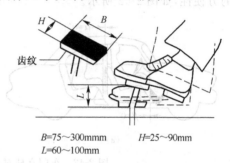

图2-39　汽车脚踏板常用形状　　　图2-40　脚踏板设计尺寸

2) 脚踏板适宜用力

脚踏板在坐姿操作的情况下，当脚蹬用力小于227N时，腿的屈折角以107°为宜；当脚蹬用力大于227N时，腿的屈折角以130°为宜。用脚的前端进行操作时，脚踏板上的允许用力不宜超过60N；用脚和腿同时进行操作时，脚踏板上的允许用力可达1200N；对于快速动作的脚踏板，用力应减少到20N。在操纵过程中，驾驶员往往会将脚放在脚踏板上，为了防止脚踏板被无意碰移而发生误操作，脚踏板应有一定的起动阻力，该起动阻力至少应当超过脚休息时脚踏板的承受力。

3) 脚踏板的空间布置

脚控操纵装置的空间位置直接影响脚的施力和操纵效率。对于蹬力要求较大的脚动操纵装置，其前后位置应设计在脚所能及的距离范围之内，左右位置应设计在人体中线两侧各10°~15°范围内，应当使脚和腿在操作时形成一个施力单元。为此，大、小腿间的夹角应在105°~135°范围内，以120°为最优。这种姿势下，脚的蹬力可达2250N，是轿车驾驶室脚踏板空间布置的推荐设计，如图2-41所示。

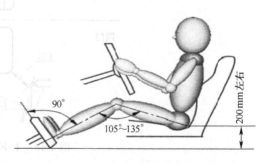

图2-41　轿车驾驶室脚踏板的空间布置

2.2.5 上下车方便性校核

上下车方便性是汽车总布置设计中必须考虑的重要因素之一。整车的布置设计必须满足乘员上下车方便性的要求。通过对人体生理和汽车结构相互关系的研究,可以得到人体的上下车方便性的角度和相关尺寸范围,这也是本节内容参考的依据。校核的内容包括车门立柱倾斜度对上下车方便性的影响、上下车通道宽度对上下车方便性的影响、车身侧壁倾斜度对上下车方便性的影响。

1. 车门立柱倾斜度对上下车方便性的影响

在布置车门立柱时,首先应考虑上、下车的方便性。在四门车身中,车门立柱应适当倾斜,当车门立柱直立时,前后座入座都会感到很别扭,如果将门立柱适当倾斜,则可以大大改善入座的方便性,如图 2-42 所示。

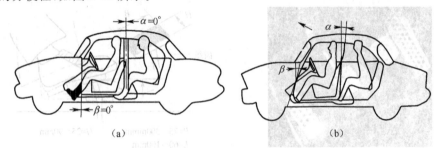

图 2-42 车门立柱对人座方便性的影响
(a) 车门立柱直立;(b) 车门立柱倾斜

2. 上下车通道宽度对上下车方便性的影响

上下车通道宽度尺寸要求,如图 2-43 所示。

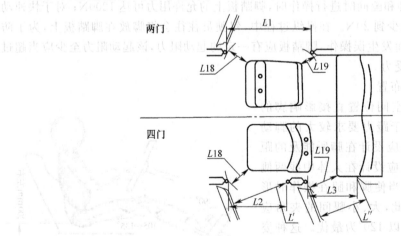

图 2-43 上下车通道宽度尺寸

图 2-43 中,$L18$ 是前车门打开时下部通道宽度,一般推荐要求 $L18>400mm$;
$L19$ 是后车门打开时下部通道宽度,一般推荐要求 $L19>250mm$;
L' 是前车门打开时上部通道宽度,一般推荐要求 $L'>650mm$;
L'' 是后车门打开时上部通道宽度,一般推荐要求 $L''>650mm$;
$L2$ 是前车门立柱水平尺寸,一般推荐要求 $L2>700mm$;
$L3$ 是后车门立柱水平尺寸,一般推荐要求 $L3>600mm$。

3. 车身侧壁倾斜度对上下车方便性的影响

在确定车身侧壁的倾斜度时,也应考虑上、下车的方便性。如图 2-44 所示,当 k 值(车门上、下槛边线之间的间距)为零时,乘客的上身必须倾斜达 30°以上才能进入车内,入座甚为费劲,一般取 $k=100\sim150mm$,则人的上身只需稍许倾斜即可入座。

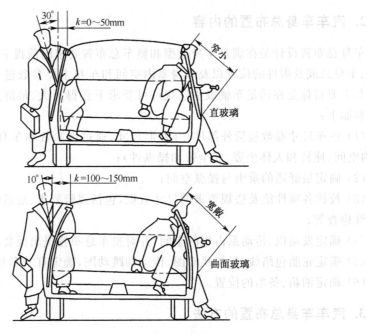

图 2-44 车身侧壁的倾斜度对上下车方便性的影响

必须指出,当 k 值过大时,将由于上下比例失调而影响汽车的外观,同时内部空间利用也不好,下车时不方便,而且会造成玻璃升降占用车门内腔的空间太大,使车门增厚。

2.3 各类车身的布置

2.3.1 汽车车身总布置的原则、内容和方法

1. 汽车车身总布置的原则

车身布置应与车身概念设计同时进行,整车车身总布置应遵循如下原则:

(1)"以人为本"满足乘坐舒适性、居住性、操纵轻便性、视野性、上下车方便性及安全性要求,即人机工程学原则;

(2)满足整车经济性和行驶稳定性要求、外形美学原则和最佳空气动力性;

(3)具有对底盘总成、发动机及电气设备良好的接近方便性,维修保养方便性;

(4)车身结构设计的轻量化原则,并具有良好的冲压、焊接、装配及涂装工艺;

(5)按照汽车的级别、用途及法规选择各种车身附件,同时尽最大可能做到系列化、通用化和标准化;满足国际、国内有关的各种法规和标准要求;

(6)在满足性能和要求的前提下,尽量减小车身的尺寸和质量并在外形尺寸一定的前提下,尽量扩大车内空间,尤其尽量增大宽度方向的尺寸;

(7)充分考虑车身与整车及其各总成的协调,确保良好的密封、通风换气、隔声、隔热及防震性能。

2. 汽车车身总布置的内容

车身总布置设计是在满足车身造型和整车总布置要求的前提下,对车辆底盘系统、电器设备、车身总成及附件的位置以及车身室内空间和车身主要参数进行综合设计和确定的过程。其主要目标是在满足车辆级别法规许可要求下获得最大、最舒适的室内空间。具体布置内容如下:

(1)整车尺寸参数包括外部尺寸(外形尺寸、通过性参数和车身特征参数)和内部参数(室内空间、座椅和人体坐姿、安全带和操纵件);

(2)确定最舒适的乘坐与操纵空间;

(3)校核各项性能及法规要求的尺寸数据,包括视野要求、舒适性要求、操纵空间、出入方便性检查等;

(4)确定发动机、传动系占用的空间,并对整车总布置提出反要求;

(5)确定轮胎包络线、悬架跳动图、传动轴跳动图,确定有效车身布置尺寸;

(6)确定油箱、备胎的位置。

3. 汽车车身总布置的方法

汽车车身总布置是汽车设计最初始也是最关键的步骤,是其他设计阶段的前提和基础,在很大程度上决定着车身设计的成败。在实际设计过程中一般采用正向和反向两种设计方法。

1) 正向设计(从内到外法)

正向设计方法即"以人为本",依据人体布置工具来逐步地定义驾驶员和乘员的乘坐空间及车内附件件的布置,以满足人体乘坐和驾驶舒适性为前提。简单地说就是在确定满足人体乘坐舒适性的前提下,先进行室内布置,然后再进行整车外部造型设计。具体方法和步骤如下:

(1)由 SAE 推荐的适意线或区域法来确定 5% 和 95% 人体模型的 H 点位置及座椅调节行程、靠背角;

(2)确定头部空间尺寸 $H61$ 和 $H63$、前后排乘坐空间、横向空间尺寸等(这些尺寸与造型风格密切相关,需与造型人员反复协商确定);

(3) 调用车身总布置工具并结合内部空间控制尺寸,确定整车内部长、宽、高尺寸,并进行驾驶员的视野设计以及仪表板、方向盘和操纵机构的布置;

(4) 依据车身内部布置确定整车外形尺寸。

在实际应用过程中上述的步骤往往是反复交叉进行。

2) 反向设计(从外到内法,适用于改型车设计)

反向设计的基本思想是在参考同类型车或基于某一平台的基础上,运用专家设计经验,进行整车变型或改型设计。也就是优先确定整车的级别、总布置外部尺寸,然后在此基础上,进行车身室内布置,尽最大可能合理地满足整车舒适性、视野性及操纵方便性。实际上这是一种从零开始的设计方法,需要反复设计和优化。

现代汽车设计多采用这种从外到内的布置方法,一般首先选定几款与预设计车型类似(款式、整车尺寸、动力性、经济性)的竞争车型,并采用现有底盘平台进行设计优化(安全性、舒适性、动力性及经济性等),然后进行造型设计、内外表面 CAS 设计、CLASSA(A 级表面模型设计),最后确定整车典型断面、整车车身结构。

2.3.2 轿车车身的布置

1. 发动机布置形式与驱动方式

轿车车身的布置在很大程度上受底盘布置形式的制约。轿车底盘有三种常见的布置形式(图 2-45)。

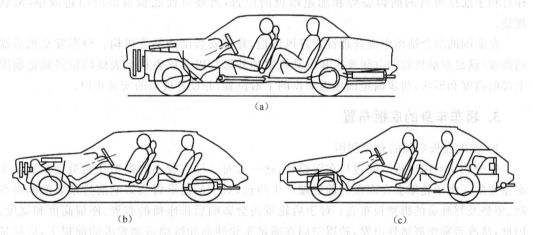

图 2-45 轿车的布置形式
(a) 发动机前置,后轮驱动(传统式布置);(b) 发动机前置,前轮驱动(前驱动布置);(c) 发动机后置,后轮驱动

目前多采用传统式布置(发动机前置、后轮驱动,通常用 FR 表示)和前驱动布置(发动机前置、前轮驱动,通常用 FF 表示)两种形式。由于发动机后置、后轮驱动的布置形式缺点较严重,实际上已被逐渐淘汰。

传统式布置形式有利于车室内部(包括行李舱)布置,而且可以提高操纵稳定性以及行驶平顺性和乘坐舒适性,所以长期以来被广泛采用于中、高级轿车上。但其缺点在于地板中部出现凸包,影响踏板布置以及整车高度的降低和质量的减轻。

对于前驱动布置形式,由于取消了传动轴,可以降低地板和整车高度,如果采用横置式发动机,则更方便于车室内部布置。此种布置形式对车身总布置、降低风阻和整车轻量化等是很有利的。20世纪60年代末至70年代初,德国前轮驱动轿车的产量在轿车总产量中仅占2%~4%,1986年即提高到60%以上,1990年西欧各国前轮驱动轿车的产量已达95%。美国克莱斯勒公司(包括收购的美国汽车公司)已完全转入前轮驱动轿车生产,福特和通用汽车公司从1987年开始即已把大部分生产线转入前轮驱动轿车的生产。1990年美国生产的轿车有85%~95%是前轮驱动的。由此可见,前轮驱动轿车应是当前轿车布置形式的主流。

2. 轿车车身的前围布置

车身前围将发动机机舱与座舱完全隔开。在前围上固定前风窗玻璃,其车室内侧安装仪表板,车室外侧支撑发动机罩,前围下部与底板连接。将前轮前移、发动机布置位置前移或采用不同的布置形式,可使前围前移以加大前排乘员的搁脚空间并便于操纵踏板的布置,且前围设计形状简单,其中间部分由于发动机、变速箱布置而产生的凸包和两侧轮罩空间所产生的凸包形状可减小或者没有。在前围的布置设计中,应保证前围板与发动机后端之间有足够的间隙,以布置转向系统的机构、制动系统和离合器系统等的管路和附件、暖风系统的风道,并且考虑其维修的方便性。而在前围的室内一侧,则装有隔热隔声和减振材料层,固定安装制动器、离合器和方向盘等操作系统的支架,以及暖气设备等。前围下部采用倾斜面与底板连接,其倾斜面位置一般与前轮轮罩面相切,在侧视图上为切于轮罩线的切线。这样有利于前排乘员的搁脚姿势和加速踏板的位置,另外可使底板前部的凸包减小,形状规整。

在前围的组合结构中应合理设置进风风道,外部安装雨刮器等机构。根据发动机后端的高度(满足发动机舱的空间要求和发动机罩的外形),以及仪表板上表面的位置确定前围上部的高度和形状,初步确定前风玻璃窗的下沿位置,并设置玻璃的安装止口。

3. 轿车车身的底板布置

1) 室内底板空间的充分利用

充分利用室内底板空间进行布置设计,这一点对于尺寸较小的微型和超微型车辆是非常重要的。由于轮罩会在底板的前后端产生凸包,对于前轮罩将会影响前排乘客的搁脚空间、姿势及驾驶员的脚踏板布置;对于后轮罩将会影响后排座椅的布置、座椅高度和宽度。因此,从改善乘坐舒适性出发,轮罩空间在满足车轮转向和跳动运动要求的前提下,应尽量减小。此外,增大轴距有利于改善车内环境。由于在前轮转向时并不占用轮罩中间部分,将轮罩中心线处设计为凹入的形状,在凹入轮罩的空间中可安放坐垫最宽的部分或布置离合器踏板。如图2-46所示为充分利用转向轮轮罩空间。

2) 地板凸包和传动轴的布置

为了保证车身地板凸包的高度最小以及后座凸包上的坐垫有足够的厚度,通常采取在垂直平面内将传动轴布置成U形的方案(图2-47),这样可以降低传动轴的轴线,增大了乘客厢的容积,同时又保证了动力总成的外廓有足够的离地间隙,而且万向节叉轴线之间的夹角较小,不会超过允许值。

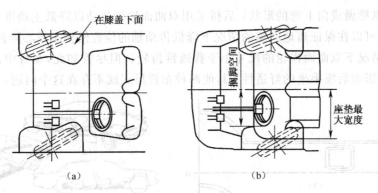

图 2-46 室内底板空间的充分利用
(a) 离合器踏板位于轮罩中心的凹陷处；(b) 座椅最宽处位于轮罩中心的凹陷处

凸包与中间传动轴部分之间的最小间隙一般可取 10～15mm。在绘出传动轴的最高轮廓线之后，即可以决定传动系以上的凸包线。进一步即可确定地板平面，在传统式布置的轿车上，根据车身承载形式的不同，可以绘出地板总成的横截面，如图 2-48 所示。由于传动轴作前述布置，所以前后地板往往形成不大的阶梯。

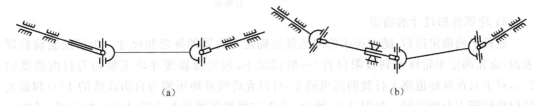

图 2-47 U 形布置的传动轴
(a) 单万向节传动轴；(b) 装有中间支承的双万向传动轴

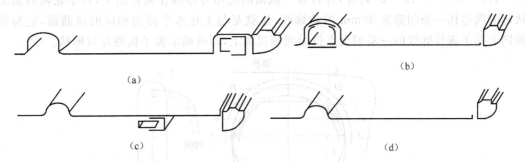

图 2-48 各种不同车架形式下地板总成的截面
(a) 周边车架；(b) X 形车架；(c) 梯形车架；(d) 承载地板

图 2-49 所示为装在周边式车架上具有两排座车身的两个不同位置的横截面。车架或地板总成的形式取决于纵梁沿宽度方向的布置。地板高度取决于离地间隙以及纵梁和横梁（加强地板用）的截面高度。

车身地板的离地高度应在保持必要的离地间隙情况下尽可能减小，以降低汽车的重心，提高行驶的稳定性。

为了降低轿车的地板平面，可以采取如图 2-50 所示的措施：减小车架纵梁高度，后桥上面的一段纵梁做成向上弯的形状；后桥采用双曲面齿轮传动以降低主动锥齿轮和传动轴的位置，不仅可以在保证离地间隙的情况下降低传动轴的位置使整车质心降低，而且在传递相同转矩的情况下双曲面齿轮的尺寸小于普通锥齿轮。但尽管如此，车身中部仍免不了出现凸包，以致影响后座乘坐的舒适性；其他两种布置形式就不存在这个问题。

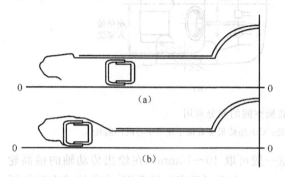

图 2-49　两个不同位置的横截面
(a) 司机搁脚区；(b) 乘客搁脚区

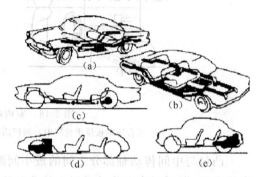

图 2-50　轿车地板降低措施示意图
(a) X 形车架；(b) 固定式车架；(c) 用准双曲面齿轮传动并将传动分成两段；(d) 前置前驱动；(e) 后置后驱动

3) 轮罩外形尺寸的确定

地板平面确定以后，随之而来的问题就是确定车轮罩的外形和尺寸。为了绘制前轮罩表面，应先确定车轮跳动到极限位置（一般情况下，规定橡胶缓冲块压缩约为自由高度的 2/3，对于只在良好道路上行驶的高级轿车，可以允许缓冲块压缩为自由高度的 1/3）和最大转向角时所占有的空间。如图 2-51 所示，首先在侧视图画出车轮跳动前后的位置，其次在俯视图画出绕主销轴线转至最大转角的车轮，然后将侧视图上的车轮极限位置用水平截面 A—A、B—B、C—C、D—D 划分，并将每一截面的轮胎外形画在俯视图上，在车轮截面运动轨迹的周边作一条间隙为 30mm 的轮廓线，这就是与上述水平截面相应的横截面，它与俯视图上翼子板外廓线的一系列交点投影到侧视图上，即可确定翼子板的开口形状。

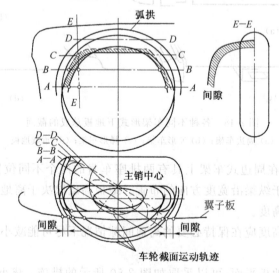

图 2-51　轮罩外形尺寸示意图

设计微型轿车车身时最突出的矛盾是既要求车身内部宽敞舒适,而外形又必须小巧紧凑,因此设计轮罩时,就应采取"寸土必争"的原则,因为此时哪怕是增加极小的空间也有可能提高乘坐的舒适性。如将轮罩做成圆滑的外形,则可使后座加宽或加大司机和乘客的搁脚空间;又如,后座只需相对于轮罩稍微升高并前移 20~30mm,即可使坐垫宽度增加 60~100mm。但如果仍保持为圆柱形轮罩,就无法达到这一点。这可用横置发动机的微型轿车来加以说明,由于车轮转向时并不占用轮罩中部,为充分利用空间,可以将其做成嵌入轮以内的凹部,腾出来的这一部分空间就可以用来布置离合器踏板或座椅的最宽部分,这样就容许将重心降低或前移。

4) 踏板的布置

布置踏板所需空间受凸包外廓和车身内侧壁宽度的限制。离合器踏板左边应留出位置以容纳司机的左脚(离合器在非工作状态时),因此,轮罩最好不凸出于乘客室内。

4. 轿车车身的后围布置

对于三厢式轿车,利用后围将座舱与行李舱隔开。后围上部应保证后窗玻璃下沿的安装位置。在风窗与靠背之间设置杂物隔板,风窗下沿的外部为行李舱盖的支撑位置。为使行李舱增大,一般后围的布置与后排座椅靠背的背面相平齐,下部与地板连接。

对于两厢式轿车,后排有布置为单排和双排座椅的,但都具有后排座椅能向前翻转折叠的功能,从而形成很大的载物容舱。因此,车内后部地板除轮罩凸包外,其布置要平整,后门的开口也应尽量大。

5. 轿车顶盖和风窗玻璃以及横截面的布置

在车身布置的侧视图上作出驾驶员后排乘员的头部位置包络线,如图 2-52 所示。根据头部位置包络线所占的空间位置,留有适当的头部间隙(与顶盖内饰层的特性有关),便可确定顶盖的内衬高度以及顶盖高度。一般头部间隙前座约 50mm,后座约 30mm。应该指明,这时所确定的顶盖高度线是前座对称面上和后座乘员所在位置的对称面上的顶盖截面线。

在驾驶员座的对称面上,从前风窗玻璃的下沿位置(已初步确定高度),以挡风玻璃窗造型要求的倾角和曲面弧度确定前风窗玻璃的截面线,此截面线与顶盖线的交点便是前风窗玻璃与顶盖的过渡位置,亦称为对称面内的顶盖前沿特征点。考虑到满足前方上、下视野的要求和玻璃与头部的距离关系,应对挡风玻璃下沿点的位置(特别是前后位置)进行适当调整。同时,完善前风窗玻璃的形状以及上横梁的过渡段。

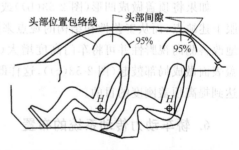

图 2-52 车身顶盖和前、后风窗玻璃的布置

在后座乘员所在位置的对称面上,确定顶盖后沿特征点位置。应考虑顶盖尾部的造型要求、顶盖与后风窗过渡面形状、后风窗玻璃布置倾角和形状,以及保证乘员与后风窗面的头部间隙。以后座乘员的头部位置包络线为依据,从顶盖后沿特征点开始确定后风窗玻璃的截面线。参考行李舱高度(与造型有关)和后排座椅靠背高度、杂物搁板高度,以及后风窗

玻璃支持结构,确定后风窗玻璃的下沿位置。后窗的开口应满足后方垂直视野的要求(进行车内后视镜视野校核)。

根据车身横向造型的风格和特色,如前后风窗玻璃的横向曲面形状、发动机罩的横向拱高、顶盖的横向曲率半径以及过渡面的弧度,根据车身布置正视图和俯视图的投影关系,在车身中心对称面上确定出顶盖、前后风窗玻璃的轮廓线。

轿车车身的横截面是由车门和顶盖的外形来形成的,其轮廓尺寸可按驾驶员和乘客位置上的尺寸数据来着手设计。如图2-53所示,车身内部主要的轮廓点取决于驾驶员头部和顶盖之间、肩部和玻璃之间、肘部与车门内表面之间的间隙,车身外表面上的各点则取决于顶盖厚度、玻璃下降的轨迹、门锁和玻璃升降的尺寸等。之后再在横截面上布置门槛梁和顶盖梁,从而定下门框高度。

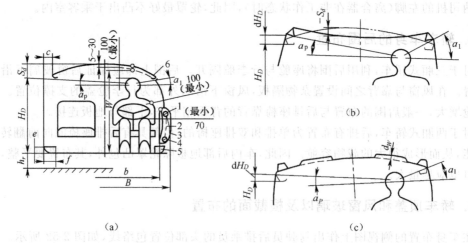

图2-53 轿车车身的截面
(a) 常见的外形;(b) 凹顶盖;(c) 鼓起式顶盖(顶盖梁在外)
1—门锁;2—玻璃升降器;3—弧面玻璃的运动轨迹;4—装用平面玻璃的运动轨迹;
5—门槛梁;6—顶盖梁;c—顶盖梁D与门槛梁P的横向偏移量

如果将顶盖做成凹形(图2-53(b))或是将顶盖梁装在横截面以外(图2-53(c)),则可克服上述缺点,而从工艺性和结构的观点来看,也不会明显地减小顶盖的弧高。山形顶盖较好地改善侧向视野性并可将车门高度增大(图2-53(b))。顶盖梁装在横截面以外时,可将顶盖表面做成局部鼓起(图2-53(c)),这样既能在外观上给人以浮雕式的美感,又能在结构上达到提高顶盖刚度的目的。

6. 轿车动力传动系统的布置

初步设计时,必须确定车身与动力总成相对于前轮轴线的位置,在确定各总成相对于前轮的纵向位置之前,应预先估算轴荷分布(传统布置式轿车满载时最理想的轴荷分布为,前轴48%~49%,后轴51%~52%;前驱动布置式的轴荷分布则正好相反,如上海桑塔纳轿车满载时的允许轴荷,前轴为51%,后轴49%),估算时可将汽车分成以下三部分:底盘、车身、动力总成(包括发动机、离合器与变速器或发动机与液力变扭器)。由于三者共存于一个统一体之内,彼此之间联系密切、相互制约,所以车身总布置和整车总布置工作是很难截然分开的,往往需要反复交叉进行。

动力总成相对于前轮轴线的位置与离地间隙值及轴荷分布有关。与此同时,还必须考虑前悬架和转向传动机构的布置。此外,装有空气滤清器的发动机的高度还受发动机罩高度(此值又与车身造型和腰线高低位置有关)的限制。在总布置草图上,动力总成的位置可由曲轴中心线与发动机汽缸体前端面的交点 k 和曲轴中心线的倾角 α(一般为 $3°\sim 4°$)两个参数来确定(图 2-54)。在发动机过高的情况下,往往容易出现发动机"顶天立地"的现象(即下面离地间隙达极限,上面碰发动机罩),这就需要整车总布置和车身总布置互相协调来处理矛盾,有时还不得不在发动机上挖掘潜力(如降低发动机高度或挪动空气滤清器的位置等)。

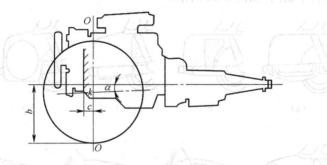

图 2-54 动力总成布置的主要尺寸

就传统式布置而言,发动机的纵向倾斜应与传动轴位置较准确地一致,前后之间所需的距离必须考虑吊装在发动上的所有总成(如发电机、空调装置的压缩机)以及将发动机从下面安装到汽车上的可能性。还应保证在修理和技术维护的情况下,从上面安装发动机的可能性。如图 2-55 所示为布置发动机时所必须遵守的若干要求。对于非独立式后悬架,应校核万向传动轴之间所有可能位置的夹角的极限位。

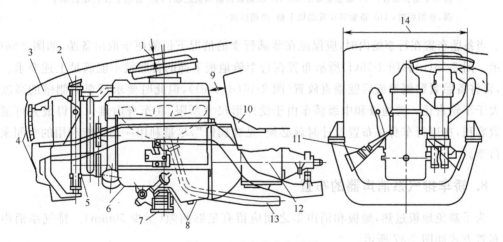

图 2-55 动力总成布置图

1—发动机罩与发动机零件之间的间隙;2—散热器;3—前横梁;4—发动机舱的冷却和通风的进出孔;5—风扇护罩;6—油底壳;7—前悬置横梁;8—发动机油底壳与横梁之间的间隙;9—发动机与围板之间的间隙;10—箱形截面横梁;11—发动机前悬点;12—曲轴中心的位置及其在空间的布置;13—排气系统;14—纵梁之间的距离

当动力总成在纵截面上定位以后,即可画下它的外形轮廓,接着确定前围板线,前围板平面离发动机汽缸后边缘点应留有足够间隙,以便于拆卸气门罩壳和接近气门。当分电盘装在发动机后部时,决定前围板位置的不是汽缸盖而是分电盘。当车身通风系统的进气口布置在前风窗玻璃前面时,车身前围板往往还必须适当后移。

7. 轿车油箱和备胎的布置

轿车上油箱和备胎的布置对车身的有效容积和汽车的轴荷分配都有很大的影响。为保证安全起见,油箱不应布置在发动机舱内,而备胎则可以根据据需要任意布置。油箱和备胎往往同时布置在行李舱内,如图 2-56 所示。

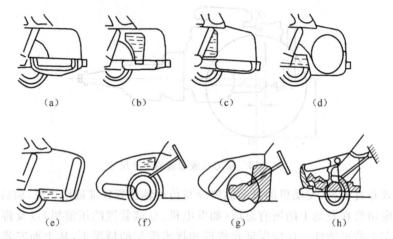

图 2-56 备胎和油箱在轿车车身中的位置

(a) 备胎装在油箱的凹部内;(b) 油箱紧靠侧壁;(c) 油箱紧靠后座靠背;(d) 备胎沿行李舱侧壁垂直布置;(e) 备胎紧靠后壁;(f) 油箱装在前围板之前;(g) 备胎装在发动机罩下面,油箱后置;(h) 备胎装在发动机上面,油箱后置

当备胎布置在行李舱内时,应保证在装满行李的情况下仍能便于取出备胎,如图 2-56(a) 所示。图 2-56(c) 和图 2-56(f) 所示布置在行李舱地板下面的备胎就不能满足上述要求。因此,常将备胎紧贴侧壁或后壁垂直放置(图 2-56(d)、(e)),但此时要求行李舱侧壁的高度必须大于车轮直径。普通级和中级轿车由于受外形尺寸所限,在车身内难以获得最大可能的有效容积,在进行车身总布置设计时就必须"见缝插针",尽量利用一切可能利用的空间来安置行李。

8. 轿车排气系消声器的布置

为了避免地板过热,地板和消声器之间应留有足够间隙(至少 50mm)。排气系消声器的布置方式如图 2-57 所示。

由于排气管和消声器经常承受很大振动力的作用,因此,对于固定它们的弹性支承应给予特别的重视。为了预防振动,固定支承应布置在振动中心,即尽量靠近刚性横梁。消声器弹性支承的典型结构如图 2-58 所示。

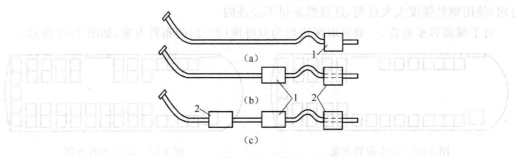

图 2-57 排气系消声器的布置方式

(a) 装有一个主消声器(从振动和声学以及反压的观点看是不成功的结构);(b) 装有双排气管以及主消声器和布置在其后的辅消声器(从反压的观点看是令人满意的系统);(c) 装有双排气管和一主消声器以及一辅消声器在其前面而另一辅消声器在其后的系统(最合乎理想的消声器布置,有效吸收噪声)

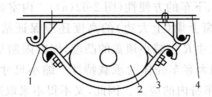

图 2-58 排气系消声器的弹性支承结构
1—弹性链(橡胶圈或带);2—消声器;3—夹紧带;4—地板

2.3.3 客车车身的布置

1. 客车车厢内平面的布置

城市大客车行驶的站距短、乘客流动频繁,所以主要应保证乘客上、下车方便和便于在车内走动,一般多采用单、双排座(1+2)的布置方案,如图 2-59 所示,以增大过道宽度和立席面积。

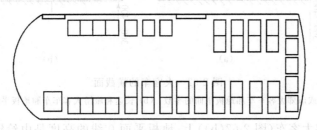

图 2-59 1+2 布置方案

随着城市公共交通的迅速发展,为了满足职工上、下班时刻客流高峰的需要,可以采取权宜之计,沿两侧内壁布置座椅,即采用(1+1)的布置方案,如图 2-60 所示。由于立席面积的显著增大,从而大大增加了载客量。这种纵向布置座椅的方案所带来的问题是恶化了一般使用情况下的舒适性。此外,由于在进行汽车承载系统(包括车身骨架和行走系)的强度计算时必须考虑高峰载荷,无疑将会使汽车的载重力相应增加,而在非高峰时刻(占大部分时间)使用则是强度大大过剩,这显然是很不经济的。

对于城郊客车而言,一般采取两边均为双排座(2+2)的布置方案,如图2-61所示。

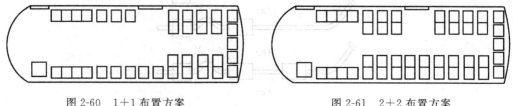

图 2-60　1+1 布置方案　　　　　　图 2-61　2+2 布置方案

2. 客车横截面的布置

大客车的横截面也能反映出显著不同的作用。在城市或市郊大客车上,车厢地板平面(0 线)的高度决定了乘客上、下车的方便性(图 2-62(a))。内室高度应保证乘客在顶棚扶手栏杆下来回自由走动,而侧窗上梁(上大边)的高度还应保证站立乘客有足够的视野角 α。综合这些要求就必须缩小尺寸 R 以减小顶盖的凸度,同时限制车身下部构件的高度。但上述这两项尺寸都会大大影响大客车壳体的承载特性。缩小尺寸 R 将会使侧壁立柱的高度增加,从而降低刚度和增大车身内的应力。因此,又不得不采取适当抬高窗台梁的措施来减小车窗高度。

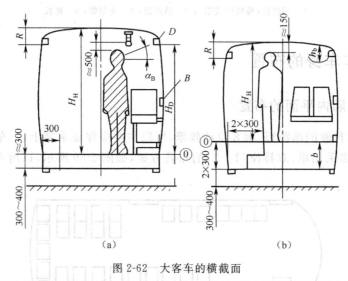

图 2-62　大客车的横截面
(a) 城市或市郊大客车车厢地板平面的参数;(b) 长途和旅游大客车车厢地板平面的参数

在长途和旅游大客车(图 2-62(b))上,地板平面 0 线的高度是由给定的离地间隙决定的,而后者又取决于纵向通过半径和布置在地板下面的行李舱高度。

3. 客车乘客座椅与驾驶员座椅的尺寸和布置

大客车的高度只取决于地板距路面的高度(与车身的承载形式有关)和过道处地板距顶棚的高度,而与座椅的高度无关。升高座椅高度就有可能缩短座椅之间的间距,从而可使大客车的面积得到更好的利用。目前的趋势是稍增加座椅距地板的高度,并相应改变坐垫倾角和其他尺寸。图 2-63 所示为乘客座椅尺寸。对各型大客车的座椅来说，坐垫前缘到搁脚支板（如果有）的距离以及坐垫和靠背的倾角都可取为常数，但布置在轮拱或后置发动机上的座椅的高度往往还必须相应提高，这时就有必要为乘客设计一搁脚的台阶或是稍许改变坐垫和靠背的倾角。坐垫距地板的高度一般不宜超过 500mm。

在长途大客车上确定坐垫前线距前排座椅靠背的距离（即乘客搁膝盖处）时，必须考虑前排座椅可能调整的倾角大小，该尺寸在靠背处于极限位置（后仰）的情况下，应取其等于城市大客车上所采用的尺寸（250mm）。有时为了增多座椅数而不得不减小座椅间距，在此情况下，为保证搁膝盖处的空间，局部减薄该处靠背的厚度（即不采用满靠背）应为可取的措施。

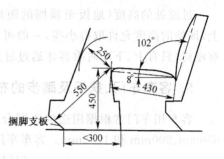

图 2-63　乘客座椅尺寸

在确定座椅宽度时，应取双人座椅作为原始尺寸。在车身制造实践中，对城市大客车来说，此值不得小于 865mm；长途大客车上标准的双人座宽度约为 960mm，单人座的宽度为 480mm，三人座宽度可取 1300~1350mm；四人座宽度则可取 1750~1800mm。视用途和级别不同，座椅间距可在 650~800mm 范围内选取。靠背高度可取 520~680mm。驾驶员座椅的尺寸如图 2-64 所示。

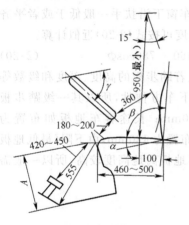

图 2-64　驾驶员座椅标准尺寸

由试验研究结果发现，驾驶员坐姿对其工作的影响在坐垫高度 A 选定的情况下，随着方向盘倾角 γ 的减小，驾驶员作用在方向盘上的力随之增大。因此，为了减轻驾驶员的劳动强度，应尽可能减小方向盘的倾角。此外，还应合理选择其他参数（如 α 与 β），以保证驾驶员乘坐舒适性。由上述可见，在载重量大的汽车上，应布置倾角很小的方向盘。

驾驶员作用在踏板上的力也随坐垫与靠背的倾角和座椅的高度而变化。座椅越高以及坐垫与靠背的倾角越小，则此作用力越大。当坐垫倾角 α 很小时，驾驶员几乎是将腿伸直来踩踏板；当靠背倾角 β 减小时（即靠背与坐垫的夹角接近 90°时），驾驶员就有了可靠的支承；当座椅增高时，驾驶员的腿和踏板支杆几乎形成一直线，因此，在离合器或制动器传动机构沉重的汽车上，就应升高座椅而坐垫和靠背倾角则宜选取较小值。

4. 客车过道的宽度、高度的布置

过道的宽度、高度以及扶手的布置直接影响乘客在车内走动的方便性和站立乘客的安全性。在外廓宽度为 2500mm 的大客车上，乘客室内坐垫平面处的宽度为 2280~2390mm。此值与外侧壁凸出的形状、骨架和内、外蒙皮板的厚度有关。

外廓宽度系数 α 可定义为在坐垫平面上量得的车内宽度度 B' 与大客车外廓宽度 B 的比值，应尽可能提高此值，以增大大客车的有效面积和过道宽度。通常 α 的取值范围为 0.912~0.954。

坐垫平面处的过道宽度,在城市大客车上一般为 420~650mm,当座椅成三行布置时为 940~1060mm,长途大客车上为 310~540mm。

过道处的高度(地板至顶棚的距离)一般约取为 1950mm;在容量较小的长途大客车上,该处的高度允许取得小些,一般可取为 1750mm,因为行车时售票员和所有乘客都有应有座椅,只有上、下车时乘客才通过过道,而且行走距离不长。

5. 客车车门、扶手及踏步的布置

客车用车门常根据用途的不同分为单人门、双人门和三人门三种,其最小宽度分别为 650mm、900mm 和 1200mm。客车车门高度最小为 1800mm,一般取为 1900~2200mm。车门门框高度(图 2-65)可按式(2-19)近似计算:

$$y = 1460 + 780\cos\Phi \quad (2-19)$$

式中,Φ 为踏步的夹角。

在车门出入口和过道处都设置有扶手,以便于乘客上、下车以及行车时供站立乘客扶持。通常扶手由直径为 25~35mm 的薄壁钢管或铝管制成。为了减小其导热性,有时在其表面覆盖上一层塑料。装在座位上方的扶手,其高度一般与乘客的头平齐;装在走道的扶手,高度则要求高出人头 100~200mm;车窗下沿扶手一般低于或者平齐于车窗下沿。车门扶手高度可按式(2-20)近似计算:

$$y = 1460 - 780\cos\Phi \quad (2-20)$$

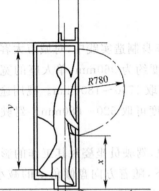

图 2-65 车门门框高度和车门扶手高度

客车地板的高度决定着踏步板的高度、深度和级数等参数。城市客车要求上、下车方便性,所以其一级踏步板离地高度应小于等于 400mm;长途客车地板如布置为 790~1170mm,一级踏步布置为 420mm,由下限(最低地板高度)可以只设两级,而上限则需设置三级。由于我国客车地板离地高度较高,所以一般需要三级踏步板,第一级踏步板离地高约 400mm。

习 题

1. 什么是驾驶员眼椭圆?驾驶员眼椭圆有什么作用?试述绘制驾驶员眼椭圆的基本步骤。
2. 什么是驾驶员的手伸及界面?它有什么作用?
3. 概述汽车总布置设计中应考虑哪些因素。
4. 已知地板线、踏板和 D 点高度,给出驾驶员设计 H 点布置过程。

第 3 章

车身造型

3.1 概 述

轿车被誉为运动着的"雕塑",具有超凡的艺术魅力。轿车车身色彩丰富、形态各异,形成人们生活中一道绚丽的风景线,为人们的生活增加了动感和美感。汽车造型师通过车身造型将这一冰冷的机械注入了生命和灵魂,给人愉悦感乃至震撼感,并形成一种文化和时尚,越来越多的人成为爱车族和车迷。

成功的汽车艺术造型既体现着一个国家、民族的风格和人文素质,也是美学、科学技术完美结合的工艺品。车身造型是世界各大汽车厂树立形象、创造品牌、争夺市场的重要因素,一个汽车产品的声誉越来越取决于其美学造型的影响。

车身造型是车身设计的重要环节,在汽车总布置完成后,车身的主要轮廓和外形尺寸就基本确定,接下来就可以对车身进行造型。车身造型主要是在汽车基本外形的基础上构造曲线、曲面、填充色彩和内外装饰件等,给汽车赋予具体的形象。

车身造型是一个极具特色的综合性创作过程,是科学技术与艺术技巧高度融会交织的过程。在汽车造型过程中,既要考虑结构、性能、制造工艺等科学技术因素,也要考虑美学因素和社会因素,需要综合分析,权衡各因素的作用和影响。制作车身数字化外形模型是现代车身造型的关键工作之一,该模型是车身结构设计、模具(工装)设计、工艺设计等环节的依据,对车身开发各环节均具有重要影响。

3.1.1 造型开发的主要内容

汽车开发中的造型开发涉及车辆可视部分的全部领域,在商品规划概念的基础上,策划确定总布置、造型和色彩,在造型中体现出符合用户价值观的表现。

造型开发工作不仅只是造型,而且涉及质量、人体工程学和舒适性的改善。设计和商品规划部门联手商讨设定空间和视野方面的一系列计划,提出提高舒适性和方便性的结构及装备方案等也都是与规划、设计部门联合进行的。

根据汽车的部位,造型开发业务可分为以下几个部分。

(1) 外形造型:主要设计汽车外部的基本形状、保险杠和前照灯等主要部件。

(2) 室内造型:从驾驶室或乘客室内空间的人机工程学的角度出发,进行室内乘员和设施的布置;进行内饰件的设计。

(3) 色彩造型:车身颜色、室内总体色彩的设计以及内饰材料、织物花纹样式和涂料开发的设计。

（4）零部件造型：项目中所采用的通用件（外饰包括轮辋、倒车镜、手柄类等，内饰包括方向盘、音响、IT设备等）的造型。

（5）标牌装饰造型：汽车所使用的品牌标记、车名标识及室内各种装备等标识设计。

（6）感性质量造型：追求提高用户在观察、触摸、使用时所实际感觉到的感观上的品质。

（7）模型开发：造型开发所使用的小比例模型、全尺寸油泥模型、塑料模型的开发及数字模型、造型数字数据的制作。

此外，还有车展所展出的概念车的开发等。极为重视造型的概念车多由造型部门从造型的视点出发，开发概念、功能并提出方案及进行设计。

造型活动最终目的是：对商品来说应使其基本功能成立，同时从美学的观点出发，建立综合的体系及秩序。

3.1.2　汽车车身造型的要求

车身造型的任务是实现艺术和技术的紧密结合，使美学融于科学技术中，是以确定汽车的优良形态为主要目标的创造性工作，是汽车总布置和车身总布置基本确定以后进一步使汽车获得具体形状和艺术面貌的过程。确定车身造型的四个基本要素包括机械工程学、美学、空气动力学和人机工程学。

现代车身结构设计应该满足以下要求：

（1）应充分体现实用性、科学性和艺术性的完美结合。

（2）整体造型要协调、和谐，保证统一完整的艺术效果。

（3）车身造型的艺术形象应有强烈的时代气息，应给人以美的享受和艺术感染。

（4）在车身造型设计过程中，需运用绘画、雕塑等各种艺术技法和手段。

（5）汽车造型应使汽车具有良好的空气动力性、实用性等性能。

3.1.3　现代车身造型的发展趋势

伴随着社会科技的不断前进，现代汽车造型也在迅速变革与发展。机械工程学、人机工程学、空气动力学和现代化制造方法的发展促使汽车造型不断更新、完善，传统与创新艺术风格的有机结合也影响着造型的美学实践。

1. CAD/CAM/CAE一体化技术的应用

近代数学、力学以及电子计算机技术的发展，使车身设计发生了根本的变化，传统的车身设计耗费大量人力的绘图工作、粗略的估算或依赖于经验设计的方法已经被抛弃，代之以电子计算机的应用为中心的车身设计计算与曲面造型方法，使车身的技术性能大大提高并大大缩短了设计开发周期。以计算机辅助几何设计为基础的CAD/CAM一体化系统标志着车身制造工艺的现代化，例如用数控机床加工冲模以及配备数控机械手的车身装焊流水线等设施，保证了汽车车身的生产质量。精心设计，精心制造，必然获得精巧的产品。

2. 新型工程材料的应用

新型工程材料的应用使汽车的面貌焕然一新。近年来在汽车上越来越多地使用铝制零部件，其最大的优点是减轻质量。铝制件虽然比钢件厚度大一些，但仍可使零部件减重50%左右。工程塑料的用量也在逐年大幅增加，1969年每辆轿车的塑料平均用量约10kg，现在的用量已超过100kg。塑料制品易于成型和着色，使设计和造型有较大选择余地。例如，国外聚氨酯泡沫塑料在汽车上的用量占塑料用量的首位(约占1/3)，其密度与弹性可在很大范围内按需要进行生产，除了制成软覆饰材料外，还可以制成半硬或硬的零件、板、壳、车身外部护条、保险杠等。在2017年上海国际车展上展出的Vulcano Titanium(Titanium，钛)跑车就是应用新材料的典范(图3-1)。该车车身大面积使用了钛合金和碳纤维材料。本应用于飞机的耐高温材料如今也大规模用在了Vulcano Titanium车身上，这样金属材质的外观让这款车充满了未来感。

3. 人机工程学的应用

现代汽车总布置的新理念是把发动机和底盘各种机件尽量推向汽车的边沿以及把四个车轮推向汽车的四角，以便最大限度地增大中部乘坐空间。在普及型轿车上，这种新的布置方法对造型的影响特别明显，使得汽车的头部和尾部变得短小，汽车造型别具一格。如图3-2所示为人机工程学在车身造型中的应用范例。

图3-1 Vulcano Titanium

图3-2 人机工程学在车身造型中的应用范例

4. 空气动力学的应用

近年来，为适应圆滑平顺的外形发展趋势，推出了平滑化设计(Flush Design)的新式车身结构，需要使车身的各个构件尽量靠近车身的理论表面，例如将各种外伸零部件隐入车身之内，使前照灯的灯罩和前后挡风玻璃曲面与车身曲面连续并尽量齐平，使侧窗玻璃镶嵌在窗框的外侧等，如图3-3、图3-4所示。

5. 小巧车型的推广

随着拥有汽车的人数增加，以及社会生活方式的变化，双座、小巧的轿车车型将会备受青睐，如图3-5、图3-6所示。同时，汽车停放时为了减少两侧之间的距离，开启宽度过大的垂直转轴式车门有可能被翻转式车顶、旋翼式车门和推拉式车门所取代，分别如图3-5、图3-7、图3-8所示。

图 3-3　Toyota 丰巢概念车

图 3-4　布加迪 gangloff 概念车

图 3-5　起亚 pop 概念车

图 3-6　纯电动概念车

图 3-7　奔驰旋翼车门

图 3-8　劳斯莱斯后拉式车门

3.2　车身造型基础和方法

3.2.1　汽车造型程序总论

汽车造型设计流程根据企业的不同,其细节也略有不同,但大致可分为以下几个步骤:
(1) 造型规划;
(2) 先行造型;
(3) 生产造型。

多数企业先于上述步骤,确定了商品规划,据此再启动造型开发。与其他产品一样,经过造型规划到生产造型的过程,从抽象的概念到具体的形状、草图及各种模型等的采用选择,均按照流程的各个步骤进行,经过最高管理层的最终决定而确定可进行生产的造型。

传统的造型方法是以手工劳动为基础的,这样会耗费大量的人力和物力,延长了设计开发的周期,并且设计精度也不易保证。所以现代汽车造型越来越趋向于数字化。随着科技的不断发展,计算机辅助造型(CAS)已经被应用到包括汽车在内的许多领域。现代化汽车造型技术越来越多地使用计算机辅助造型技术,从而提高效率,降低成本。

3.2.2 车身造型流程

1. 造型规划

在推进造型开发时,首先必须决定的是商品规划,包括使用地、目标用户、品牌作用及定位,以明确这些商品的性能及市场定位为目的,由专门的规划部门纵观全公司的商品结构确定商品规划。

1) 车型定位

企业经营活动的目的是获取最大的经济效益,只有其产品在市场上畅销才能实现这一目标。因此,在制定企业产品开发计划之前必须进行市场调查,根据市场需求情况,进行车型定位,密切关注市场的动向,仔细分析社会的经济形势,掌握用户对产品的使用需求。正确的车型定位是企业成功的前提。

2) 可行性分析

通过调查市场情况、企业的技术条件、工艺分析、成本核算等,预测该种车型是否符合需要,对比竞争企业同类车型情况,分析企业的技术工艺能力,需要什么样的生产规模,能否收到较大的经济效益等。

可行性分析之所以重要,在于要充分考虑各方面的影响因素,明确产品开发的方向。否则,不经过周密的调查研究与论证,盲目草草上马,轻则造成产品先天不足,投产后问题成堆,重则造成产品不符合需求,在市场上滞销,带来重大损失。

3) 设计任务书

设计任务书须经国家机关或企业最高领导批准,作为一项指令向设计部门下达,用以确定生产纲领、考虑拨款和投资等。设计任务书包括对产品技术指标的描述,车型、各个主要尺寸、主要质量指标、主要性能指标及各个总成的形式和性能等具体要求,以及设计开发进度时间表。

4) 造型人员的配备及资料的准备

首先要任命项目负责人,其次要配备相关工作人员。较完善的造型人员配备应包括造型师、色彩花纹设计师、实物模型师、三维数字模型师和逆向工程师。

准备资料包括相关国家和行业的标准和法规、获取与造型相关的布置图和控制尺寸以及可以用于借鉴和参考的同类产品信息。

据此,造型部门进入具体的造型工作,开始实施造型规划。在充分了解商品规划要求的基础上,考虑造型的趋势及用户的偏好、造型战略及视觉认同性,提出具体的造型规划。该造型规划作为造型概念,成为以后的造型开发方针。

2. 先行造型（超前造型）

确定了造型规划后，下一步便是先行造型。在这一步中，以前述的商品规划的要求及造型规划为基础，提出多个造型概念及意见，同时探索向生产造型转移的方向性。在此明确造型的方向性并与相关人员（规划、造型、设计、营销等）统一认识，对平稳地进行生产造型足极为重要的。造型部门提出的概念范围不仅仅停留在创意上，还涉及车辆基本布置的各部位功能及方便使用的各个细节，此时，需要进行技术开发的造型概念并提前加以发掘，所以先行造型有很重要的作用。特别是在对汽车结构比例及操作性影响极大的总体布置的开发中，需要较长的时间及大额的投资，因此造型部门与设计部门间的充分协调是必不可少的。以生产为前提的项目则另当别论。以长期的视点来研究未来的造型及商品趋势也是先行造型的任务。对此，多以研究开发部门与商品规划部门协作的方式进行开发，并将概念车在车展上展出，对其反响进行分析并反馈给生产造型部门。

3. 生产造型

在先行造型阶段明确了造型的方向性并解决了技术方面的课题及收益性等问题之后，开始启动以实际生产、销售为目的的生产车的造型工作。

根据新产品开发规划及概念设计，确定车身总体布置方案，并使之视觉化，绘制出车身总布置草图。在确定车身总布置方案时，可充分体现新结构、新技术、新材料和新工艺等的应用，设计师可进行多种方案的可能性探讨，并从中选出最符合概念设计要求的方案。造型设计部门进行车身外形的构思，并绘制外形设计概念图，以提供外形设计方案，同时确定出车身造型的具体性格，从而在先行造型阶段确定的造型方向性的基础上，在更为严格的条件中进行造型创意，从多个草图方案中选择出几个最有希望的草图方案。

根据车身总布置方案和外形构思，进行车身1∶5布置图设计，确定出车身外形尺寸和内部布置尺寸。但近年来将此替换为以二维CAD数据制作的数字模型。另外，与大画面显示及立体投影显示的虚拟现实（VR）技术匹配，实现了油泥模型较难进行的初期阶段全尺寸研究以及具有与实际车辆相同状态和质感的真实商品形象研究。图3-9为车身总布置图。

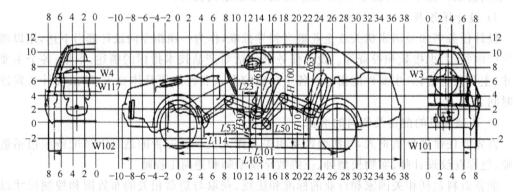

图 3-9　车身总布置图

再根据1∶5车身布置图确定的车身外形，绘制车身外形透视效果图和1∶5立面效果图。从1∶5的车身布置图上取得车身外廓各截面轮廓线样板，依据1∶5立面效果图等设计资料，雕塑1∶5油泥模型。油泥模型是在审议确认的造型效果图的基础上进行雕塑的，是车身外形立体形象的进一步探讨。油泥模型比效果图更能反映设计人员的意图,并可进行风洞试验以初步认识车身外形的空气动力性能,同时也可作为销售部门研讨的依据。并以车身布置尺寸作为必要条件,依据风洞试验结果分析,进行模型的立体形象塑造,不断修正车身外形,最终完善1:5车身布置图和模型。

油泥模型的造型制作完成后,制作与实际车辆相同的硬质模型(塑料模型),向最高管理层提出方案。在获得认可之后,从造型的最终形状到细节零件以三维CAD数据的形式提供给下一道工序。

3.2.3 车身造型方法

1. 构思草图

构思草图是速写画,用来记录造型师的灵感。构思草图通常是素描画,可用铅笔、钢笔或塑料水笔等工具作画,图纸幅面以A4(或A3)较为适宜。构思草图必须以总布置设计所定出的基本尺寸和形状为依据。造型师绘制构思草图应有自己的特色,甚至形成自己的风格。图3-10为素描构思草图。

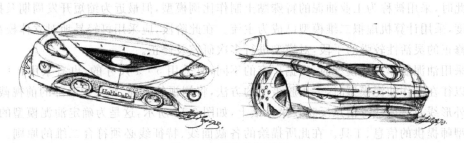

图3-10 素描构思草图

在此阶段所谋求的是探寻可提供目前所没有的新价值的取向及崭新的创意,在满足设计及法规的诸条件的基础上,必须能保持其创意。另外,在有限的时间内,探索出良好的创意并极尽所能地表现出来,将其魅力展示给人们,才是极为重要的。

2. 效果图

彩色效果图是较为完整地表达汽车造型效果的绘画,是在大量构思草图中筛选出优秀的方案,进一步绘成正规的效果图,既可以从中验证造型师对新车的造型构想,又可以作为互相研讨和交流的参考,最后还可以作为汽车选型的依据。彩色效果图通常可以反映整车外形、室内造型以及局部造型,如图3-11所示。

绘制效果图的目的是表现造型的思想。近代西方绘制车身造型效果图时多采用彩色水笔和喷笔,可大大提高绘画速度与表现效果。有的效果图还可以用于产品销售宣传,但此类效果图与设计用效果图目的不同。设计用效果图强调如实表现实际效果,如图3-11所示。

效果图经常使用1:5、1:10或1:2比例。有些设计部门为表现真实的感觉而绘制全尺寸效果图。此外,在对产品进行局部改进,或对某一细节部分造型进行研究对比时,也应绘制效果图,甚至绘制全尺寸效果图,以更可靠地表达设计思想。效果图对产品开发前期的

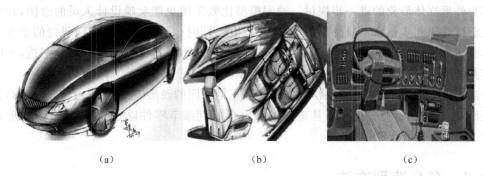

图 3-11 效果图
(a)整车；(b)室内；(c)仪表板

造型构思具有重要意义。

3. 数字模型、比例模型

此阶段的工作是将纸面上的二维创意转变为三维的作业。在此阶段，通过将纸面上所描绘的比例与实际尺寸相比照，可更进一步接近现实，同时对形状进行推敲。

此时，采用被称为工业油泥的特殊黏土制作比例模型，但最近为缩短开发周期及提高模型精度，采用计算机虚拟二维模型已成为主流。在此阶段，应采用可轻易地对立体模型进行变更修正的灵活性较强的手段，对模型进行多次研究及修正。

采用油泥制作比例模型时，根据厂家的不同，有采用 5∶1 尺寸的，也有采用 4∶1 尺寸的。以往在制作油泥模型时，采用胶带图的方法，将侧视的轮廓、车身中心部的前视截面、计划图外形线及特征线等信息反映在坐标纸上，如图 3-12 所示，这是为确定油泥模型的框架，向模型师提供的信息、工具。在此所描绘的各截面线、特征线必须符合二维的原则。因此，为谋求其整合性，制作胶带图便成为一项极为辛苦的作业。

在制作数字模型时，不需要制作胶带图，可直接在计算机终端上制作线条。此外，在数字模型的制作中，确定了一条线时，与各视图（三面视图）匹配的三维线瞬时形成，同时可便利地对其线条是否是符合构想的线段进行评价。从这个意义上来说，与制作胶带图相比，数字模型可称为可以高效、准确地进行尺寸管理的工具。

在此阶段，利用数字模型及比例模型可大体上把握汽车形状的优点，反复进行以便确认是否准确地表现出了造型目标，如图 3-13 所示。

图 3-12 胶带图　　　　图 3-13 数字模型

从此阶段开始,造型师应与油泥模型师及数字模型师协同作业,共同进行面的丰满感、强度感、顺滑程度的加与减及线条的三维配置等与造型题目相关的效果上的平衡。另外,进行是否与实际形状完全整合的确认,在二维图中所描绘的比例能否实际在三维中实现,在二维图中无法表现的模糊的部分怎样进行整理,在不断进行这样修正的同时逐渐增强作为汽车的实体感。

在此阶段,无须过多地考虑硬件要求(设计上的限制条件)在数字模型中的反映,应在创意二维的表现方面倾注力量。

4. 全尺寸模型

在利用上述的数字模型及油泥模型确定了造型创意的大方向并确认了造型题目的定位后,便可进入1∶1全尺寸模型的制作。根据比例模型检测的数据,以三维面数据为基础,使用NC加工设备(数控设备)加工1∶1全尺寸模型,如图3-14所示。

1)提案阶段

以1∶1模型为基础,在实际尺寸的距离、空间上对造型进行确认,同时逐渐完善细部线条及面。在此阶段的作业中,在进行面的细微差别的调整及维持造型创意的同时,应考虑设计方面的要求、法规的要求及制造要求等各种条件,并将其反映在模型上。

另外,在该阶段所提出的方案数量应压缩在2~3个方案内,对造型的定位进行最终的判断。作为提案阶段的最终节点,确定向实际制品转移的最终方案并进行最终审查。模型应做到可准确地判断方案成为实际车辆时能多大程度地反映出造型定位的水平。

因此,在制作时应将主要装饰如前照灯、散热器格栅、后组合灯、后视镜、车门手把等反映在油泥模型上。

2)生产车油泥模型阶段

在此阶段,应周密地进行最终选定方案的硬件条件的检查,同时对作为最终产品的美观程度及考虑到在工厂的生产线制造、生产性等细节进行调整。因此,在车身外部及较大部件如保险杠等基本面完成之后,装饰的制作便成了造型作业的中心,如图3-15所示。

图3-14　1∶1提案模型　　　　　　　　　图3-15　油泥模型

根据汽车的使用方法及使用环境、气候等的变化,车身及其他部件会产生极微小的偏差。汽车在出厂时虽经过严格的检查,但由于制造上的零部件个体精度差及装配误差,故并不能完全满足图纸的要求。考虑到汽车所特有的品质特性及在批量生产时产生的问题,在此阶段进行造型的最佳质量处理是最为重要的。例如,对由于钣金件、塑料件、玻璃、橡胶等各种材料的伸缩系数不同而引起的凸凹进行早期预测,实施可使零部件接合面看起来较为平滑的面差别处理(预测零部件接合面的偏差,在接合件之间预留间隙)。通过这种最终的面差别处理,修整由于零部件分割线横跨于三维复杂面下引起的间隙不均匀、接缝不良或间隙看起来过大等由形状的不同而产生的造型质量问题也是极为重要的。

3) 造型研究/高光点检验

油泥模型所形成的表面如实际的金属般光滑,但由于其材料为黏土,在质感、凝缩感、重量感、色彩及反射率方面与实际车辆相去甚远。因此,在进行各节点的造型确认时,需在油泥模型上敷上一层银灰色的薄膜,使其接近实际车辆的状态。此时,在车窗部位贴上深色系的乙烯染色薄膜、车灯等以具有透明感的图画表现,将差别感控制在最小限度内。

4) 确认用模型

经过几轮的确认,在造型完成阶段,以1∶1油泥模型为基础,制作确认用模型(看起来与实际车辆相同的塑料模型),如图3-16所示。在制作该确认用模型时,从1∶1油泥模型上进行检测,制成数据。此时,以1/100mm单位的精度做成曲面数据,同时进行数据上的重要参数检测。通过获得的数据制作确认用模型。确认用模型是造型的最终确认及细节造型最终确认时的工具,同时也是与后期的试制车进行比较及确认在实际工厂装配的车是否按数据再现了造型最终形状的基础车,确认用模型用于相关部门及广告等信息媒体传播造型理念。

图3-16 确认模型

5) 造型数据的制作

按照通过确认用模型获得承认的造型方案,制作最终的造型数据,下发给设计部门。

6) 内饰造型

汽车内饰设计,也就是汽车内部环境设计。汽车行驶在路面上,对于乘员则有两种环境,一是汽车四壁及底、顶构成的相对静止的环境;另一则是由车窗外部高速运动的街景构成的相对运动的环境。

对于这种特定环境的要求,首先要保证乘员的安全感与稳定感,要保证最佳的操作性与使用性。其次,这个环境应该是舒适恬静的,并应使乘员充分领略到车内环境的和谐美与崭新的现代感。

在决定内饰造型时,须有从目标用户群及其需求引出的以下要素:

(1) 功能参数;

(2) 成本参数;

(3) 心理因数。

以上这些要素统称为商品概念。在缜密地调查这些要素的基础上进行内饰造型开发是极为重要的,在综合考虑下述几个因素的基础上确定汽车的内饰功能参数。同时,考虑其间的平衡是极为重要的。

(1) 安全性。在各种环境下,不同用户所使用的车的内饰被赋予了极高的安全性要求。因此,为了确保用户的安全,防范事故于未然,出现事故时减轻乘员伤害、确保事故后的安全,在内饰造型时,应缜密计划,以确保视野、防止误操作、减轻疲劳、稳定情绪、减少冲击、注意逃生性及防火性等。在考虑到了上述事项的基础上进行造型。

(2) 居住性。车内空间由以使人们可以舒适地移动而所需要的居住空间、以人的尺寸为基准的物理空间及以人的感觉为基础的心理空间所组成。

① 物理的居住性。物理的居住性由确保便于驾驶者驾驶车辆的空间及乘员舒适的乘坐空间之间的高水平的平衡来决定。驾驶者的 H 点是乘员的位置基准。以地板形状确定的油门踏板位置为基准,考虑到各种体形的用户乘车的状况,根据该 H 点确定95%以上的用户可轻易地操作踏板的前后、左右方向的位置,在考虑乘降性及视野的同时,确定上下方向的位置。以这一乘员位置为基础,确定副驾驶席及后席乘员的位置。以该 H 点为基础,确定驾驶者的驾驶姿势(大腿与躯干的中心线的角度)。同时,确定最佳的方向盘及变速操纵杆手柄的位置及角度。然后,通过对驾驶者周边的空间,即仪表板的位置及大小、头部空间尺寸、车门周边空间及各种功能(音响等)的布置研究,确定驾驶者周边的空间。此外,通过对副驾驶席与驾驶席之间距离的最优化处理,确定前席的居住空间。关于后席的居住性,在满足所定目标的基础上,加以平衡和确定膝盖的空间、头部空间、肘部空间与邻席空间及行李厢空间。

由于这些空间受车辆的基本布置、车身构造及各种装置的尺寸限制,因此应同时进行这方面的修正及最优化或小型化处理。目前,在对居住性进行确认时,采用二维原尺寸及缩小图纸或使用 CAD 等系统在显示器上对三维数据进行确认。

② 心理的居住性。在汽车有限的空间内,内饰的形状、材质及色彩对宽敞感有较大的影响。例如,仪表板的位置及车门的腰线若设定在较低的位置则可增加宽敞感及开放感;相反,若设定在较高的位置则会增加包容感及稳重感。座椅若做成细长的形状则会增加整体的宽敞感,若做成肥厚的形状则会增加稳重感。座椅表面蒙皮的材质与形状匹配可形成宽敞的、具有稳重感的空间或具有紧张感的紧凑空间。在色彩方面,采用明快的色彩会产生宽敞感,采用暗淡的色彩会产生狭窄感。因此在内饰造型时,应将这些因素很好地组合,在延伸物理的居住性或相互补偿的基础上创造舒适的居住空间。

(3) 操作性。汽车有许多操作功能部件,乘员正常坐姿状态下,可以自由方便地操作功能部件并且不出差错,这是布置上的一种理想。但实际上使所有的功能部件都能满足这一要求是很困难的,因此在配置上应划分出重要度等级,设置防止误操作功能及恢复功能,尽量避免复杂的操作。

首先,按零部件划分重要度等级,从驾驶操作的变速手柄、车灯及刮水器开关等驾驶操作系,到音响、导航等舒适系以及驾驶中不太使用的杂物盒等公用系,按此顺序进行重要度的划分,将这些操作部件从最易操作的位置开始配置。所谓最易操作的位置即是指在不改变驾驶姿势的前提下,手即可触及的范围。再下来完全不动肩,仅肘部部分弯曲即可触及的范围以及肩部不稍微移动就能操作的范围。在此范围内划分几个等级,再按等级顺序对重要度高的操作功能部件进行布置。但按这种等级布置需要注意车辆的整体特性、主要使用地区、平台特性、用户特点等问题,要把这些因素都考虑在内,然后加以灵活运用。

其次,驾驶时的误操作会引发严重的交通事故,造成乘员及行人的身体伤害。为了防止这种现象的出现,在进行内饰造型时,必须充分研究与功能相应的操作部位,应注意以下几点:

① 适当的大小及形状；
② 动作形成；
③ 与相邻其他部件之间的干扰；
④ 操作方式（操纵杆、旋钮式开关、交互转换开关等）；
⑤ 能显示的清晰度、辨认性及操作确认（声音或显示）。

(4) 视认性。对汽车视认性方面的要求是：怎样才能在极短的时间内让司机辨认出正确的信号。为此，仪表和操作装置必须布置在容易看到的位置上，并且显示清楚。

① 布置。有关零部件的布置应能做到驾车时从前方注视点的视线移动和焦点距离变化小。通常，主要的仪表、量规（如警报灯类）多布置在方向盘内侧；开关、控制件（如导航仪类）多布置在方向盘周围。但是，这类部件越来越多，很难全都布置在容易看得到的位置上。因此，要进行功能分类和重要度次序分类，并以此为依据进行布置。

能使视线移动角和焦点距离调节变小的有效措施是采用能将信号显示在前挡风窗上的风窗显示装置。将显示信号照到镜面上反射出来的远视点仪表，也能使焦点距离变化小。另外，还有在同一位置上显示多种警报信号的多功能警报显示器。

② 显示方法。为了使各种显示简明易见，应注意以下几点：
  a. 仪器和操作装置的尺寸大小应适当；
  b. 在功能上应具有易于识别的形状及颜色；
  c. 仪表类的刻度及范围应易于观察；
  d. 文字应取简明易读的字体；
  e. 照明应有适当的亮度；
  f. 应使用国际通用的形象符号。

在注意上述各点的基础上，推进内饰造型并表现出各车型的性格（跑车或高级轿车）。

(5) 舒适性。汽车的舒适性是和其他基本性能一起决定汽车好坏的一个重要因素。现在人们对舒适性的要求很高，而且已被要求从全球化的角度来加以研究。

在长时间的驾驶中，赖以实现舒适性真正价值的是座椅。在进行座椅造型时应注意以下要点：

① 座椅应具有良好的支撑性。也就是说，应具有能舒适的以臀下和腰为中心伞面支撑人体体重的形状，使得压力被巧妙地分散，并使得身体的特定部位不会有较大的负担。
② 座椅应具有良好的保持性。即在汽车的动态下能保持身体状态，为此，做出顺贴于人体的座椅截面形状和座椅两侧隆起。
③ 应具有完备的调整功能。根据身体及喜好，可在前后、上下方向进行调整；在座椅形状方面，侧支撑即腰部支撑也可进行调整。
④ 采用不过分滑、透气性和保温性好、触感好的良好的座椅面料。
⑤ 座椅排列方式调整简便。目前，微型面包车等车辆的座椅有很多可以经常进行排列、变位的调整，因此将这些因素纳入设计并加以考虑是必不可少的。

(6) 标准化。汽车是被各类人所使用的交通工具，一个家庭拥有多台汽车的情况逐渐增多。另外，在世界各地，驾驶租赁汽车的机会也不断增加。在这样的形势下，应以防止误操作及提高易掌握程度为目的，确定统一标准。

3.3 车身计算机辅助造型

现代化汽车造型技术是借助于计算机及其软件实施的,也可以称为"计算机辅助造型"(CAS)。随着科技的不断发展,CAS在车身造型中越来越起着举足轻重的作用。

3.3.1 信息的获取与交流

在千头万绪、瞬息多变的世界中迅速获得准确的信息是企业成功的关键。例如福特汽车公司提出了"信息就是战略资产"的口号,把信息放在企业决策和支持开发的重要地位。该公司不惜巨资建立了全球信息系统,拥有4000条专用的电信线路,每天处理160万条信息。福特将它设在美国、英国、德国、日本、澳大利亚和意大利的7个设计室用宽带电话线联网组成"全球设计室"(Global Studio),可随时远隔重洋调集资料及图形,把设计终端与可视电话结合,使异地专家及时交流讨论同一技术问题。通过计算机互联网获取、交流、存储信息的数量和快捷程度是依靠纸页传递信息的传统方法无法比拟的。许多大型企业集团还设置了内联网(Internet),其功能与互联网相同,但只局限于一个较小的范围而不致把重要的资料泄露到外部网络。

现代化汽车造型的过程必须充分利用计算机网络与企业各个相关部门沟通获取和交流信息,力求实现"无图纸化"设计开发。例如,造型部门可以通过计算机网络直接从总布置部门获取汽车的总布置资料作为造型的依据,又可以把构造好的数字化模型传输给结构设计部门和冲模设计部门等。一张普通光盘可以存储上千幅彩色图形或几万页文件,而且用计算机编辑、管理和查找都极为方便。现代化信息技术进入造型领域使造型信息的获取和交流产生了质的飞跃。

3.3.2 效果图

数年前如果你步入造型师的工作室,你会看到熟悉的工具——绘画的纸张、笔和颜料还有雕刻刀等——这与500年前达·芬奇所使用的工具没有很大差别。难道这些使用了数百年的工具就不能改变? 今天造型师的计算机工作站配备了先进的ALIAS或CDRS等软件,手执压电笔就可以模仿铅笔、钢笔、塑料水笔、毛笔或喷笔等进行描画、涂抹或模仿其他各种笔触,还可以调配各种颜色和擦拭修改……任何一个有美术功底的造型师都可以运用自如得心应手地借助于计算机绘制效果图。

首先,造型师可以从内联网中把已经完成的总布置图调入自己的计算机工作站。然后,根据已有的总布置尺寸和图形,造型师可在计算机屏幕上直接用线条和色彩覆盖这个总布置图使汽车的尺寸符合总布置尺寸要求。第三步,在二维图形的基础上,借助于计算机软件,经过变换和处理,可构造出初步的三维数字化模型,进而绘制成立体化的透视效果图(图3-17)。

图 3-17 计算机效果图
(a) 轿车；(b) SUV；(c) 重型货车；(d) 大客车

3.3.3 数字化模型

初步的三维数字化模型，可以在计算机屏幕上旋转成任意角度，造型师可对它进一步雕塑修饰，直到满意为止，成为比较完善的三维数字化模型。

上述步骤包括了从汽车总布置至制作缩小比例模型的初步设计全过程。与传统造型不同的是，这个模型是数字化模型，它比物理模型更精确、更光顺，质量更高。而且，这个过程比传统的过程快捷得多。

3.3.4 1∶1效果图

计算机可以很方便地将图形投影到大屏幕上，生成 1∶1 的效果图，以获得等大的尺度感。造型师可以在这个大屏幕上审视 1∶1 的效果图，通过计算机对其进行补充、修改和细化。

3.3.5 制作 1∶1 实体模型

任何企业最高领导人都不愿意仅仅依据屏幕去审批汽车造型，或者说，他们还不习惯这样做。他们总是希望看到实体的 1∶1 模型。

根据已有的数字化模型，经过数控设计，可以操纵五轴数控加工机 1∶1 制作油泥模型。

这个切削过程比手工制作同样的模型快捷得多,只需要几天。毕竟1∶1实体模型比二维的屏幕又进了一步,而且造型师还可以对这个实体模型进行审视和推敲,进而修改得更加完美。

对这个经过修饰的实体模型进行扫描测量,所测得的数据反过来又可对已构造好的数字化模型进行修改,使之与实体模型完全一致。这时,构造数字化模型的工作就宣告完成。

3.3.6 虚拟成像系统

虚拟现实(Virtual Reality)技术是借助于计算机用图像、音响、触感等模拟尚未成为现实的事件。在产品现代化开发过程中,虚拟现实技术的应用十分广泛。

虚拟成像是一种虚拟现实技术,它利用虚拟的图像进行仿真,使人获得真实物体的感觉。首先需要用该系统的计算机建模,然后使这个系统通过多个高分辨率投影的彼此拼接,形成逼真的视觉空间,力图使观察者(需要佩戴立体眼镜)具有身临其境的感觉。

虚拟成像系统可以对汽车的1∶1外形模型和1∶1内部模型进行仿真,它比制作1∶1实体模型更加快捷,而且可以显示多种方案进行对比分析。但是,这套系统十分昂贵(价格超过100万美元),使该项技术未能在我国汽车企业中普遍推广,目前我国只有"一汽"等少数单位购置了或准备购置该系统。

3.3.7 并行工程

并行工程(Concurrent Engineering)或称同时同步工程(Simultaneous Engineering),是指产品开发过程的各个环节不是采取串接式,而是采取同时并举方式。汽车的开发过程,包括规划、造型、技术设计、试验、试制、生成准备等环节。如果采取串接方式,每个先行环节结束后才着手后续环节,若每个环节需要1年,则总共需要6年。因此,使后续环节提前执行很有必要,可以缩短开发周期,使产品迅速投放市场从而提高企业灵活应变的能力,以便在激烈的竞争中取得主动有利的地位。

在现代化开发技术的支持下,先行环节完全可以为后续环节的提前执行提供必要的条件。由于汽车造型这个环节属于汽车设计开发的前期工作,对推动后续环节的提前开展具有十分重要的作用。如前文所述,汽车造型的关键工作是向后续环节提交汽车车身的数字化外形模型,使得结构设计、工程分析、冲模制造等环节有了依据而提前启动并逐步开展。

习　题

1. 简述车身造型的基本流程。
2. 车身设计的原则和要求分别有哪些?
3. 应用于车身设计的计算机辅助技术(CAX)有哪些?

第4章

汽车的空气动力特性

4.1 概 述

空气动力学是研究物体在与周围空气作相对运动时两者之间相互作用力的关系及运动规律的科学,属于流体力学的一个重要分支。汽车的空气动力特性与汽车的功率、行驶特性及舒适性密切相关。汽车具有良好的形状,不但可以改变汽车的动力特性,而且还可以提高汽车的燃料经济性。对于高速行驶的汽车,空气动力稳定性是汽车高速安全行驶的前提。

因此,世界各大汽车公司都投入了很多的人力、物力对汽车的空气动力特性开展研究,并且硕果累累。目前看来,深入开展汽车空气动力特性的研究,改善国产汽车的空气动力特性,对提高汽车的高速性能、降低风阻、节约能源有着重要的影响,从而对提升国产车的市场竞争力起着关键的作用。

汽车在行驶时,与周围的空气之间产生了相互作用。可以把汽车看成是静止的,而空气则绕汽车的周围流动。如果车速不高时,可近似地认为汽车周围的空气没有变化。除了靠近汽车车身表面很薄的一层空气以外(边界层),认为汽车周围的空气没有黏滞性。

图 4-1(a)所示是一个物体周围的空气流动情况。假如把物体周围看成是一些相邻的流管,那么空气就在这些流管里流动。图 4-1(b)绘出了一些流管的形状。如果物体的横截面是变化的,则流管沿空气流动方向上各个截面的大小就不一样。由流体的连续原理可推出:

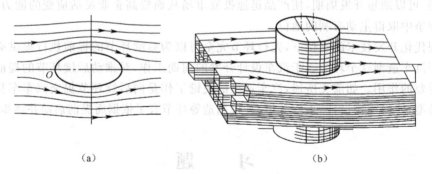

图 4-1 物体周围的空气流动
(a) 空气流动情况;(b) 流管的形状

(1) 如果流管截面不同,气流速度也不同。流管截面较小的地方,空气的流速较高;流管截面较大的地方,空气流的速度较低。在其滞点 O(在其前端的中点),空气的流速为零。

(2) 车身表面的压力随着空气流动而变化。利用风洞对车身压力分布进行研究的结果,一般是以无因次比值的形式表现出来,即

$$\frac{p}{p_q} = \frac{p_1 - p_0}{p_q}$$

式中，p_1 为车身表面上的压力；p_0 为远离车身的空气流的压力；p_q 为空气流的动压力。根据理想流体的伯努利(Bernoulli)压力平衡原理，气流的动压力和静压力之和应是常数，即

$$p + p_q = 常数 \quad 或 \quad p + \frac{\rho}{2}v^2 = 常数 \tag{4-1}$$

式中，动压力

$$p_q = \frac{\rho}{2}v^2$$

或者

$$p_1 + \left(\frac{\rho v_1}{2}\right)^2 = p_2 + \left(\frac{\rho v_2}{2}\right)^2 = \cdots = 常数$$

式中，v 为空气的流速(m/s)；ρ 为空气的密度(kg/m^3)，在标准大气压($p_{h0} = 101.325 kPa$) 和 15℃时，$\rho_0 = 1.2258 kg/m^3$，在其他情况下，空气密度为

$$\rho = \rho_0 \left(\frac{p_h}{T}\right)\left(\frac{288.15}{101.325}\right) = 3486\frac{p_h}{T} \tag{4-2}$$

式中，p_h 为大气压(kPa)；T 为绝对温度(K)。

式(4-1)说明，当某处气流速度 v 改变时，此处的压力 p 也必将改变，但压力总和始终不变。实际上，$\frac{p}{p_q}$ 的比值可以用来确定空气作用在车身各构件上力的大小，也可以用来评定车身的外形。

例 4-1 某小客车以 144km/h，即 40m/s 的速度行驶时，测得 $\frac{p}{p_q} = 0.4$。求在尺寸为 0.8m×1.2m 的后挡风窗玻璃或行李厢盖处出现真空度时产生的空气压力。

解：动压力　　　　　$p_q = 0.5 \times 1.2258 \times 40^2 Pa = 981 Pa$
　　　　压力　　　　　$p = 0.4 \times 981 Pa = 392 Pa$

则后风窗玻璃或行李厢盖向外推出的压力为

$$F_h = 0.8 \times 1.2 \times 392 N = 377 N$$

了解被测试车身表面的压力分布，对于正确选择所设计车身的外形并考虑其特性具有极其重要的意义。

4.2　车身气动造型

4.2.1　气动力与气动力矩

汽车行驶时，会受到复杂的力的作用，除了受到来自地面的力外，还受到其周围气流的气动力和力矩的作用。来自地面的力取决于汽车的总重、滚动阻力和重心位置。空气力则由行驶速度、车身外形和风向角决定。如果将汽车置于一个三维空间坐标中，将坐标原点取轮距中心和轴距中心在地面投影的交点处，x 向前为正，y 向右为正，z 向上为正。显然存在着如下力和力矩的作用，如图 4-2 所示。

如果将作用在汽车外表面上的压力合成，就得到作用在汽车上的合力 F。这个合力是

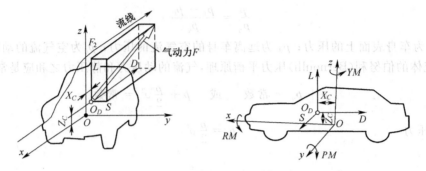

图 4-2 汽车的气动力和主要坐标

O—质心;O_D—气动压力中心;D—气动阻力,表示沿着汽车纵轴线在水平方向上阻止汽车前进的力;S—气动侧向力,表示当气流与汽车外形不对称时所产生的侧向力;L—气动升力,表示在垂直方向上与气动阻力 D 成 $90°$ 夹角的力;RM—侧倾力矩或横向力矩;PM—纵倾力矩或俯仰力矩;YM—横摆力矩或转向力矩

由于空气的相对运动而产生的,称为气动力。气动力作用在汽车上的作用点称为气动压力中心,简称气压中心,记作 O_D。气压中心 O_D 在汽车的对称面内,一般情况下与汽车的质心 O 是不重合的。为了方便起见,常把这个合力 F 转换到气压中心 O_D 这一特殊点上。气动力与空气速度的平方、迎风面积以及取决于车身形状的量纲为 1 的系数成正比,即

$$F = p_q AC = \frac{1}{2}\rho v^2 AC \qquad (4-3)$$

式中,A 为汽车迎风面积;C 为阻力系数,量纲为 1。

将 F 分解便得到 D,L,S,各力作用在汽车上沿 x,y,z 三个方向的气动力为

气动阻力:
$$D = \frac{1}{2}\rho v^2 C_D A \qquad (4-4)$$

气动升力:
$$L = \frac{1}{2}\rho v^2 C_L A \qquad (4-5)$$

气动侧向力:
$$S = \frac{1}{2}\rho v^2 C_S A \qquad (4-6)$$

式中,C_D,C_L,C_S 分别为气动阻力系数、气动升力系数和气动侧向力系数,都是量纲为 1 的量。

C_D,C_L,C_S 是汽车空气动力学中最重要的参数,它们主要取决于汽车外形及其表面状况,与汽车的迎风面积无关,是评价汽车空气动力学特性的主要指标。如果把沿坐标 x,y,z 三个方向的气动力 D,L,S 从气压中心平移到质心上,则分别形成了纵倾力矩(或称俯仰力矩)PM,横摆力矩 YM 和侧倾力矩 RM 三个气动力矩。

$$PM = DZ_C - LX_C = (C_D Z_C - C_L X_C)\frac{1}{2}\rho v^2 A = \frac{1}{2}C_{PM} L_t A \rho v^2 \qquad (4-7)$$

式中,L_t 为汽车的特征长度,一般指汽车轴距,这里 $L_t = (C_D Z_C - C_L X_C)/C_{PM}$;$X_C,Z_C$ 分别为气压中心沿 x 轴与 z 轴方向到质心的距离;C_{PM} 为俯仰力矩系数,是量纲为 1 的量。

$$YM = C_{YM}\frac{\rho}{2}v^2 A L_t \qquad (4-8)$$

式中,C_{YM} 为横摆力矩系数,是量纲为 1 的量。

$$RM = C_{RM}\frac{\rho v^2}{2}AL_t \tag{4-9}$$

式中，C_{RM} 为侧倾力矩系数，是量纲为 1 的量。

C_{PM}，C_{YM}，C_{RM} 的大小与汽车的外部形状和质心位置有关，也反映了汽车的空气动力特性，是常用的汽车空气动力特性的评价指标。作用在汽车上的气动力矩主要影响汽车的操纵稳定性。

4.2.2 作用在汽车上的气动阻力 D

作用在车身上的气动阻力由五个部分组成：形状阻力、干扰阻力、诱导阻力、摩擦阻力和内部阻力。

（1）形状阻力是正面的气流和后部产生的涡流等所引起的汽车车身前后之间的压力差。汽车车身各个表面的形状及其交接处的转折方式是影响形状阻力的主要因素。在汽车迎风面积 A 相同的条件下，不同流速气流经过不同车身表面后获得的后端分离截面面积有很大的不同。

（2）干扰阻力是由汽车表面凸起的零件引起气流干扰而产生的阻力。对干扰阻力影响较大的零件有不平滑的前照灯、车门把手、前牌照、前保险杠、风窗上部的帽檐、排水槽、后视镜、外凸的门铰链、天线等一些构件，以及凸出于车身以下的底盘部分。

（3）因为实际上升力并不与汽车的行驶方向垂直，而是向后倾斜，所以，干扰阻力的水平分力就是诱导阻力。在汽车行进的同时，升力又要使汽车抬升，需要消耗动力做功，这就是诱导阻力产生的原因。诱导阻力系数也与升力系数有关，即

$$C_\mu = C_L^2(\pi/\lambda) \tag{4-10}$$

式中，C_μ 为诱导阻力系数；C_L 为量纲为 1 的升力系数；λ 为

$$\lambda = \frac{B_0}{L_0}$$

式中，B_0 为汽车宽度；L_0 为汽车总长度。

减小诱导阻力的办法是使车身的升力系数减小，使 λ 值增大。λ 值增大时，车身越宽，侧向涡流的损失越小。

（4）由于空气黏性使其在车身表面产生切向力，它们在行驶方向的合力即为摩擦阻力。摩擦阻力是由于边界层内空气的黏滞性而形成的空气与车身表面以及各层空气之间的摩擦力，大小等于黏滞摩擦力沿车身表明的积分，它取决于车身表面的面积和光滑程度。

（5）内部阻力是空气流过冷却系统和车身通风系统所引起的。如果去除不必要的边角，同时在高速汽车中给予流过散热器的空气流以适当的导向，则可以减小内部阻力。

总的气动阻力为

$$D = \frac{1}{2}C_D\rho v^2 A \tag{4-11}$$

式中，C_D 为量纲为 1 的空气阻力系数；v 为汽车的行驶速度；A 为汽车的正面投影面积。对于轿车，正面投影面积为

$$A = 0.81BH \tag{4-12}$$

式中，B 为汽车的总宽（m）；H 为汽车的总高（m）。

汽车的气动阻力 D 是与汽车运动方向相反的空气阻力,它取决于汽车的正面投影面积 A 和气动阻力系数 C_D。气动阻力 D 对汽车的燃油消耗、加速性能和最高车速有影响,因此它成为汽车空气动力学研究中的重要问题。要减小气动阻力,往往主要集中在减小气动阻力系数上。不同车型的气动阻力系数 C_D 值见表 4-1。

表 4-1 不同车型的 C_D 值表

车 型	C_D 值	车 型	C_D 值
小型赛车	0.23~0.45	公共汽车	0.50~0.80
轿车	0.30~0.55	旅行汽车	0.40~0.57
货车	0.40~0.60	重型货车	0.65~1.0

4.2.3 汽车的气动升力 L 和纵倾力矩 PM

汽车在行驶时,由于汽车车身上部和下部不对称,导致汽车上下流速不等,使车身上部和下部形成压差,从而产生升力及纵倾力矩。气动升力的作用方向垂直于运动方向。对汽车而言,在垂直于地面的方向上,升力背离地面为正,而压向地面则为负,它的大小可按式(4-5)计算。

如果气动升力为正,车轮上的载荷将会减小。汽车前轴载荷减小影响操纵性;后轴载荷减小,将因减小驱动轮上的附着力而影响动力性。另外,由于升力作用在车身断面的气压中心上,此中心与汽车的质心一般不重合,所以在升力作用下,相对于横向轴线将产生一纵倾力矩 PM,可按式(4-7)计算。

升力还可能引起诱导阻力,同时还间接地影响汽车承受各种侧向力的能力。特别对于速度较高、质量较轻的汽车,升力将产生重大影响。从安全性方面考虑,气动升力的减小比影响汽车动力性能和经济性能的气动阻力的减小更为重要。

影响升力的因素很多,包括发动机罩、车顶和行李厢的比例尺寸,前风窗和后窗玻璃的倾斜度,前底板的斜度等。

车顶与轴距的长度比由 0.93 增加到 1.17,汽车的升力系数会有相当大的减小。研究表明,前地板的斜度从 10°变为 0°,气动升力系数也会下降。

另外,汽车的纵向轮廓对升力也会产生重大影响。升力系数 C_L 随不同的横摆作用角而不同,如图 4-3 所示。采用厢式轮廓时,压力差最小,C_L 值将在 0.15~0.55 之间变化。

升力与汽车行驶速度密切相关,如图 4-4 所示。

中线和迎角可以用来大致判断车身形状与升力的关系。为此,将汽车的各个横截面形心的连线称为中线,中线的最前端和最后端分别称为前缘和后缘,前缘和后缘的连线称为弦,弦与汽车行驶方向的夹角称为迎角。弦前高后低,则迎角为正值;弦前低后高,迎角为负值,如图 4-5 所示。

在迎角为正值的情况下,迎角越大则升力越大。为了减小升力,就应使迎角为负值。在具体设计时,可使汽车前部低矮,并使尾部肥厚向上翘,这是目前小客车很流行的造型手法。

为了改善汽车的升力状况,措施之一是使中线变得平坦。这就要求在结构设计时,使前风窗玻璃与水平面夹角减小;在轿车设计时,应使轿车上半部高度减小。另外,使汽车底部更平滑,减少底部外凸的零部件,也能减小升力,这是因为空气在平滑底部流速较大的缘故。

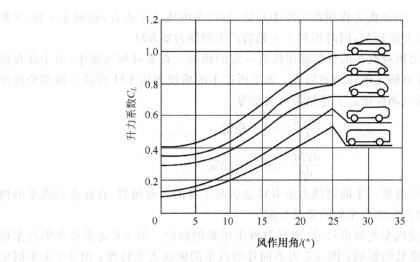

图 4-3 具有代表性车身外形的升力系数 C_L 与风作用角的关系

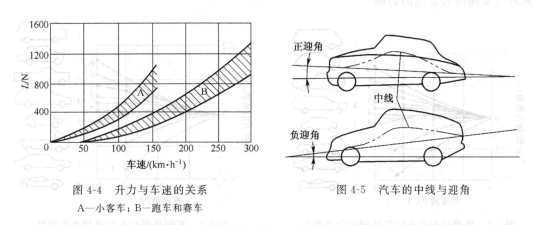

图 4-4 升力与车速的关系
A—小客车；B—跑车和赛车

图 4-5 汽车的中线与迎角

近年来，在轿车(特别是速度较高的跑车和赛车)上采用附加的翼片来减小升力的措施逐渐增多，见表 4-2。

表 4-2 汽车后部和前部装扰流板对升力系数的影响表

车 型		前轮升力系数	后轮升力系数	总升力系数
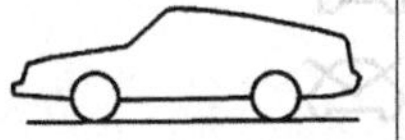	基本型	0.301	0.126	0.427
	后部装扰流板	0.313	0.007	0.320
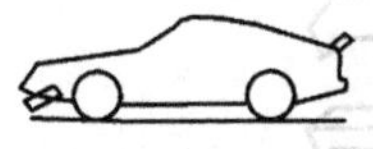	后部和前部装扰流板	0.280	0.016	0.296

4.2.4 汽车的气动侧向力 S、横摆力矩 YM 和侧倾力矩 RM

如果汽车不是在正面风向下行驶，而是在与汽车纵轴线成一定角度下的风向行驶，则有

气动侧向力 S 产生。由于此力作用在气压中心处,与汽车的质心不重合,相对于 z 轴,S 将产生横摆力矩(转向力矩)YM,同时相对于 x 轴将产生侧倾力矩 RM。

侧向力和横摆力矩对汽车的行驶稳定性有一定的影响。在非对称气流中,由于存在横摆力矩,汽车有绕垂直轴 z 轴转动的趋势。如果所产生的横摆力矩 YM 有减小横摆角的作用,则汽车有稳定的气动性能。上述结果可表示为

$$\frac{dYM}{d\beta} > 0 \quad 稳定$$

$$\frac{dYM}{d\beta} < 0 \quad 不稳定$$

汽车承受侧向风时所产生的侧倾力矩 RM 会引起车身的侧向倾斜,直接影响汽车的侧倾角,因而也影响对汽车左右车轮的质量分配。

横摆力矩主要受汽车的外形尺寸、形状及汽车尾翼的影响。图 4-6 为多种外形汽车横摆角对气动侧向力系数的影响;图 4-7 为不同外形汽车的横摆力矩特性;图 4-8 为不同尾翼对气动侧向力系数的影响。

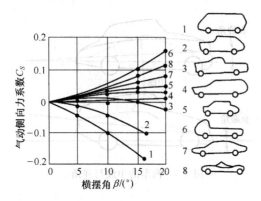

图 4-6 各种外形汽车的气动侧向力系数与横摆角的关系

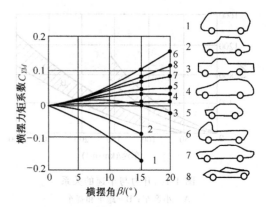

图 4-7 不同外形汽车的横摆力矩特性

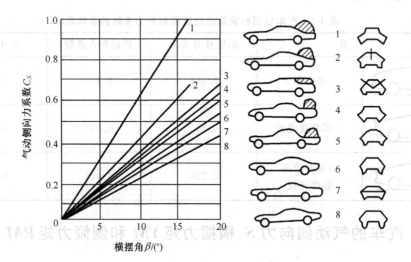

图 4-8 尾翼对气动侧向力系数的影响

4.2.5 气动阻力对汽车动力特性的影响

汽车的动力特性指汽车在良好路面上直线行驶时由汽车受到的纵向外力决定的所能达到的平均行驶速度。汽车的最高车速、加速时间和最大爬坡度是汽车动力性的主要评价指标。

在水平路面上等速行驶的汽车,驱动轮上的最大驱动力 F_{tmax} 全部用来克服滚动阻力 F_f 和空气阻力 F_w。假设汽车前、后车轮的滚动阻力相同,汽车的重力 G 和气动升力 L 均匀地分布在四个车轮上,则汽车的最大车速 v_{amax} 可表示为

$$v_{amax} = \sqrt{\frac{F_{tmax} - Gf}{\frac{1}{2}\rho A(C_D - C_L f)}} \tag{4-13}$$

式中,f 为滚动阻力系数;ρ 为空气密度;A 为汽车的正面投影面积;C_D 为汽车的气动阻力系数;C_L 为汽车的气动升力系数。

由式(4-12)可见,在 F_{tmax} 和 G 一定时,最大车速 v_{amax} 与气动阻力系数 C_D 和气动升力系数 C_L 有关,减小 C_D 可使 v_{amax} 提高。除对 v_{amax} 有影响外,由于气动升力的存在,对汽车的操纵稳定性也有影响。

汽车加速度可表示为

$$\frac{dv}{dt} = j = \left(\frac{dP_e}{dt}\right)\left[\frac{3600\eta}{Gf + \frac{3}{2}C_D \rho A v_a^2}\right] \tag{4-14}$$

式中,dP_e/dt 为发动机功率随时间的增长率;η 为汽车传动系效率;v_a 为车速。

可见,汽车加速度 j 在 dP_e/dt 一定时,与气动阻力系数 C_D 成反比。减小 C_D 值,则可使汽车加速性能提高。

4.2.6 气动阻力对汽车燃油经济性的影响

汽车在水平路面上等速行驶时的百公里油耗 Q_s(L/100km)为

$$Q_s = \frac{Pb}{1.02\rho_r v_a g} \tag{4-15}$$

式中,b 为发动机燃油消耗率[g/(km·h)];P 为发动机克服滚动阻力与空气阻力应提供的功率(kW);ρ_r 为燃油的密度(kg/L);g 为重力加速度(m/s²)。

式(4-14)中的 $\rho_r g$:汽油车可取 6.96~7.15N/L,柴油车可取 7.94~8.13N/L;P 为

$$P = \frac{1}{\eta}(P_f + P_w) = \frac{1}{\eta}\left(\frac{Gfv_a}{3600} + \frac{C_D A v_a^3}{76140}\right) \tag{4-16}$$

式中,P_f 为滚动阻力所消耗的功率;P_w 为汽车的气动阻力所消耗的功率,即

$$P_w = \frac{C_D A v_a^3}{76140} \tag{4-17}$$

气动阻力所消耗的功率 P_w 应是发动机所做功的一部分,同时可看出消耗于气动阻力的功率 P_w 与气动阻力系数 C_D 有关。根据试验与统计,客车用于克服气动阻力的燃油消耗

量约占 50%，货车约占 32%。同时试验资料表明，轿车 C_D 值从 0.42 降低到 0.30 时，燃油经济性在混合循环时可改善 9% 左右；而当以 150km/h 高速行驶时，燃油经济性可改善 25% 左右，可见降低气动阻力系数 C_D 对燃油经济性的改善有多么重大的意义。尤其在燃油价格高涨时，降低 C_D 值对节约运输成本将有很大作用。

4.2.7 气动力矩对汽车气动稳定性的影响

在汽车行驶中，由于存在侧向自然风，或者由于转弯、让车、超车等原因，作用在汽车上的气动力除气动阻力、气动升力、俯仰力矩外，还存在气动侧向力、横摆力矩和侧倾力矩。如果侧风强烈或汽车外形设计不当，则在严重情况下会破坏汽车的稳定性能而造成事故。

1. 气动升力和俯仰力矩对操纵稳定性的影响

升力和俯仰力矩都可能导致前轮或后轮附着力减小，对于质量轻、质心靠后的汽车，随着车速越大，升力也不断越大。当前轮有升力时，汽车上浮，前轮负荷减轻，会减小或失去附着力，此时汽车即会失去控制，影响操纵性。当后轮负荷减小时，驱动力减小而引起驱动轮滑转。因此，为提高汽车的高速行驶操纵稳定性，应采取措施减小升力。

2. 侧向力及横摆力矩对操纵稳定性的影响

如果气动合力的作用中心 O_D 与汽车的质心 O 不重合，设 O_D 位于质心 O 之前，如图 4-9(a)所示，横摆力矩 $YM = SX_c$，汽车绕 z 轴顺时针方向转动，使汽车顺侧向风方向转动，造成稳定性恶化。若汽车的气动合力作用点 O_D 在质心 O 之后，如图 4-10(b)所示，则横摆力矩 YM 使汽车产生逆时针方向转动，从而削弱侧向风力的作用，使汽车趋于稳定。

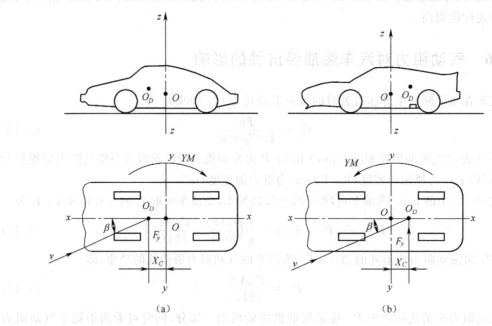

图 4-9 汽车受侧向力影响示意图

因此，汽车造型设计时应尽量减小汽车前部侧投影面积，使 O_D 靠近后轴。近年来广泛流行长头短舱的跑车造型、行李厢保持较大高度的半快背式轿车造型以及尾部有较大厚度的割尾式快背轿车造型，如图 4-10 所示，都与其良好的气动力稳定性有关。

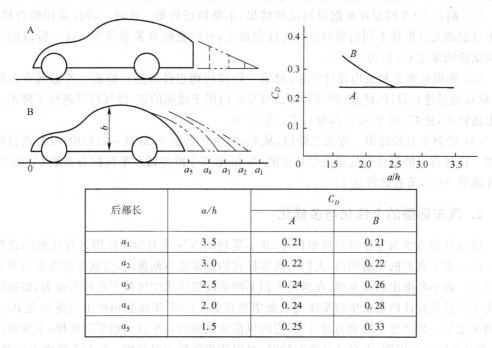

后部长	a/h	C_D	
		A	B
a_1	3.5	0.21	0.21
a_2	3.0	0.22	0.22
a_3	2.5	0.24	0.26
a_4	2.0	0.24	0.28
a_5	1.5	0.25	0.33

图 4-10　两种尾部形状汽车的气动阻力系数

3. 气动侧倾力矩对汽车操纵稳定性的影响

来自于车身侧面及周围气流的作用，可产生绕 x 轴的侧倾力矩。这个力矩通过悬架系统至左右车轮，会引起左右车轮负荷的变化，使一边车轮负荷增加，另一边车轮负荷减少，从而有可能改变汽车的转向特性。

通过试验可得到轿车、货车、大客车车身周围的气体压力分布情况，通过气体压力的分布图可以决定汽车进风口与出风口的位置，解决车外装饰件和发动机冷却气流的导向等问题。

4.2.8　汽车造型的发展变化

1. 空气动力学对未来汽车造型的影响

平尼法里纳公司与意大利国立科研所进行的一项汽车造型的研究成果表明，未来汽车造型将以空气动力学为主导。该研究明确了理想汽车外形是以空气动力学为主导设计的外形。这项探索给车身造型以新的概念，对汽车设计产生了新的影响。

该公司所倡导的主导思想是：完全从空气动力学出发，根据风洞试验，确定车身外形，使汽车造型具有良好的空气动力特性，同时又满足各种使用和生产工艺的严格要求。在车身设计的初期,最原始的设计曲线只是一条上凸的曲线,然后根据居住性、工艺、总布置要求,画出车身外形轮廓。为减少形状阻力,车身横截面应不断变化,沿着流线压力方向逐渐变化,压力在正压力区仅变动一个循环。其设计程序分为以下三个阶段:

(1) 制作1:2模型并根据风洞试验结果,不断修正外形。在这一阶段采用组合模型,对车身前端几种形状不同的模型进行比较和修正,可以更换外覆盖蒙皮。这一阶段的模型风洞试验结果是C_D仅为0.160。

(2) 根据总布置和结构设计要求,对第一阶段的理想外形进行修正。考虑到乘客舒适性,应对地板进行设计,使脚部空间增大,对车室内用于通风的进、排气口等进行了修正。通过上述修正,使C_D增至0.172,最后C_D达0.23。

(3) 绘制车身设计图。在第二阶段,从C_D为0.172至0.23这一过程中,反复进行风洞试验。这种理想的最佳空气动力学造型的C_D值比当今世界轿车平均阻力系数C_D为0.46的车降低50%,节省燃料达15%。

2. 汽车造型的个性化与多样化

以空气动力学为主导进行造型设计,并不是利用空气动力学的原则进行死板的造型设计。由于审美意识的逐渐提高,人们对汽车样式的要求也不断提高,这就要求汽车造型具有多样化。而不断推出的新车型,在满足人们不断增高的需求中维持了它的生命力,如通用公司为美国总统设计的超豪华轿车体现了豪华和高贵。1987年该公司推出的庞蒂克Pursuit牌轿车也是一种新型空气动力设计车,它的风窗玻璃曲面与车顶曲面平滑连接,车顶可以拆卸,车身高度也可以调,在高速公路行驶时,可以适当降低车身高度;在不平路面上行驶时,可抬高车身,增大离地间隙。

1987年,克莱斯勒公司推出的安全赛车为弹翼式(车门可像飞鸟的翅膀一样张开),在车辆密集的停车场,开门很方便,这是考虑到人们上下车的方便性与安全性;超微型小轿车则是为满足人们的实用性和方便性。比如,丰田汽车公司生产的室内交通车,体积小、使用灵活方便、气动阻力系数低、燃料消耗少。

3. 汽车造型的趋势

简洁、方便和快速性发展是汽车造型发展的总趋势。

从节能和环保的方面考虑,出现了新能源汽车与混合动力汽车。新能源汽车,如电力、太阳能、氢气和风力汽车;混合动力汽车,如德国奔驰公司生产的太阳能汽车与电动汽车等。此外,采用太阳能与燃油、太阳能与蓄电池、风帆与发动机、风力与发动机兼用车是人类的智慧向沙漠和草原的挑战;为使汽车脱离传统的路面,诸如气垫车、水陆两用车以及高越野性汽车等多种车型不断出现。

未来汽车会朝着多种适应能力和功能的方向发展。计算机的功能将会越来越智能,这样,驾驶员可以摆脱高度紧张的状态,可以创造出轻松的驾驶氛围。

4.2.9 最佳气动造型

最佳造型应是以机械工程学、人体工程学、空气动力学和美学全面恰当融合在一起并有独特风格的造型。确定高速、安全、舒适的汽车外形,最重要的是如何减小气动阻力和升力的影响,即空气动力学的问题。

完全从空气动力学观点来看,最理想的车身外形应如图 4-11 所示。

1. 车身侧面

(1) 尽量降低车身总高。

(2) 离地间隙尽量小。

(3) 前脸扁平,后端处理应尽量使阻力降低(采用切尾、加尾翼或采用鸭尾形)。

(4) 发动机罩和顶盖尽量扁平。

(5) 为确保方向稳定性加尾翼。

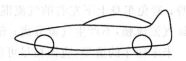
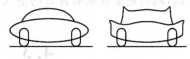

图 4-11 最理想车身外形

2. 车身正面

(1) 宽而低的扁平形。

(2) 采用无棱角的扁平和圆形过渡。

(3) 当驾驶室要求有必要的棱角时,在腰线部位可装置斜的侧翼,使其圆滑过渡。

根据上述原则,现在世界上多采用下述方法改善汽车空气动力特性:

① 把车身设计成楔形或快背式,车前端尽量压低,俯视图多呈半圆形,前风窗与发动机罩、顶盖与侧面的过渡部分圆滑光顺,前风窗与水平面的夹角一般在 25°～33°之间。

② 汽车设置前、后扰流板等空气动力学附加装置,改善气流状况,降低阻力和升力。

③ 车身底面平滑化,或加设光滑底板,以降低阻力和升力。平尼法里纳公司设计的汽车底部采用上凹曲线。这种造型类似于负弯度翼型,是降低升力的一种新方法。

④ 车身外表尽量减少凸凹面和凸起物,如门把手平滑化,窗玻璃、门玻璃尽量与框平齐,流水槽隐藏式,车轮外加护罩,外后视镜加流线型护罩。

⑤ 控制发动机冷却气流,强制空气处于有利流动状态,提高冷却性能,减小行驶阻力。

⑥ 车身细部外形最佳化,通过反复修改外形,达到最佳气动外形设计。

在汽车造型阶段的大量风洞试验表明,形状阻力的大致部位如下:

① 前大灯周围;

② 前风窗两侧部位周围;

③ A 柱到车门周围的凸凹;

④ C 柱的锥度;

⑤ 底板下部的整形程度。

一般发动机罩的倾角对于水平面(以下倾角全部以水平面为基准)越大,C_D 越低。概念设计车是根据保险杠、灯光器、散热器、发动机对前下方视野的控制确定其最合适的角度。前挡风玻璃在倾角小时能降低 C_D,但随着倾角的减小,顶盖前端与 A 柱接近,上、下车方便性变坏;同时前挡风玻璃倾角小时,造成二重像及像的歪斜,使视认性变坏。确定前挡风玻璃的倾斜角时,要保证其视认性。

空气动力特性与车身基本外形有很大关联。最佳气动外形设计的原则是:为使沿车身表面的气流不分离,车身表面外形不发生急骤变化,表面外形变化处应平滑过渡,从车身前端至后端外形曲线连续。A柱处气流的流动很重要,应在可能限度内保证前风窗两侧玻璃用相同的曲率,保持气流从前窗向侧窗流动的连续性;A、B、C柱尽量配置在玻璃内侧,保证车身表面的平滑化;车身尾部外形应使气流不产生分离,尽量减小尾涡,尾涡应尽量远离车身;避免车身上下左右的气流混合而产生涡流,车身下部应整流;车身外饰件、侧面均应保证气流流畅,不产生气流分离;轮胎应有适当宽度等。

未来轿车的造型,应该在尽可能的范围内保证乘员的舒适性和安全性,车室宽敞,视野开阔,同时造型应具有良好的空气动力特性,以达到快速、节能和安全的效果。

4.3 汽车内流场特性分析

4.3.1 发动机冷却系统分析

汽车发动机冷却系统的气动阻力是汽车内流阻力的主要成分,发动机冷却系统由散热器、散热风扇、水泵、冷却水套和温度调节装置等组成,见图4-12。

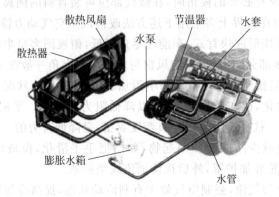

图4-12 发动机冷却系统的组成

1. 发动机室内的温度分布

在30℃的环境温度下,车辆以60km/h车速在坡路上爬行约30min,其发动机室内的温度分布如图4-13(a)所示。由图可见,发动机的调节阀、排气管等热源部位的温度比周围的温度高100~110℃。

在上述行驶之后,发动机怠速状态约20min(发动机空转,散热器风扇回转),其发动机室内温度分布如图4-13(b)所示。在此状态下,发热源的温度降低约10℃,而发动机室内各处温度处于均衡状态。

在上述各状态下,由散热器格栅流入的气流在发动机室内的流动模式如图4-14(a)、(b)所示。

图4-14(a)为上述第一种状态(60km/h车速行驶),由图可见,行驶风压使得发动机室内的气流出现较小的紊流,气流由前方向后方流动,发动机放出的热量不仅扩散至发动机室,同时从发动机室的后方向车外放出。

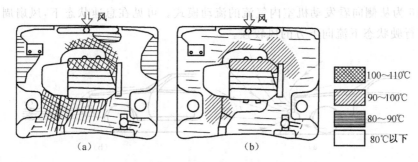

图 4-13　发动机室内的温度分布

(a) 在 30℃环境温度下,汽车以 60km/h 车速爬坡行驶约 30min 后发动机室内温度分布；
(b) 上述行驶后,汽车急速约 20min 后的发动机室内温度分布

图 4-14(b)为急速状态下气流的流动模式。由格栅流入的冷却风使风扇受到很强的影响形成不断扩散的诱起风,发动机放出的热量扩散到发动机室内,发动机室内各处温度达均衡状态。

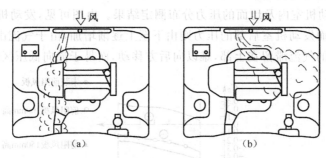

图 4-14　发动机室内气流流动模式图
(a) 以 60km/h 车速爬坡行驶中；(b) 汽车处于急速状态

上述分析表明：发动机室内的温度分布与发动机室内的气流流态密切相关。

2. 发动机室外和室内的气流流态

图 4-15(a)、(b)为急速状态和行驶状态下,散热器周围的气流流态。由图可见,在急速状态下,气流由格栅的上、下、左、右以及各个角度流入发动机室内；而行驶状态下,气流容易从保险杠下方流入发动机室内。

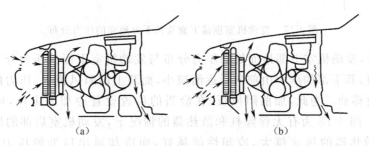

图 4-15　散热器周围的气流流态
(a) 急速状态；(b) 行驶状态

图 4-16 为从侧向看发动机室内气流的流动模式。可见在急速状态下,风扇周围的风量均等,而在行驶状态下流向下方的风较强。

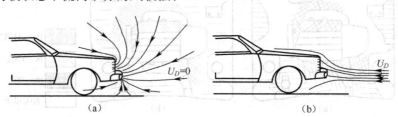

图 4-16　流入发动机室内气流流动模式
(a) 急速状态；(b) 行驶状态

3. 发动机室内的压力分布

由于发动机室内的风速、温度状态是随时间变化的,使用一般的热线风速仪不能满足测试要求,故一般用压力计测定。

图 4-17 为发动机室内及地面的压力分布测定结果。由图可见,发动机室上部的压力由前向后逐渐增加,而发动机室后部的压力则由下至上逐渐增加,由于气流由高压区流向低压区,发动机室上部的气流滞留在上部,难以向后方移动,而易于流向低压区的下方。

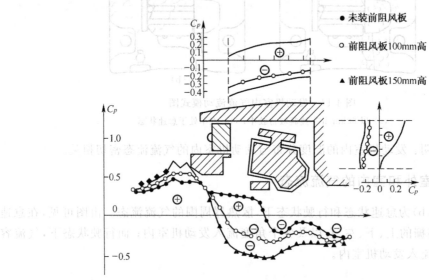

图 4-17　发动机室顶盖下面及其下方地面的压力分布

定性地看,发动机室下部地面处的压力分布与发动机室下面的压力分布相同。当未装前挡风板时,其下部的压力由前向后逐渐减小,而装上前阻风板后,压力的最小位置向前阻风板附近移动。为此,加前阻风板,在恰当的位置设置冷却风出口,可产生增大冷却风的效果。图 4-18 为有无保险杠和散热器的情况下,发动机室后部的压力分布测定结果。流入散热器的风速越大,冷却性能越好,而冷却风出口处的压力越小,风速则越大。

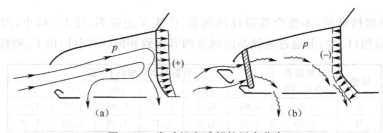

图 4-18　发动机室后部的压力分布
(a) 不装发动机、散热器；(b) 不装发动机

4. 发动机的冷却气流与空气动力特性的关系

流入发动机室的气流一般由发动机室下方排出，有时也由发动机室上方排出。如图 4-19(a)、(b) 所示，冷却风迂回撞击发动机，使发动机室受到斜下方和上方的力，这个力与路面平行的成分为内部阻力的一部分，与路面垂直的成分为内部阻力的一部分，而冷却风排除后与车身周围气流发生干涉时，也产生阻力（对于最近新问世的低阻轿车，发动机冷却风从侧方排除的情况，另行讨论）。

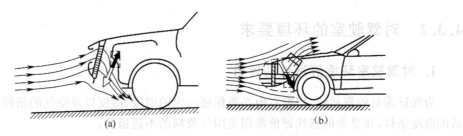

图 4-19　发动机冷却风排出的流态模式
(a) 下方排出；(b) 上方排出

上述分析表明，在任何情况下，冷却风都将引起内部阻力增加。而升力则不同，当冷却气流从下方排出时，升力增加；从上方排出时，升力减小。图 4-20 为不同形式散热器格栅的 C_D 值。图 4-21(a) 为装备图 4-20 散热器格栅 A 时的流动模式图，图 4-20(b) 为装备图 4-20 散热器格栅 B 时的流动模式图。图 4-21(a) 虽然装了 C_D 小的散热器格栅，但冷却

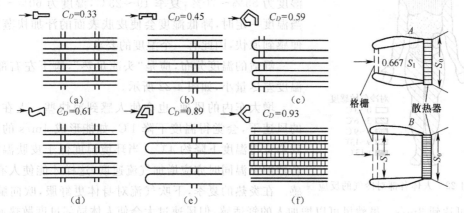

图 4-20　冷却系单体散热器格栅及系统的 C_D 值

气流通过散热器格栅后,不能全部通过散热器,产生了逆流涡,使 C_D 减小,因此虽然通过图(a)的风量较图(b)大,但通过散热器的风量两者大致相同,而图(b)的 C_D 则低于图(a)。

格栅	不装格栅的 C_D 值	装散热器格栅的 C_D 值					
		(a)	(b)	(c)	(d)	(e)	(f)
A	0.97	0.94	0.92	0.94	0.98	1.01	1.03
B	1.29	1.32	1.29	1.31	1.36	1.47	1.46

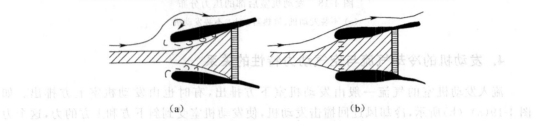

图 4-21 装不同形式散热器格栅的流动模式
(a) 装格栅 A;(b) 装格栅 B

上述表明,为降低冷却系的阻力系数,除了选择冷却系部件,同时应进行全系统的试验。

4.3.2 对驾驶室的环境要求

1. 对驾驶室环境舒适性的评价

为保证乘员的舒适性,驾驶室内必须保证一定的温度、湿度以及空气的新鲜度。对于舒适的温度条件,在夏季的感性评价常用美国气象局的不适指数:

$$不适指数=(气温+湿球温度)\times 0.42+40.6$$

该指数若超过 80,则对大多数人来说是不舒适的。从生理观点上看,所谓"不适酷热",就是意味着维持 36℃ 体温的多余热量不能充分散发。不适酷热将导致人的自主神经失调,使判断和操作机能迟钝,如果人在这种状态下驾驶汽车,则会使事故概率显著提高。

关于舒适温度的范围,英国标准是冬季为 19~21℃,夏季为 21~22℃;日本标准是冬季舒适温度为 16~20℃,湿度为 55%~70%,夏季 19~23℃,湿度为 60%~75%。当温度一定时,降低湿度会使皮肤表面的汗加快蒸发,人便感到凉快,因此有一个湿度的要求。

舒适的温度分布,应是"头凉足热",脚下左右部位的温度差尽量小,如图 4-22 所示。

增大车内的风速,也会使人感到凉快些。人在 1m/s 的风速下,会觉得温度下降 1℃,如能形成 4m/s 的风,人就会觉得温度下降约 4℃。当环境温度低于皮肤温度时,若增加室温同时亦应增加气流速度,这样才能使人有舒适感。在炎热的夏季,下吹气流对身体更舒服,吹向脑部的

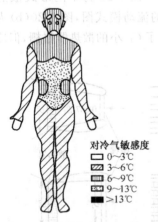

图 4-22 人体各部对冷气的反应

气流可达到 3m/s。虽然风可以增加人的舒适感,但风速过大会使人体局部过度散热而感到难受,因此最好是使大风量冷却流遍及全身,而尽量减低风速。不要让风直吹头部和喉部以

及面部和眼部，头部气流应比脚部气流低7℃，如图4-23所示。

人体吸入的氧气将有80%转变为二氧化碳而排出，如果车内换气不良，就会使二氧化碳的浓度上升。二氧化碳的容许浓度极限规定为其体积分数是0.5%，但希望它经常保持在0.1%以下，为此必须保证每个乘员有$0.3\sim0.5m^3/min$的换气量。而吸烟时，二氧化碳的含量还要增加，因此换气量应比不吸烟时还要增加20%。

图4-23 气流吹向身体的部位

2. 保障驾驶室环境舒适性的措施

1) 隔热层及空调系统

汽车车内的热源主要是发动机，为防止发动机室的热辐射及传递，驾驶室内应有较好的隔热层。

夏季的阳光会使车顶和车壁发烫导致车内温度升高。如果前挡风玻璃过于倾斜，阳光也易直射车内，为此大部分汽车的车顶和车壁都有装饰层和隔热层，舒适性要求高一些的汽车都装有空调系统。

2) 设计良好的自然通风系统

设计良好的自然通风系统，对于不装人工空调系统的汽车来说更为重要，其设计依据是试验。汽车的散热、通风和空调试验通常都要在气候风洞或气候空调室内进行，这样就可模拟温度、湿度和阳光等自然环境。在普通的风洞中，可进行一般的通风试验，因为模型很难模拟汽车的真实结构，这种试验通常都用实车来进行。在典型的车速下，可以测定汽车的进气量和出气量，掌握车内的换气情况。同时还可测定车内的风速和风向，根据各处的风速和风向数据，绘制车内的流态图，从而分析进出气口的布置是否合理以及车内的气流状态。为了使车内形成流畅的风路和达到一定的换气量，一般在车壁上开有出气口。图4-24是NJ-131车驾驶室风路图。

图4-24 NJ-131车驾驶室内风路

一般轿车的进风口设在发动机罩后部，出风口设在后窗柱下部。货车的进风口一般设在前围上部，出风口设在后围中部或后门柱侧面。大客车的进风口常设在前围和前风窗上部及在车顶开设天窗，而出风口设在后窗柱上，如图4-25所示。

通过压力分布试验，选定车身通风进出口的位置及确定通风量。对于流线型车身，在后柱和车顶后端会出现大的负压力。流线化程度较低的车辆，在后窗下方会出现大的负压力。由于汽车驾驶室内的气压是随室内取暖通风装置、车门以及车窗四周密封状态的不同而变化的，在考虑进出位置、大小、风量时应分别对每一车型进行具体分析。车窗的开闭对车内通风有很大影响，对不装空调系统的汽车，应综合考虑各种因素进行通风系统的设计。

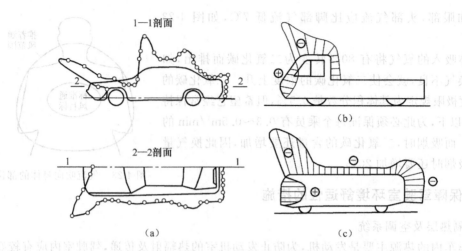

图 4-25 进、出风口设置
(a) 轿车进、出风口；(b) 货车进、出风口；(c) 客车进、出风口

4.3.3 汽车空调的特点

（1）驾驶室容积小、乘员多，提供给每个乘员的自由空间小，为了保证空气的清洁度，必须能提供大的换气量。

（2）驾驶室玻璃占据驾驶室壁的比例大，所以外界环境和太阳辐射、外界辐射对驾驶室内的空气环境影响大。驾驶室内壁及内饰部分都与外界环境温度接近，为了实现驾驶室的冬暖夏凉，汽车空调克服外界辐射热所占比例大于建筑空调。

（3）汽车空调的运转受制于汽车工况（行驶与驻车），因此要求空调中的暖气、冷气装置在汽车低速和急速时的放热量和制冷量能满足一定的使用要求。

（4）汽车空调要满足低温和冬季时汽车挡风玻璃和除霜、除雾要求。

（5）汽车空调设备要适应地域宽广、多种气象、汽车发动机转速的变化，并能保证振动条件、噪声条件下的舒适性、耐久性和可靠性。

（6）要求小型化、轻量化，减少汽车发动机的动力消耗，从最大负荷到部分负荷的控制要方便和易于实现。上述特点受限于汽车特性和载荷情况。

4.4 提高汽车空气动力特性的措施

确定汽车车身造型有三个基本要素，即机械工程学、人体工程学和空气动力学。

对空气动力学的主要要求有两个：①减小气动阻力（与最高车速、加速性能和燃油经济性相关联）；②减小气动升力和受横向风影响的不稳定性。

随着公路条件改善和车速的不断提高，减小气动阻力与升力，提高汽车的动力性、经济性以及保证汽车的可靠性与行驶稳定性，一直是各国汽车制造商和研发人员所追求的目标。

4.4.1 改善轿车空气动力特性的措施

(1) 关注车身头部的造型。汽车头部造型时,对于轿车应使头部尽量低矮,且在俯视图中呈半圆形,如图 4-26 所示。

(2) 注意车身表面各部件交接的过渡。如头部与前风窗下缘的交接处、前风窗顶部与顶盖的交接处等过渡应圆滑,防止气流分离而产生涡漩,以达到降低空气阻力系数的目的。

(3) 精心设计前风窗 A 柱及流水槽等。前挡风玻璃与侧面交接处的前风窗立柱(A 柱),因其正好位于前方来流向两侧流动的拐角处,产生气流分离,使阻力增加,因而要精心设计。

(4) 注意前风窗与水平面的夹角。该角度最好为 40°±2°。试验证明,继续减小这个角度不能达到更好的效果。

图 4-26 车头部俯视图

(5) 注意车长的纵向形状。汽车的中部应呈腰鼓形,且向后逐渐收缩的形状为最好。在汽车的侧面玻璃设计时,应使其尽量接近汽车的外表面,同时装在车外的附件,如门把手、车灯等应隐入车身内。

(6) 注意沿汽车纵向的最大横截面的设计。对于小客车,沿汽车纵向的最大横截面的设计不宜过分前移,以免造成气流过早的分离。为了减小汽车车身前后间的压力差,采用一个逐渐缩小的非常长的尾部是较理想的,但这样长的尾部不可能与汽车实用情况相适应。由试验数据可知,应采用陡然割尾的形状。

(7) 汽车底部的形状设计。汽车底部最好采用整体平顺的地板,并应尽量避免零部件的凸起。

(8) 选择合适的进风口与出风口。为了减小汽车发动机冷却和车身内部通风所引起的空气阻力,应将空气引向散热器及通风系统的进风口,使其位于车身正压力较大的位置(前脸和前风窗下部),出风口最有利的位置则是负压力较大的地方(发动机罩前端、车顶和侧面后部)。汽车的前脸与前风窗下部受到较大的正压力,而负压力则是由于气流急剧转折而形成的真空度,因此其高峰出现在车身各个拐角处。

(9) 安装各种扰流板。在轿车车头下部安装扰流板,或在车身后部设置扰流板。在前部设置扰流板,目的在于减少流入底部的气流量,以免在车底不平整处产生过大的涡流强度与阻塞气流,达到减小阻力系数与升力系数的目的;在车身后部设置扰流板,目的在于推迟涡流的产生,减弱涡流的强度,并形成局部正压力,以降低气动阻力系数和升力系数。后扰流板如图 4-27 所示。

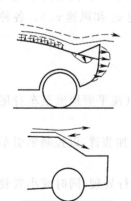

图 4-27 后扰流板设计

对于扰流板的尺寸,即高度和安装角度,还要通过风洞试验来决

图 4-28 加扰流板的车型

定。图 4-28 为加了扰流板的车型。

(10) 轿车底板形状。将轿车底板做成既有纵向翘曲，又具有横向翘曲的形状，使底部气流顺畅地流出，减轻气流阻塞，降低阻力，降低车外噪声。

(11) 注意车身的后部形状。如前所述，车身的后部形状对尾部气流有显著影响。如图 4-29 所示，快背式车身（直背式，$\phi<30°$）的气动阻力小于方背式（$\phi>30°$）。快背式后窗处在平顺的气流中，在气流冲刷下不易附着脏物，其尾流区也较小，因而气动阻力比方背式要小。用空气动力学的术语来说，就是车身从一种产生较多的气流剥离与涡流的形状，发展成产生较少的气流剥离与涡流的形状。

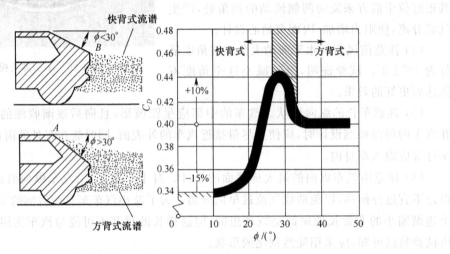

图 4-29 汽车后部形状对阻力的影响

4.4.2 改善货车空气动力特性的措施

货车的实际油耗是以气动力平均阻力系数 C_D 为基础进行估算的。C_D 值取决于侧风速度与车速的夹角 φ、合成风与汽车行驶方向的夹角（偏航角 ψ、车速 v_a 和风速 v_w）。各种类型货车 C_D 值的大致范围见表 4-3。

降低货车的 C_D 值可采取以下措施：

(1) 对于货车，装载货物尽量靠近车厢板前部。

(2) 在驾驶室顶部安装导流罩，使驾驶室涡流区减弱或消失。气流平顺地流至车身尾部，可使俯仰力矩减小。

(3) 对于牵引车拖挂挂车时，可在牵引车驾驶室上安装气动力附加装置，以控制牵引车顶部与两侧气流的流动，减少涡流产生。

(4) 在设计时，使驾驶室与车厢等宽，对驾驶室前后转角部分进行处理，同时减小驾驶室后围与车厢之间的间隙。

表 4-3　各种类型的货车的 C_D 值表

货车外形	类型(高度)/m	C_D	$C_D A/m^2$
	开式车厢	0.78	4.7
	封闭车厢(3.6)	0.59	4.9
	拖挂车(3.6)	0.76	6.3
	罐式车(3.7)	0.68	6.0

(5) 尽量缩短牵引车驾驶室和挂车(封闭车厢、货厢)的间距。如果该距离过长,则形成两个部分,气流进入间距区,使涡流加大,此时 C_D 值就会增加。试验表明,牵引车和挂车距离越接近,C_D 值越低;反之,则越高。

(6) 对具有一定高度的挂车,应尽可能地降低挂车的质心高度,并对封闭式车厢或挂车的侧面形状进行最佳化设计,以降低气动侧向力和气动力矩的大小,以免受到侧向风袭击时造成翻车。

(7) 减少车身表面的外凸件,并使车身表面平整光滑。因此,应将门把手、有关灯具等部件与车身表面齐平,不应凸出车身外表面,以减少气动阻力。

(8) 在货车前部加装合适的阻风板,以降低底部气流的速度,达到减阻的目的。

(9) 利用导流罩与隔离装置的组合使空气阻力减小,如图 4-30 所示。隔离装置可改善因侧向风引起的通过牵引车的半挂车之间的水平气流,减少半挂车前面的气流分离,且与导流罩配合使用时,可稳定导流罩气流。

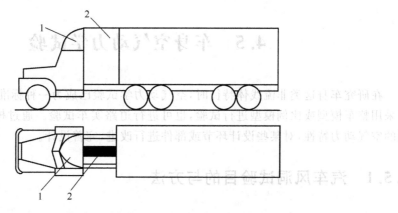

图 4-30　利用导流罩与隔离装置的组合降低牵引挂车的空气阻力
1—导流罩;2—隔离装置

4.4.3 改善大客车空气动力特性的措施

大客车的 C_D 值一般在 0.43(流线型)与 0.71(近似方形)之间。大客车的前端形状直接影响气动阻力系数 C_D 值的大小,如图 4-31 所示。

改善大客车空气动力特性的措施为:

(1) 使大客车表面光滑。

(2) 在车顶后部安装扰流板。

(3) 对大客车前端形状进行优化(包括对个转折处的圆角曲率半径、前风窗玻璃的倾角等进行优化)。

(4) 对大客车整体形状进行优化,包括整车流线型设计、客车长度和高度的优选等。

(5) 对大客车的污泥和轮胎甩起的水采取措施,以减少车轮附近的湍流并使其方向得到有效控制,图 4-32 所示即为减少车轮污泥溅起的措施。

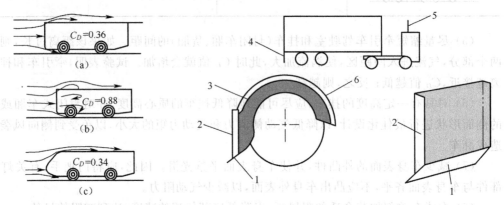

图 4-31 大客车车头边角倒圆和流线形化对 C_D 的影响
(a) 原车型;(b) 车头边角倒圆;
(c) 整个车头流线型化

图 4-32 减少飞溅的措施
1—橡胶叶片伸出部分;2—挡泥围板;3—伸延板;
4—后板;5—驾驶室固定板;6—挡泥板

4.5 车身空气动力学试验

在研究车身这类非流线体特征时,空气动力学试验已成为一种标准方法。风动测试中,可采用整车模型或比例模型进行试验,也可进行道路实车试验。通过模型试验确定设计车辆的空气动力特性,对某些设计环节或部件进行改进,完善设计。

4.5.1 汽车风洞试验目的与方法

1. 汽车风洞试验的目的

汽车风洞试验的目的在于得到准确反映汽车行驶状态时的空气动力特性数据。汽车风洞试验主要研究下述四方面问题：

(1) 研究汽车空气动力特性，包括汽车的气阻特性和操纵稳定性等，亦即通过风洞试验研究汽车的流场作用在汽车上的力和力矩。

(2) 通过对汽车表面的压力分布与流场性能的分析，研究汽车各部位的流场。例如，雨水流动的路径、污垢附着的作用原理、风噪声、车身覆盖件的颤振、挡风玻璃上的作用力及刮水器上浮等。

(3) 研究发动机冷却气流的进气和排气特性。

(4) 研究驾驶室内的通风、取暖及噪声等特性。

2. 汽车空气动力学风洞试验方法

汽车风洞试验方法的变迁，如实地反映了汽车空气动力学的进步。初期的汽车空气动力学研究，是飞机技术人员业余时间进行的，但后来由专门研究汽车的技术人员逐步进行了细致的研究。他们发现汽车空气动力学看来在某些方面较飞机难得多。飞机是在没有任何障碍物的空气流中飞行，因此，风洞试验时只要把模型吊在风洞的中央，鼓风后用天平精密地测出模型上所受的力，就可以算出气动阻力系数等数据。但汽车是在道路这一静止的平面上运动，围绕汽车的气流极其复杂，仅仅把汽车悬在航空风洞中测定几乎不可能得到正确的结论。

不过目前风洞试验方法仍被认为是较为准确的一种。全尺寸实车风洞试验段具有一个宽大的平地板，同时采取尽量减小地面边界层的措施，取消挂线式天平，改用地板下的六分力天平，且不一定像缩尺模型那样为避免地面边界层而使样车车轮离开地板一定距离（对于允许车轮旋转的地板更不能离开，否则车轮引起的升力将由正变负）。

汽车风洞试验法分为定性、定量两种类型。定性表现为流态显示法，定量分为六分力测量与压力分布测量。将定性和定量分析适当地结合在一起，才能使汽车空气动力学得到更好的研究。

风洞试验主要有以下几种测量方法和试验项目。

1) 天平测力法

天平测力法是风洞试验中最主要、最常见的方法。该方法测量空间直角坐标系中沿三个坐标轴的作用力和绕三个坐标轴的作用力矩，使用空气动力天平来测量作用在模型上的空气动力。试验时，可以对六个分量全测，也可以测一个或几个分量。

利用这种方法进行汽车最小阻力试验，方法是使风洞的风速在几米/秒至几十米/秒之间变化，以轴距为特征长度，改变雷诺数，测试纵向阻力，计算最小阻力系数。

2) 流态显示法

流态显示法是汽车空气动力学试验的主要方法之一，常用的方法有丝线法、烟流法及油膜法等，激光流态显示法是目前采用的新技术。用流态显示试验可以对汽车空气动力特性进行定性分析。

3) 流场测量法

流场测量法可以测量三种类型的参数：①测量风洞内流场的气流参数，如流速、流向、压强、湍流度和温度等；②测量风洞流场，即测量空风洞时试验段各点的流场气流参数，来判断是否符合要求；③测量模型绕流流场中气流参数的分布状况，如模型的尾流测量等。

4) 汽车性能试验

在风洞中进行的风洞试验项目：

(1) 用发烟器发烟，根据烟流的流入量测定实际车辆的冷却风量。

(2) 发动机冷却系空气动力特性试验。

(3) 刮水器上浮试验。

(4) 风噪声试验。

5) 驾驶室通风、换气试验

通过流态显示确定空气流的入口、出口位置、大小及气流特性，检查气流的成分。

6) 空调试验

进行驾驶室内的气温、湿度等调节的试验。

7) 环境试验

在风洞中再现风、气温、湿度、日光照射、雨、雪等自然条件，为开发在自然环境下舒适、安全无公害的高性能汽车提供依据。

8) 其他试验

(1) 热害试验：对被汽车发动机等热源导热的零、部件进行试验。

(2) 气密试验：进行驾驶室除通风换气外的内部空气的泄出试验。

(3) 车窗玻璃振动试验：对由于空气振动而引起的车窗玻璃振动状况进行试验。

(4) 车身板件的振动试验：因气流分离引起车身外板振动的试验。

在风洞试验中，除了要定量地测出气动力和力矩(及风压中心)，而且还要了解汽车周围的流谱。常用的办法是从风洞中吹出细长的烟，图4-33为奥迪的风洞试验。必要时还可在车身上贴上细丝或涂上油膜，以显示表面流态。风速、风向特别是压力的测量，也属风洞试验的重要内容。汽车表面压力分布不仅是研究汽车气动特性的重要资料，而且也可作为测量阻力和升力的辅助手段。通常的做法是在车身或模型表面布置一定数量的测压孔并接上压力传感器，测量各部局部的静压。车身周围气流的流速矢量和压力则可通过移动测压排管等来测量，这对深入了解外流态和尾涡生成、发展和衰减的规律极有帮助。

图 4-33 奥迪风洞试验

4.5.2 汽车风洞的结构形式

汽车风洞的基本结构形式有两种：开式回路风洞和闭式回路风洞。开式又称直流式，它直接从大气中吸进空气,然后再排到大气中去。

开式风洞要求风扇电机提供全部所需功率;而闭式风洞空气流的一部分动能得到回收,风扇电机只需补充回路中损失掉的那部分能量,因此风洞效率较高。风洞效率即收缩段出口功率与风扇功率之比:

$$\eta = \left(\frac{1}{2}\rho V^3 A\right)\bigg/P \tag{4-18}$$

式中,A 为收缩段出口面积;V 为出口风速;P 为风扇功率。

闭式风洞的 η 值常可大于 1。此外,与开式相比闭式风洞还有不受外界环境和气候影响等优点。但由于建造这种风洞投资巨大且需要对循环空气进行冷却而又使总的风洞效率有所下降,因此造价相对较低且气流无须冷却的开式汽车风洞仍有不少的应用。

开式风洞一般由进气口、稳定段、收缩段、试验段、扩散段、风扇及其驱动装置和排气口等组成。闭式风洞则由稳定段、收缩段、试验段、回流道、扩散段、拐角导流片、换气装置、风扇及其驱动装置和气流冷却装置等组成。

稳定段由蜂窝器、阻尼网构成。其作用是衰减涡流,提高气流品质。

收缩段是一截面积逐渐缩小的通道。其作用是使气流加速。气流沿收缩段流动时,洞壁上下不出现气流分离,阻止旋转,消除涡流,保证出口的气流均匀、平直且稳定。

扩散段是一截面积逐渐扩大的通道。其作用是使气流减速,以减小流动的能耗。

试验段是风洞的核心部位,试验对象、模拟实际适用条件的一些装置、测量仪器及其传感部分和观察控制室都设置在这里。试验段的尺寸由车辆迎风面积和风洞送风横断面面积的关系(通常为固定比例关系,称为"堵塞比")决定。为了尽可能减小堵塞效应,堵塞比应小于 0.07,因而致使风洞试验费用极高。在汽车工业应用中,通过调整相应的送风横断面来尽量减小车用风洞的尺寸,以降低试验成本。试验段也可以分为开式、闭式、半开式等类型,如图 4-34 所示。闭式试验段是完全封闭的,通常直流式风洞的试验段只能做成闭式。直流式风洞如图 4-35 所示。

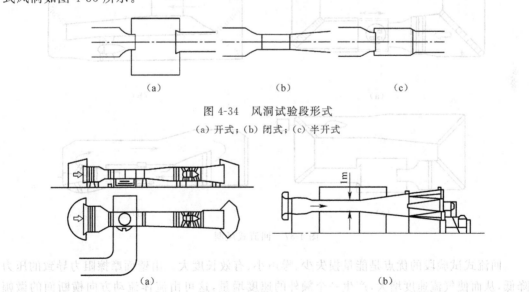

图 4-34 风洞试验段形式
(a) 开式;(b) 闭式;(c) 半开式

图 4-35 直流式风洞

直流式风洞其真正的优点在于非常有效地采用了无回风道和无冷却装置设计。由于直接从大气中吸入空气,经过试验段后又排入大气,所以试验段内的流体状态受风和周围环境温度的影响,致使这种风洞的应用仅局限于欧洲。直流式风洞的缺点是:由于会受周围的高噪声污染和吹入空气的污染,以及风雪等自然现象的影响,因而需要安装附加的过滤系统;由于动能很大的气流直接排入大气中,所以送风装置的功率也很大;试验段、喷管和送风装置等部件影响了风洞的性能。

直流式试验段中通常在上壁和侧壁开口,其优点在于流体运动方向上的压力基本保持恒定。可以保证测量精度和较小的堵塞效应。缺点是有效长度小、损失系数高、声音辐射无阻碍。当做人工气候风洞时,由于送风的延伸需要大的捕捉喇叭,对围绕试验段空间的空气条件要求苛刻。直流型风洞一般设置自然风消除装置,如图 4-36 所示。

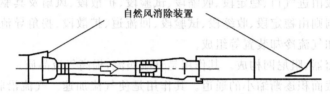

图 4-36 直流式风洞的自然风消除装置

回流式风洞可以采用半开式或闭式试验段。在闭式试验段中,气流与洞壁四周接触,而在开式试验段中气流则与大量的静态空气接触。因此对截面尺寸相同的试验段而言,开式试验段能够比较好地模拟试验汽车周围的流场,从而获得较为准确的试验结果。但在相同的试验风速下,开式试验段的风洞所需功率较大。回流式风洞如图 4-37 所示。

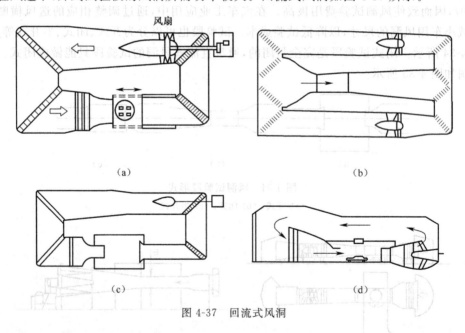

图 4-37 回流式风洞

回流式试验段的优点是能量损失少、噪声小、有效长度大。由壁面摩擦阻力导致的压力降低,从而使气流速度增大,产生一个额外的速度增量,这可由流体流动方向横断面的微幅减小来补偿。然而,即使对简单的洞壁样式,也需要大量的测量来校正。因此,这也促使了流线型试验段的开发设计。对于回流式风洞,还有冷却装置、换气装置、拐角导直片等。

汽车风洞试验并不需要很高的风速,一般大约在 10m/s 时,就可使雷诺数达到 $2\times10^6\sim 3\times10^6$ 的水平。试验通常在 20～30m/s 的风速下进行,这时各种气动力和力矩足够大,便于测量,减小了产生较大测量误差的可能性。

多数汽车风洞试验段的有效横截面积(约等于收缩段出口面积)在 10～30m²,因此风扇功率多在数百至数千千瓦,若要求能在最大风速下做低温试验,空气冷却功率就必须大于风扇功率。图 4-38 为丰田公司的实物风洞,图 4-39 为 GM 的实车风洞。

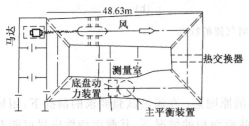

图 4-38 丰田公司的实物风洞

图 4-39 GM 的实车风洞

为了能消除"洞壁阻塞效应"的干扰影响、尽量准确地模拟在自由大气中路面车辆的实际情况,要求试验段有效面积尽量大,或准确地说,需要其"阻塞比"尽量低。具有闭式试验段的实车风洞通常要求阻塞比<13%,对开式试验段还可稍放宽一点。阻塞比可认为是试验汽车最大横截面积 S 与风洞收缩段出口(喷口)面积 A 之比。当阻塞比≥5%时,需要考虑阻塞效应引起实际来流速度下降、动压损失、试验对象所受气动力上升、C_x 等气动力系数测值偏高等的影响,对试验数据进行洞壁干扰修正。虽然现在还没有一个适于各种风洞、可以准确彻底修正洞壁干扰的理想修正公式,但也有一些公式可供选择。例如较为简单且常用的"面积比例修正法",其修正系数为

$$\varepsilon = (1-S/A)^2 \qquad (4-19)$$

用它乘以修正前的各气动力系数即可。现简单说明其推导过程如下:在有洞壁阻塞时实际来流速度 V_∞ 下的喷口流量,应等于无洞壁阻塞时某速度 V_c 下的试验段绕流流量,即 $V_\infty A = V_c(A-S)$,故有 $V_\infty = V_c(1-S/A)$。

无洞壁阻塞时的来流动压为:$q_\infty = \rho V_c^2/2 = \rho V_\infty^2/(1-S/A)^2/2$,对应的风阻系数:$C_x = X_a/q_\infty S = 2(1-S/A)^2 X_a/\rho V_\infty^2 S = \varepsilon C_{x0}$。
其中,C_{x0} 为修正前实测的风阻系数。

除面积比例修正法外,压力标定法、Maskell 修正公式、Bettes/Kelly 修正公式等也可选用。

另外,由于风洞所需的风扇功率、风洞的总体尺寸和造价都与收缩段出口面积 A 密切相关,因此有必要在建设整车风洞前仔细选择收缩段出口的截面形状,使得能以较高的阻塞比获得所要求的模拟精度,同时工程造价也合理。试验段的形式选择同样重要,闭式试验段虽然动能损失较小,但在保证同样模拟精度条件下,通常却要求更大的喷口面积。

4.5.3 汽车风洞的特点

汽车行驶时,周围气流的特点是:一部分气流要流过车身底部和路面之间;另外,不同

外形的汽车,尾流结构有很大的区别,如图 4-40 所示。因此,汽车的截面气动外形、试验段参数选择及地面效应模拟技术等方面需要着重考虑。

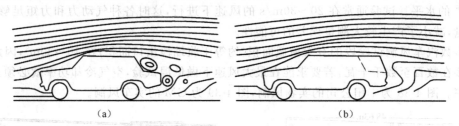

图 4-40　汽车行驶时气流的特点

1. 试验段截面气动外形的选择

对于汽车风洞,其选择试验段截面气动外形的原则是:在满足试验要求的前提下,用最小的截面面积来减小鼓风机驱动功率;在给定截面面积的情况下,其截面特性应尽可能有利于符合汽车的绕流特性。几种可供选择的风洞试验段截面形状如图 4-41 所示。

在图 4-41 中,截面 A 是航空风洞常用的截面形状,为对称的切角矩形;截面 B 为半圆形;截面 C 为非对称切角矩形。截面 C 是参照汽车横截面的轮廓线按比例放大的,且截面面积与截面 B 的截面面积相等。这三种截面中,B 与 C 截面形状适合于汽车风洞。

2. 试验段几何参数的确定

1) 截面的高宽比

考虑到实壁边界对汽车模型试验的影响,以 $B_r/H_r=1/3$ 作为实壁试验段中参数选择的依据($B_r=B_L/B_0$,B_L 为垂直风洞中心线测得的模型水平反向的最大宽度,B_0 为试验段两侧壁间距;$H_r=H_L/H_0$,H_L 为模型最高点距地板的距离,H_0 为地板与风洞顶壁间的距离,见图 4-42)。

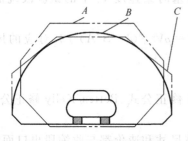 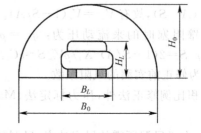

图 4-41　试验段的截面形状　　　图 4-42　试验段的截面尺寸

2) 试验段长度

进行风洞试验时,试验模型应该放在地板上,该地板应该带有边界层控制装置。地板的长度应该满足模型及前方流动的均匀流场和边界层控制装置总共需要的长度。在模型的下游,还应留出足够的长度,使尾流获得充分的发展,这对于提高风洞运转效率也很有利。

3) 非对称切角尺寸

汽车风洞多采用沿轴向呈线性变化的切角填块来消除洞壁边界层位移厚度对流场轴向

压力梯度的影响。入口截面切角高度和出口截面下切角高度是固定的,出口截面上切角高度是可调的。

4）试验地板在试验段中的垂直位置

选择试验地板在试验段中的垂直位置的原则是：有用试验截面面积应尽可能大,以减弱顶壁的干扰；地板下部流动阻力应减小至最小,以防止地板前缘弯曲。

3. 模型在试验段中的支撑方式

对于固定地板式汽车风洞,试验模型通过4个车轮固定在地板转盘的支撑构件上,见图4-43。

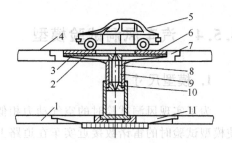

图 4-43　汽车模型的安装
1—风洞下洞壁；2—模型四支柱；3—H 梁；
4—地板；5—汽车模型；6—偏心转盘；7—地板转盘；8—杆式应变六分量天平；9—天平支撑筒；10—转盘支撑筒；11—β 转盘

4. 汽车模型风洞试验与全尺寸风洞试验的差异

模型风洞试验与全尺寸模型及实车的流场的差异在于：
(1) 由于风洞速度的限制,雷诺数不能与全尺寸的风洞试验相等。
(2) 地板边界层对于模型尺寸的相对厚度的差异,对试验结果产生影响。
(3) 相对于模型尺寸的湍流模拟比例,对试验结果产生影响。
(4) 给定尺寸下的马赫数,对试验结果产生影响。

5. 地面效应模拟

汽车整车模型气流特性与汽车车身底部的速度特性密切相关。地面效应模拟的核心是通过对地板的合理设计,尽可能真实地复现汽车底部气流的速度分布特性。试验车在地板上游面和下游面的长度会影响到风洞中所模拟的气流流场。如果地板前缘离模型太近,洞内气流的分离将影响模型前部流场。如果地板不能延伸到足够远的下游,则可能造成风洞下游扩散段使尾迹的发展过早地中断,造成对模型背部压力的影响。目前地面效应模拟的主要方法有移动带传动法、固定地板法和边界层吸除法等,见图4-44。

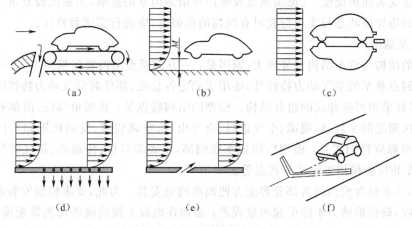

图 4-44　地面效应模拟方法
(a) 移动带传动法；(b) 固定地板法；(c) 镜像法；(d) 边界层吸除法；(e) 边界层吹除法；(f) 扰流法

4.5.4 汽车风洞试验模型

1. 模型尺寸

为了实现风洞试验时的空气动力相似,应保证试验雷诺数与实际雷诺数相同。而为了使模型试验时的雷诺数接近实车在道路上行驶状态下的雷诺数,模型尺寸应尽量大。但是模型尺寸的增大又受风洞试验段空间的限制,因为模型太靠近洞壁,将加剧洞壁的影响,且难以修正,从而影响试验的准确性。为此,对风洞试验模型尺寸提出如下限定:当模型横摆角为 0°时,其正面投影面积不得超过实际试验段截面(地板以上)面积的 5%,高度不得超过试验段高度的 30%,在其最大横摆角位置时,前视投影宽度不得超过试验段宽度的 30%。

根据选用的风洞试验段尺寸,风洞试验模型采用 3:8、1:5、1:4、1:10、1:1 等比例。

2. 模型的外形和结构

1) 外形模型

为了保证模型试验的流场与汽车行驶时的流场相近,必须保证模型与实车几何相近。根据模型尺寸与实车尺寸之间的比例关系,能够把模型的外部尺寸确定下来。对于进气口、驾驶室内流及边界层等,还不能用简单的几何相似来模拟,而应采用特殊的模拟方法进行模拟。

(1) 进气口与驾驶室内流的模拟。汽车行驶时,气流的一部分从前风窗底部进入驾驶室,然后从出口排出,其余气流都均匀地从外表面绕过(分车身上、下两部分),通常不发生气流分离。进行风洞试验时,一般不模拟内流,把进、出气口处产生分离,使绕模型的流谱与实际流谱不一样。为此,在进气口前边加装一个半球体或流线型旋转体,既消除了气流分离,又使两个绕流流谱较相似。在计算实车的气动阻力系数时,必须加进这部分的气动阻力系数。

(2) 边界层的模拟。由于模型试验时的边界层状态与实车行驶时的相似程度低,会影响试验结果的准确性,尤其是最小阻力系数和最大升力系数将产生较大的偏差。另外,模型上的边界层受表面粗糙度、气流湍流度及噪声等诸多因素的影响,关系比较复杂。为了使模型试验时的边界层状态与实车行驶时有较高的相似度,应进行雷诺数修正。

2) 模型结构

模型的结构与汽车结构差异较大,原因是:一方面模型结构要尽量简单,另一方面模型除了用于测点整车的空气动力特性外,还用于测定各总成、部件对空气动力特性的影响。因此,模型最好采用可拆卸式的组合结构。模型的结构特点是:其拐角部位、前部和后部以及处于分离区附近的车灯、后视镜、空气进口、空气出口、空调装置、发动机罩和车门缝部位等细部的造型都应特别注意;模型应模拟车底细部,车底部后桥、传动系、排气管等的凹凸应能再现;车轮应能模拟可转动的状态等。

另外,要求组合模型的各部分都能方便而准确地安装。为此,要求模型安装系统必须有足够的刚度,确保偏转力不能引起测量误差;必须在地板上按精确的比例装配模型,使模型呈现原型的姿态;安装时,模型与地板以及支架与地板都不得发生干涉,建议使用犯规警告器;模型连接在气动力天平上时,不得产生太大的气流干扰,修正量不允许过大;轮胎与地板的干扰,应该通过轮胎与地板间的间隙模拟或将轮胎悬起予以消除。

3. 模型的制造材料与加工

风洞试验模型大多使用核桃木、楠木及红松等优质木材制造,对于小而薄的结构,铝等金属材料可以适用。在进行汽车风洞试验时,上述优质木材可以满足模型上的载荷强度要求,考虑到木材易于加工,便于局部修改,所以优质木材是较理想制造模型的材料。但是也存在缺点,比如易变形,因此,应该在加工前对木材进行干燥处理,并且最好把木材加工成边长 10~30mm 的方案,然后用黏结剂把方条粘合在一起作为毛坯。

由于汽车外形大部分是曲面,制造的模型必须用标准样板检验其外形。各部位的样板应视模型外形的具体情况来定,曲率变化较大的部位应多设几块样板。模型的外形尺寸应控制在允许的偏差范围之内,特别是模型外形转角处的圆弧,应严格控制。

4.5.5 汽车风洞试验的准则与规范

1. 足够的均匀流场

风洞应产生足够的均匀流场,均匀的风速分布、流向分布、低湍流度和模拟路面的薄的边界层厚度都应该考虑在内。

2. 几何形状相似

试验模型应与实车几何形状相似,模型既要保证几何尺寸的精度,又要具有一定的刚度。模型尺寸应按比例缩小,确保要有足够精确的细部模拟,以保证各个重要的局部流场的真实模拟。

3. 雷诺数模拟

雷诺数主要影响模型表面的边界层状态,即影响边界层的层流、湍流的位置以及分离点的位置,从而影响模型的最小气动阻力系数以及最大升力系数。所以,试验时的雷诺数应该尽量接近实车行驶时的雷诺数。

利用模型风洞可以完成部分汽车空气动力学试验,是基于下述相似件原理:如果一个与全尺寸实物几何相似的模型,在与实物试验具有相同的雷诺数和马赫数及边界条件的情况下,流态与实物将完全相似(动力相似),它所受到的各种气动力与实物上的成一定的比例。雷诺数表征流动中惯性力与黏性力的比值,马赫数是介质流速和介质中的声速之比,表征惯性力与弹性力之比。现在利用量纲分析方法简单说明。

惯性力相当于使某一"有效"容积的空气产生一恒加速度的结果。令有效空气容积为 V,l 是物体的特征长度,ρ 是与物体形状有关的常数。那么可以写出

$$惯性力 = \rho l^3 V/t \tag{4-20}$$

式中,ρ 为空气密度;V 为物体速度;t 为时间。用 l/V 代替 t,有

$$惯性力 = \frac{\rho l^3 V}{l/V} = \rho l^2 V^2 \tag{4-21}$$

黏性力，按其定义可写为

$$黏性力 = \mu V l$$

因此

$$雷诺数 = \left[\frac{惯性力}{黏性力}\right] = \frac{\rho V l}{\mu} \tag{4-22}$$

根据定义，气体的容积弹性模数是产生一个单位容积变化所需要的应力，用符号 E 代表，单位是力/长度²，如 N/m^2。故

$$弹性力 = E l^2 \tag{4-23}$$

而空气中的声速 $a \approx 332 m/s$，与弹性模数之间的关系可表示为

$$E = \rho a^2 \tag{4-24}$$

因此

$$弹性力 = \rho a^2 l^2 \tag{4-25}$$

$$马赫数 = \left[\frac{惯性力}{黏性力}\right]^{1/2} = \frac{V}{a} \tag{4-26}$$

在缩尺模型风洞试验中，为保证雷诺数相当于实物条件，由于 l 缩小了，例如 1:5 模型，V 需要提高，例如提高 5 倍。这样不仅实现较为困难，还会导致马赫数相应提高 5 倍，难以完全满足相似条件。此外，边界条件的相似性也不易满足，例如对于汽车模型，由于离地间隙可能过小，模型底面将完全浸没在地面边界层。加之其他各种因素的影响，模型风洞试验结果的误差较大，有时甚至可达 40%。所以最好用原型在整个风洞中进行试验。

除了特种车外，雷诺数与气动阻力系数的关系以及车速与雷诺数的关系几乎不变。图 4-45 为雷诺数对气动阻力系数的影响。由图可见，当 $5 \times 10^6 < Re < 1.5 \times 10^7$ 时，雷诺数处于准自模拟状态。在此范围内，气动阻力系数不随雷诺数改变，故可满足风洞试验的要求。

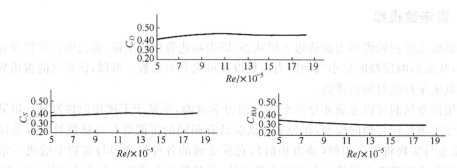

图 4-45 雷诺数对气动阻力系数的影响

4. 尽量排除试验中支架和洞壁的干扰

为了限制风洞洞壁的干扰，一般汽车模型在其横摆角 $\beta = 0°$ 时的正面投影面积不超过试验段横截面积的 5%，高度不超过试验段高度的 30%，汽车模型在其位于最大横摆角时的前视投影宽度不超过试验段宽度的 30%，正投影面积不超过风洞试验段横截面积的 5%。

5. 风洞流场的动态校准

对空风洞进行流场的动态校准是在试验模型放入风洞之前需要做的事情。在风洞地板上将要放置模型的位置测量试验段横截面的湍流度、地板上的静态压强、轴向静压梯度、横向气流偏角、纵向气流偏角、气流均匀性等流场特性以及放置模型前缘位置的地板边界层厚度。

习 题

1. 汽车行驶时所受的空气阻力有哪五个部分？产生的原因是什么？
2. 简述降低汽车行驶阻力的措施。
3. 汽车前部改进空气动力性的方法有哪些？
4. 后扰流器有哪些空气动力学方面的作用？
5. 楔形造型有哪些空气动力学方面的优点？

第 5 章

汽车车身的结构分析与设计

5.1 汽车车身的组成与结构类型

汽车不仅要保证行驶的安全性,还应为驾驶员提供良好的工作环境,操作轻巧、方便,给乘员提供舒适的乘坐条件,使其免受振动、噪声、废气及恶劣气候的影响。因此,设计车身结构时,除了应保证其足够的强度和刚度,以保证运行中的可靠性,还应要求车身布置合理、空气动力性能良好、造型美观,同时应具有良好的工艺性能、密封性能及隔声、隔振、防撞、防腐蚀等功能。此外,车身还应有助于提高汽车行驶稳定性和改善发动机的冷却条件,并保证车身内部良好的通风。车身轻量化也已成为现代轿车车身结构研究的重要课题。

由于汽车使用功能的多样性,决定了不同汽车车身结构有其自身的特点。本节主要研究轿车车身结构。

5.1.1 轿车车身的组成

轿车车身由白车身、内外装饰件及电气附件等组成。车身结构主要指白车身结构。白车身通常指已经装焊好的车身壳体,主要包括车身结构焊接总成和车身闭合件焊接总成。车身结构件和覆盖件焊接(或铆接)在一起便成为车身结构焊接总成。该焊接总成可划分为地板、顶盖、前围板、后围板、侧围板、门立柱和仪表板等分总成。车身覆盖件是指覆盖在车身结构件上的板与壳件。车门、发动机罩、行李箱盖等是闭合件。车身结构件是指支撑覆盖件的结构零件,如纵梁、横梁、门立柱、加强板等。轿车车身各零部件如图 5-1 所示。白车身结构不包括车身附属设备和装饰件。

轿车车身的壳体是由许多薄钢板冲压件,即车身覆盖件、梁或柱和适当布置的结构加强件,按照合理的布置焊接而成的。最后在车身壳体上安装车窗、发动机罩、行李厢盖、内外装饰件和各种附件便形成了车身。

汽车车身零件繁多、结构复杂,一般普通轿车白车身由 400~500 多个冲压件组成。汽车车身所受载荷复杂,要承受自重、乘员或货物重量,空气阻力,以及驱动、制动、转弯等惯性力,还要承受路面通过轮胎、悬架传来的力及力矩,还有发动机与底盘工作时通过其支承传来的力。总之,汽车车身受力复杂。

第5章 汽车车身的结构分析与设计

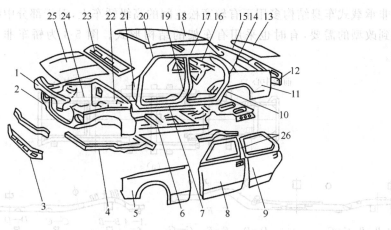

图 5-1 轿车车身各零部件

1—发动机罩前支撑板；2—散热器固定支架；3—前裙板；4—前框架；5—前翼子板；6—地板总成；7—门槛；8—前门；9—后门；10—车轮挡泥板；11—后翼子板；12—后围板；13—行李厢盖；14—后立柱(C柱)；15—后围上盖板；16—后窗台板；17—上边梁；18—顶盖；19—中立柱(B柱)；20—前立柱(A柱)；21—前围侧板；22—前围板；23—前围上盖板；24—前挡泥板；25—发动机罩；26—门窗框

5.1.2 轿车车身结构类型

根据汽车的受力情况，车身按承载方式进行分类符合结构和设计的观点。按承载形式不同，可以分为非承载式、半承载式和承载式三大类。

1. 非承载式车身(有车架式)

非承载式车身结构即带有独立完整车架的车身结构。图5-2为丰田皇冠(Crown)轿车的车架和车身结构。轿车的发动机、传动系、行驶系、转向系和其他附件等牢固地安装在车架上，车架总成与车身通过悬置装置连接，再安装上车身前钣金件，便形成了整个汽车结构。显然，载荷主要由车架承担，车身结构不承受载荷，所以车架具有很大的抗弯曲与抗扭转的强度和刚度，而车身主体是一个焊接形成的整体空间结构，具有很大的刚度，当它与车架连接起来后，能大大提高整车结构的刚性。实际上，由于车架并非绝对刚性，所以车身仍在一定程度上承受着由车架弯曲和扭转变形所引起的载荷。

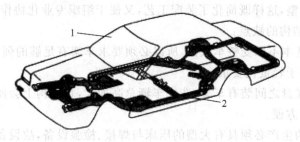

图 5-2 丰田皇冠轿车非承载式车身

1—车身；2—车架

非承载式车身结构多用于有较宽松空间的高级轿车上,对于部分中级轿车和普通轿车,考虑到改型的需要,有时也采用有车架的结构形式。图 5-3 为轿车非承载式车身的车架结构。

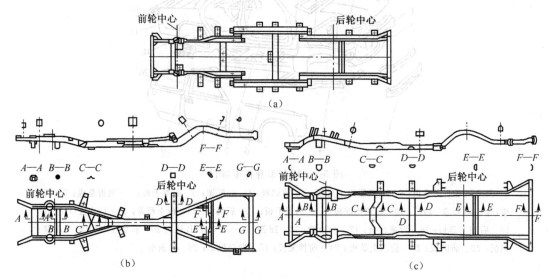

图 5-3 非承载式轿车车架
(a) 周边式车架;(b) X 形车架;(c) 梯形车架

非承载式车身结构的优点:

(1) 由于车身与车架间的弹性连接,能减缓车身振动,降低噪声,既提高了乘坐舒适性,又延长了车身使用寿命。

(2) 车架介于路面与车身之间,发动机和变速器等总成直接安装在车架上,不仅能增大车架的刚度,而且使底盘的质量增大,从而降低或减缓由路面传到车身上的各种冲击,提高车身寿命。

(3) 车辆发生碰撞时,车架产生撞击变形而吸收大部分的撞击能量,具有保护车身和乘员的作用。

(4) 由于车架是车辆承载的基础,车身承载系数小,车身改型方便,从而满足市场对各种产品的需求。

(5) 由于底盘和车身是分别作为组件先行装配的,并在最后装配之前能够单独进行检查、试验和必要的调整,这样既简化了装配工艺,又便于组织专业化协作生产。

非承载式车身结构的缺点:

(1) 由于车身基本不承受整车载荷,所以必须要求车架有足够的强度和刚度,从而导致整车质量增加,不利于轻量化要求。

(2) 因车身和底盘之间装有车架,造成车辆总高加大,且结构上会使车门门槛过高和过宽,使乘员上下车不方便。

(3) 车架纵梁的生产必须具有大型的压床与焊接、检验设备,故设备投资和基础建设费用较高。

2. 承载式车身

承载式车身是指在前、后轴之间没有起连接作用的车架,在车身上直接安装发动机、传动系各总成、悬架装置及油箱、备胎等设备,所以车身要直接承受整车自身重量以及动力系统传来的力,同时要承受行驶时从地面传来的力等,其结构如图5-4所示。其前端由两根前纵梁、前围板、两侧挡泥板、前围内侧板等形成刚性较强的敞开式框架(安装发动机的部位);车身中部由左右侧围(包括车门上框,门槛梁和前、中、后立柱等)和地板、顶盖、前围板、前风窗框、行李厢围板、后风窗框等形成的封闭式的盒型结构,即乘员舱。车身的中部主要采用点焊结构;其后端则由与后纵梁相焊接的行李厢地板及后轮内、外轮罩构成行李厢。

图5-4 轿车承载式车身

承载式车身可看成是将车架和车身焊在一起而形成的一个整体结构,因没有车架,需要车身承受整车所受载荷,所以车身结构应具有足够的强度和刚度。通常在车身底板部分、车前部分、侧围和后围部分采取结构加强措施,采用在构件上冲出加强筋、将板件冲压成各种曲面形状、增设加强梁等方式来加强构件的强度和刚度,使焊装成的整体车身满足车辆的强度和刚度要求。

承载式车身结构的优点:

(1) 由于承载式车身是空间框架结构,充分利用车身承担载荷,所以车辆整体刚度增大,自重降低。

(2) 室内可利用的有效空间增大,整车高度降低。

(3) 车门门槛低,上下车方便。

(4) 因没有车架,提高了装配效率,降低了成本。

承载式车身结构的缺点:由于发动机、传动系各总成装置和悬架装置直接安装在车身上,因此由路面和各振动源产生的振动、噪声容易传入室内,影响乘坐舒适性。另外,因车身整体结构性强、刚度大,改型较困难。

根据整体结构车身特点,承载式车身结构非常适用于中、小型轿车或经济紧凑型轿车,不仅能提供较大的空间,而且有利于实现车身轻量化。但是,对于大批量生产的轿车,当质量在1500kg以上,轴距大于2900mm时,因车身底板平坦部分和其他部位的尺寸需要随着轿车轴距的增大而增大,从而削弱了这些构件的刚度,采用整体结构车身,其优点就不明显了。这就是为什么大型轿车通常采用有车架的非承载式车身的缘故。

3. 半承载式车身

为了防止振动和噪声直接传入车身,改善乘坐舒适性,某些车型将发动机和行驶系通过副车架与车身底架连接,副车架与车身底架纵梁之间设有橡胶垫,以减弱发动机和悬架的振动对车身的影响。另外,采用副车架可以将动力总成和悬架等与副车架形成一个组装部件,这种模块化的结构给生产和使用都带来方便。由于副车架能够分担部分载荷,使前纵梁变形减小,因此有人称带有副车架的车身为半承载式车身。副车架式结构车身如图 5-5 所示。

通过对美国、德国、日本、法国、意大利等发达国家近年来生产的轿车的统计分析表明，即使是整体承载式车身，其前端和后端大多加装了副车架。这种结构形式具有隔振、隔声、轻量、底板较低、空间利用率高等特点，故被广泛使用。

奥迪 100 轿车的车身采用了带有副车架的半承载式车身结构，如图 5-6 所示。完整的骨架设置、前后变形区的设置、整体式前挡板、带有后风窗框的顶盖和与侧围一体化的后翼子板等，均突出了坚固、紧凑、轻巧、高防腐性等特点，很好地满足了造型及整车性能的要求。

图 5-5 副车架式结构车身

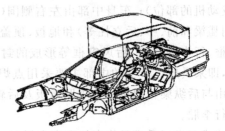
图 5-6 奥迪 100 轿车车身壳体

5.2 轿车车身结构分析与设计

从构造上来说，白车身结构是由车身结构件（包括结构加强件）、覆盖件及其接头共同组成的，是承受载荷和传递载荷的基本系统。

由于承载式车身是空间框架结构，充分利用车身承受载荷，因此具有整体刚度大、重量轻和整车高度低等优点，且生产效率高，是现代轿车中常见的结构。本节主要围绕承载式轿车车身结构进行分析与设计。

5.2.1 车身结构的总体设计要求

（1）轿车车身结构设计是以车身造型设计为基础进行车身强度设计和功能设计，最终找到合理的车身结构形式。其设计质量的优劣关系到车身内外造型能否顺利实现和车身各种功能能否正常发挥，所以它是完成整个车身开发设计的关键环节。

（2）结构设计在兼顾造型设计要求的同时，应充分考虑结构强度、防尘、隔噪性能以及制造工艺等多种设计要求。优良的结构设计可以充分保证汽车整车质量的减小，进而达到改善整车性能、降低成本的目的。

（3）完成车身结构设计首先要明确车身整体的承载形式，并对其做出载荷分析，以便能使载荷在整个车身上合理分配。在此基础上进一步做出局部载荷分析，确定各构件的结构形式和连接方式。因轿车通常存在使用目的和级别上的不同，故常常会产生具体结构上的差异，最终导致它们在功能和价格上的差别。

总之，车身结构设计是一个涉及多方面因素的综合工程设计问题，常成为车身设计开发的难点。

5.2.2 车身结构的划分

传统的钢结构车身,大多是由数百个用普通低碳钢板冲压成型的零件装配而成的。其装配顺序是:冲压零件→合件→分总成→总成。车身设计时,需要相应画出零件图、合件图、分总成图、车身焊接总成图和车身装配图。

车身结构必须为车身提供必要的强度和刚度,其整体结构的划分与零件的冲压工艺性、焊接工艺性以及提高制造装配精度都有很大关系,同时还影响产品的系列化、标准化,影响生产率、生产组织、工时的平衡和设备的复杂程度。考虑角度不同,车身结构划分可以有多种方法。

从车身结构焊接工艺考虑,在进行车身结构设计时,首先需要将车身结构分成几个分总成,如图 5-7 所示。一般将底架总成作为生产制造过程中核心的总成。底架总成包括由前围板、左右前纵梁、挡泥板(轮罩)等构成的车头骨架,由地板、中间通道、门槛内板和地板横梁构成的中底板,以及由后隔板、后纵梁和后地板等构成的车身后部三部分。在制造过程中,这三部分先被焊接在一起,然后在底架总成基础上焊装侧围总成。侧围是由内、外板焊接组成的侧壁框架,包括 A/B/C 立柱、前支梁和后翼子板。在侧围上部焊接顶盖和顶盖横梁,再焊接前散热器支架及车身后围板,这样便形成了白车身结构总成。

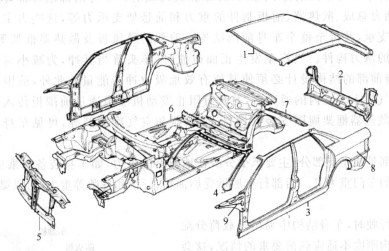

图 5-7 轿车车身总成结构的划分
1—顶盖;2—后尾板总成;3—侧围总成;4—顶盖支承总成;5—散热器支架;
6—底架总成;7—顶盖后加强板;8—后翼子板;9—前支梁

显然,车身设计图样应根据生产制造的需要来划分总成。

若将车身看成由上部和下部总成构成的,则上部总成包括侧围的 A、B、C 立柱,顶盖及其边梁、风窗上、下横梁等。乘坐室上部的框架结构由侧围总成、前/后风窗框、前围板/隔板及车顶梁构成,并焊装上顶盖。侧围在车身整体弯曲刚度中起重要作用。前围板、后隔板分别与前、后风窗框相连,具有很高的车身横向抗剪刚度。如图 5-8 所示,阶背式车尾的后隔板由上部后风窗隔板和后座椅支承板组成,用于承受车身扭转时的剪力。对于斜背式车尾,车身扭转时的剪力则主要由后部的框架来承受,如图 5-9 所示。

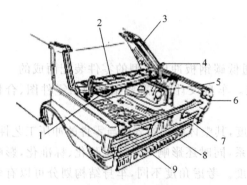 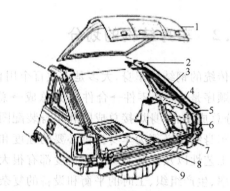

图 5-8　阶背式车尾

1—后座椅支承板；2—后隔板；3—车顶侧围连接加强板；4—行李厢盖合页；5—后轮罩；6—侧围；7—下后围板；8—后封板；9—地板

图 5-9　斜背式车尾

1—后背门；2—内车顶侧梁；3—后内轮罩；4—后外轮罩；5—后内车顶侧梁；6—侧围；7—背门口下梁；8—后地板；9—下后围板

车身下部（底架总成）包括前后纵梁、底架各横梁、地板及由其两侧边与侧围外板组成的门槛、地板中间通道、前围板、后隔板、悬架支座及挡泥板（轮罩）等。地板总成的后部零件承受后悬架传来的力，这些力主要由后纵梁和后地板分担。

也可以将车身看作由前部、中部和后部总成构成的。车身前部敞开部分承受较大的集中力，如动力总成、散热器、前板制件的重力和前悬架支承力等，这些力主要由两根对称的前纵梁支承，并传至整个车身前部结构。前部的导风板及散热器框架等板壳零件，也是结构中的承力构件。当汽车发生正面碰撞时，车头首当其冲，为减小对乘员或行人的伤害，车身前部的结构设计必须使其能有效地吸收冲击能量。此外，前围板总成应有可将外部空气导入车室内的通风口，并具有阻止发动机噪声透过前围板传入乘坐室的作用。还要在散热器框架周围安装前照灯、散热器和空气冷凝器等，可见车身前部结构比较复杂。

轿车中部是乘坐室部分，主要承受分散在地板上的重力，如车身装备和乘员的重力、悬挂在门柱上的车门重力等。后部行李厢承受燃油箱、行李和备胎等重力，后纵梁承受后悬架的支承力。

当汽车行驶时，车身结构中易出现载荷分配不均衡和结构刚度不适应载荷要求的情况，这会影响承载系统的总变形，出现结构变形不均衡的现象。因此，在构件布置设计时，尤其要注意乘坐室与前部敞开部分相连接区域刚度的加强；为避免大的力流集中由前纵梁通向乘坐室，结构件的布置应使通过前纵梁的力流分散地过渡到前围板区域及地板和门槛。如图 5-10 所示是较先进的车身前部结构。在前纵梁后端悬架支座附近，往后分叉斜伸出两根短梁，即通道地板中间通道横梁和 A 柱下部。将地板、前围板与门槛梁焊接在一起的是帽形横梁。横梁布置的位

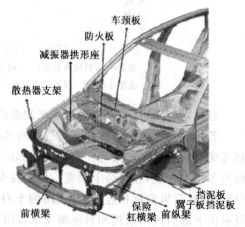

图 5-10　车身前部结构

置取决于座椅的位置,主要用于加强左右门槛之间的联系,固定座椅和加强地板的刚度,并用于承受侧向撞击力。

车身结构总成无论怎样划分,其分总成的零件尺寸大,形状、结构复杂,截面和翻边形式多样,这就体现了车身结构设计的复杂性。

5.2.3 车身结构件的分析与设计

车身结构中的梁和支柱统称为车身结构件,是支撑覆盖件的构件。车身结构件大多是采用薄钢板冲压成型后焊接而成的薄壁杆件,也称为骨架。

汽车行驶时,车身不仅要受到在垂直方向上的汽车本身及乘员(或货物)的重力作用,同时还受到由悬架和轮胎传来的侧向力与纵向力,以及惯性力和空气阻力的作用等,这些力都是由车身的承力结构件来承受的,所以,结构件是保证车身所要求的强度和刚度的基础件。

车身结构件可以分为三类:
(1) 功能件。如门立柱、窗框、门槛等。
(2) 加强件。结构加强件主要用于增强板件的刚度,提高各构件的连接强度。如车门加强板用以提高附件安装部位的刚度和连接强度。再如地板加强横梁、车门铰链安装加强板等。
(3) 非承载构件。它是为安装附件而设置的,如顶盖上为安装顶窗而设置的框架等。

1. 车身结构件截面形状的选择

车身结构件一般为薄壁杆件。根据承受弯曲和扭转力的大小,结构件的截面通常设计成闭口或半开口的形状,其截面形状和尺寸对其截面特性有很大影响。由刚度分析可知,与刚度有关的参数除了材料性质以外,主要是弯曲惯性矩和扭转惯性矩等截面特性。

表 5-1 为相同的材料面积 A 相等(长度和板厚相等)而形状不同的截面特性比较示例。表中 I_p 表示截面的扭转惯性矩,I_y 和 W_y 分别表示对主惯性轴 y 的惯性矩和抗弯截面系数,W_k 为抗扭截面系数。由分析可知,在材料面积 A 和板厚 t 保持不变的情况下,闭口截面的抗弯性能稍次于开口截面,但闭口截面的扭转惯性矩比开口截面大得多。若为了提高整个车身的扭转刚度,则大多采用闭口截面。但设计截面时还需要考虑构成截面的其他

表 5-1 截面特性比较

截面形状	截面尺寸/cm	A	I_p	I_y	W_y	W_b
	$h=12.8$ $b=4.8$ $t=0.4$	1	0.004	1	1	0.0043
	$h=6.4$ $b=4.8$ $t=0.4$	1	0.59	0.733	0.733	0.768
	$h=7.13$ $t=0.4$	1	1	0.656	0.656	1

因素,如结构功能、配合关系和制造工艺等。因此,实际车身结构件的截面形状往往是很复杂的,设计师在设计截面形状时,尽可能在不增加质量(材料截面积)的条件下,用最佳的截面形状获得最大的截面系数,提高截面特性。

对于承载式车身结构件,为了提高其扭转刚度,全部采用闭口截面。图 5-11 为车身结构件的典型截面示意图。图 5-12 为承载式轿车车身结构中的主要截面。

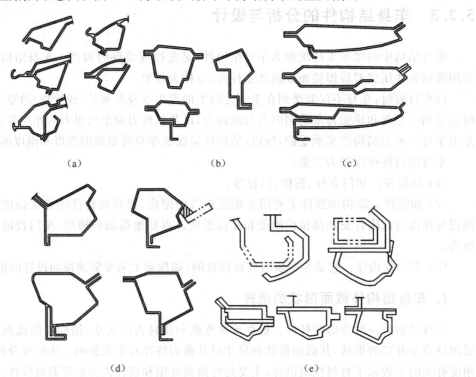

图 5-11 车身结构件典型截面示意图
(a) 顶盖侧梁;(b) 中支柱;(c) 前风扇支柱;(d) 后风扇支柱;(e) 门槛

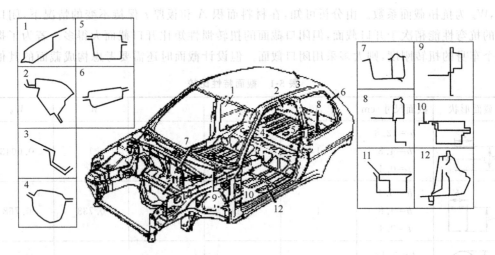

图 5-12 承载式轿车车身结构中的主要截面

2. 车身结构件的设计

设计车身结构件时,应注意以下几个方面:

(1) 截面形状过渡处应避免应力集中。为了防止受力构件的截面发生突变而引起应力集中,诱发裂纹产生从而导致疲劳破坏,因此,截面形状突变处要逐步过渡,合理选择截面形状和尺寸,避免截面急剧变化。

(2) 车身结构件不仅要满足强度和刚度的要求,而且应使车身构成一个连续完整的受力系统和合理的载荷路径。对于轿车车身结构,虽没有完整的骨架,但壳体与各种结构件组装后也成为一个完整的受力框架。

(3) 设计加强板时,加强板两端的形状应逐渐变化,保证其连接部位的刚度不发生突变。另外,应合理设计加强板的大小和厚度。若加强板太小,则不足以将集中载荷通过加强板分散在较大的面积上;如加强板太大,则会增加质量。一般加强板的厚度应比被加强件的板料厚,但二者厚度不宜相差太大。

(4) 要满足相邻部件的性能要求,如要适应门锁、铰链、限位器等的安装和性能要求。

(5) 不能破坏造型设计,外露骨架要与车身外形相适应。

(6) 还应具有装配功能,如完成与车门、发动机罩、行李厢盖的动态配合等。

5.2.4 车身覆盖件的结构分析与设计

车身覆盖件是指车身内、外表面的薄壳板件,外覆盖件如发动机罩外板、顶盖、车门外板、翼子板等,内覆盖件如前围板、地板、车门内板等。车身覆盖件通常是冲压件,但不同于一般冲压件,在结构上有其独特之处。因此,一般将覆盖件作为一类特殊的冲压件来研究。

1. 车身覆盖件的结构特点

1) 形状复杂

大多数覆盖件是由复杂的三维空间曲面组成的。为了获得空气动力特性好的车身外形,覆盖件应当具有连续的空间曲面形状且冲压深度不均匀。为了体现车身造型的风格,常在某些曲面上设有棱线和装饰性结构,使覆盖件的形状变得更加复杂。可以说,车身覆盖件是形状最为复杂的冲压件。

2) 外形尺寸大

为了简化装配工艺,减少零件数量,保证车身外形曲面的连续性和完整性,大多数覆盖件的外形尺寸都较大,如侧围的外轮廓尺寸可达 2~3m。

3) 表面质量要求高

车身覆盖件的可见表面不允许有波纹、皱纹、凸凹痕、边缘拉痕、擦伤以及其他破坏表面完美的缺陷;覆盖件上的装饰棱线、筋条都应平滑、清晰,曲线应圆滑;相邻覆盖件在衔接处要对齐,间隙要小。否则,覆盖件表面上的一些微小缺陷(特别是轿车)会在涂装后引起光的不规则反射而影响外观。

4) 要有足够的刚度

因覆盖件是薄壳零件,汽车在行驶时会产生振动,引起覆盖件的激振,所以必须要求覆盖件具有足够的刚度,从而避免共振,减小噪声和延长车身使用寿命。

5) 要有良好的成型工艺性

设计车身覆盖件结构时,要求在一定的生产规模条件下,能够较容易地安排冲压工艺和设计冲压模具,有合理的装配硬点,能够最经济、最安全、最稳定地获得高质量的产品。

2. 车身覆盖件的结构工艺分析与设计

1) 车身覆盖件的分块

车身覆盖件的分块是将已定型的汽车车身划分为大小合适的零件,以便组装成车身所需的各个部分。车身分块的数量和尺寸大小直接影响车身冲压工艺性和经济性。分块一般遵循以下原则:

(1) 覆盖件的分块应根据企业的设备情况与技术水平来确定,整个车身分块的零件数目应尽可能少,以便减少装配误差,也使接口处有良好的装配工艺性和焊接工艺性。

(2) 分块时应考虑零件的成型工艺性。主要指冲压、压弯、拉深等工艺要求。

(3) 最大覆盖件零件的展开尺寸不能超过板材的尺寸规格。

(4) 零件分块结构要合理。在保证装配精度的条件下,具有良好的装配工艺性(主要是焊接工艺性)以及车身整体组装后的外形美观性。

图 5-13 所示为轿车车身两种划分结构的方法。图 5-13(a) 所示方法划分的零件尺寸小,零件制造简单,但零件数量多,包括底架、门槛、中柱、前柱、前轮罩、前围、顶盖等七部分,使总装配量增加。图 5-13(b) 所示划分为底架、侧壁、前围窗框、顶盖、后风窗等五部分,零件数目明显减少。这对保证车身强度和门窗框的装配精度都是有利的,而且总装配工艺简单,便于组织大量生产。因此,车身结构的分块趋势是零件大型化、结构整体化。

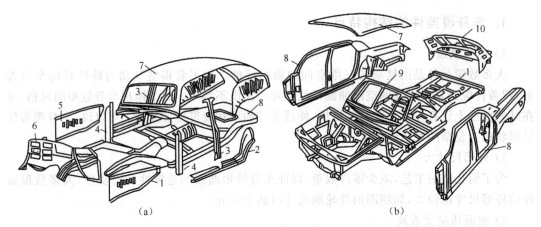

图 5-13 轿车车身结构划分
1—底架;2—门槛;3—中柱;4—前柱;5—前轮罩;6—前围;7—顶盖;8—侧壁;9—前围窗框;10—后风窗

2) 车身覆盖件拉深、冲裁、压弯和翻边工艺的设计要求

(1) 车身覆盖件的拉深方向应保证凸模能完全进入凹模。图 5-14(a) 所示的拉深方向表明凸模不能进入凹模;若将零件旋转一个角度,如图 5-14(b) 所示的拉深方向,凸模就能

进入凹模。

(2) 尽可能一次拉深成型。因二次拉深易损坏覆盖件表面品质,且对组织生产也不方便。有些车身零件拉深深度较大,就不得不采用多次拉深成型。

(3) 对于具有反拉深的覆盖件,尽可能加大变形部分的圆角半径,以防局部因延伸变薄而破裂。

(4) 车身上的孔应避免细长孔,尽可能采用圆孔、方孔等规则孔,因加工规则孔的模具成本较低,且细长孔对模具强度不利。另外,设计时孔与孔之间、孔与边之间的距离应恰当,以免冲裁时由于距离太小引起周边材料的变形或破裂,如图 5-15 所示,推荐 x_{min} 和 $y_{min} = 13mm$。对于带孔的弯曲件,孔离弯边应远一些,采用复合落料与冲孔工序,然后再压弯,否则必须压弯后再冲孔,从而增加了一道工序。

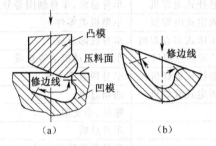

图 5-14 覆盖件的凹形决定拉深方向
(a) 凸模不能进入凹模;(b) 凸模能进入凹模

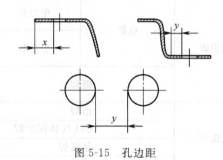

图 5-15 孔边距

(5) 如果弯曲零件的弯曲角小于 $90°$,其弯曲半径 r 应相应增大,取 $r \geq t$(t 为板料厚度);对于局部压弯的零件,为避免在压弯处撕裂,必须预先加工出深度为 k 的槽,且满足 $k > r$,如图 5-16 所示。

(6) 车身覆盖件大都需要翻边成型,以便加强零件刚度或用于与其他零件的连接。设计时,应正确选择翻边曲率的大小,翻边的宽度应随着曲率的增大而相应减小。如车门外板拐角处的翻边宽度 b_1 应小于平直部分的宽度 b_2,或做成多个切口。此外,孔的翻边高度应小于孔径的 30%,如图 5-17 所示。

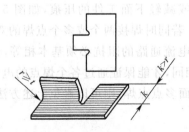

图 5-16 零件压弯工艺要求

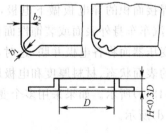

图 5-17 翻边

5.2.5 焊接接头设计

车身壳体是一个复杂的结构,一辆轿车由数百种薄板冲压件经焊接、铆接、机械连接及粘接方法等工艺连接而成。由于车身冲压件大部分采用具有良好焊接性能的低碳钢材料,所以焊接是现代车身制造中应用最广泛的连接方式。

焊接接头在很大程度上决定整个车身的刚度,车身结构的内力通过接头传递,在传力过程中,接头的变形影响整个车身结构的变形。研究表明,车身接头刚度对整个车身刚度的影响可达50%~70%。

1. 车身常用焊接方法

表5-2为车身制造中常用的焊接方法及典型的应用实例。

表5-2 车身制造中常用的焊接方法及典型应用实例

焊接方法及设备			典型的应用实例
电阻焊	点焊	单点焊	悬挂式电焊机	车身总成、车身侧围等分总成
			固定式电焊机	小型板类零件
		多点焊	压床式多点焊机	车身底部总成
			C形多点焊机	车门、发动机盖等总成
	缝焊		悬挂式缝焊机	车身顶盖流水槽
			固定式缝焊机	油箱总成
电弧焊	凸焊			螺母、小支架
	CO_2气体保护焊			车身总成
	氩弧焊			车身顶盖后侧接缝
	焊条电弧焊			厚料零部件
气焊	氧乙炔焊			车身总成补焊
钎焊	锡钎焊			散热器
特种焊	微弧等离子焊			车身覆盖后角板
	激光焊			车身底板

在传统焊接方法中,车身上广泛采用的是点焊,尤其在车身薄板结构中应用最多,凸焊和缝焊应用也较多。一辆轿车车身上的焊点多达3000~4000个。

点焊通常分为双面点焊和单面点焊两大类。图5-18所示为不同形式的双面点焊。双面点焊时,电极由工件的两侧向焊接处馈电,但工件的两侧均有电极压痕,如图5-18(a)所示。若大焊接面积的导电板做下电极,则可消除或减轻下面工件的压痕,如图5-18(b)所示,常用于汽车车身外表面或装饰性面板的焊接。若同时焊接两个或多个点焊的双面点焊,使用一个变压器而将各电极并联,这时,要求所有电流通路的阻抗必须基本相等,而且每一焊接部位的表面状态、材料厚度和电极压力都需相同,才能保证通过各个焊点的电流基本一致,如图5-18(c)所示。如果采用多个变压器的双面多点点焊,则可以避免上述方法的不足,如图5-18(d)所示。

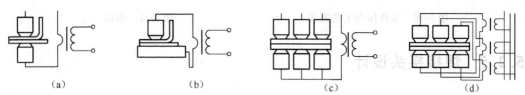

图5-18 不同形式的双面点焊
(a) 形式一;(b) 形式二;(c) 形式三;(d) 形式四

由于单面双点焊的接近性好,生产率高,在大量生产中大多作为多点焊接的主要形式。但因单面双点焊的回路形式存在着占总电流20%～40%的分流而影响焊接品质,该方法在车身地板等大型零件难以接近的中心部位焊接时可以采用,故尽可能采用双面点焊。

缝焊是一种连续进行的点焊方法,可获得密封性优良的焊缝,适用于汽油箱、后桥壳等部件的焊接。

凸焊是一种能够同时进行多点焊接的高效率焊接方法,焊接速度快,焊接品质稳定,但被焊接件需要预先加工出凸起部分。在车身上,一般将凸焊螺母(有凸点的螺母)焊在薄板上,装配时只需拧紧螺栓即可,提高了装配工效。

汽车车身零部件的连接除上述焊接方法外,还有CO_2气体保护焊、铆焊和粘接等。CO_2气体保护焊主要用于车身结构件的连接。

目前,国内外汽车企业对轿车车身总成拼装基本采用激光焊接、多头自动焊机、焊接机器人、线上测量和混合式拼装自动线等新技术、新工艺,在保证产品质量和制造工艺简单的同时,轿车车身拼装焊接生产线本身投资成本低,生产周期也短。

2. 车身零件焊接接头设计

设计车身零件焊接接头时应考虑以下方面:

(1) 点焊接头尽可能采用搭接或翻边对接,如图5-19所示。这两种连接形式可以由两个或两个以上等厚度或不等厚度的工件组成,且焊接品质好,便于大量生产。在选用这两种接头形式时,若从装配精度考虑,则选用翻边接头形式较好,这是由于翻边接头能控制两个零件的相对位置;从补偿零件制造误差的角度来考虑,选择搭接接头形式较好。

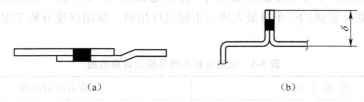

图 5-19 点焊接头形式
(a) 搭接;(b) 翻边对接

(2) 应合理设计纵、横梁交错处接头的形式和连接方式,减小应力集中。在底架纵、横梁交叉点,横梁与立柱的连接点,窗框与门框的四个角等处都会产生应力集中。在纵、横梁交接处应以翼缘连接,以扩大连接面积来减小应力集中,如图5-20所示。

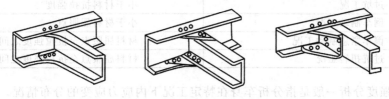

图 5-20 几种纵、横梁的连接形式

(3) 接头处的焊缝长短和布置、铆钉数量和布置应尽量合理。若过分加强接头,则会因接头处的刚度太大导致接头边缘的被加强梁上产生应力集中。

(4) 被焊接的两块板料厚度的比值不应大于3,否则薄板容易被击穿。

与轿车类似,客车也有非承载式、半承载式和承载式三种结构形式的车身,车身底部结构也有不同的形式,但大多数客车车身都有车身骨架。这里对客车车身不再讲述。

5.3 车身结构强度与刚度设计

5.3.1 车身结构强度设计

车身强度是汽车车身在外力或内应力的作用下抵抗车身局部变形或疲劳失效的能力。车身强度一般可以分为静强度和动强度。静强度是指车身在抵抗弯曲或扭转变形时不发生开裂、断裂或塑性变形的能力。汽车在行驶过程中,由于路面不平整及路面使用中造成的缺陷等因素的影响,车身结构通常会受到交变载荷的作用,车身构件在这种交变载荷作用下的强度称为车身的疲劳强度(即动强度)。

1. 强度设计准则

汽车在行驶过程中,必须要求车身能承受各种各样的载荷,既不能产生塑性变形,也不能产生裂纹和损坏。若车身强度不足,将会造成车身零部件塑性变形、局部开裂或整体断裂,严重影响汽车的使用寿命和安全性能,所以任何车身都有必要进行强度的计算与校核,使其满足强度要求。车身强度设计准则为:在指定载荷(如汽车某一轮或几轮同时过凸台或凹坑时弯扭联合载荷)下,车身最大应力不超过许用值。常用强度分析工况和应力许用范围见表5-3。

表5-3 强度分析工况及应力许用范围

分析工况	应力许用范围
右转弯工况	小于材料屈服点
前行制动工况	小于材料屈服点
前行紧急制动工况	材料屈服点至抗拉强度之间
上跳工况	材料屈服点至抗拉强度之间
最大向前加速度工况	小于材料屈服点
单边上跳工况	小于材料抗拉强度
过坑工况	小于材料抗拉强度
倒车制动工况	小于材料屈服点
倒车紧急制动工况	材料屈服点至抗拉强度之间
过坑扭转工况	材料屈服点至抗拉强度之间

车身静强度分析一般是指分析车身在特定工况下内应力应变的分布情况。对于微型客车,白车身高应力区域可以分为上车体和下车体两个部分。上车体关注区域有前风窗、前门框角部、中门框角部、尾门框角部、前悬架、轮罩面板等;下车体关注区域有前后大梁搭接部位、上下纵臂支座、板簧后支座、横向推力杆支座、横梁延伸件、横梁搭接头等。

实际上,白车身强度的判别标准,需要根据各个工况下的应力数值大小、各个工况发生的概率、零部件的材料性能、零部件的表面质量以及相似车型、相似部位的试验结果来综合判断,对分析人员的要求较高。

2. 白车身强度设计

1) 白车身静强度设计

现代轿车车身结构设计首先应以结构轻量化为准则,力求做到强度分配在车身整体上的合理性。对于车辆的强度分析而言,车辆或零部件的载荷是至关重要的,没有合理的载荷就没有合理的分析结果。为此,必须首先确定车身的主要载荷形式,其次了解载荷传递方式,进而选择合理的计算方法。

目前载荷获取方法有三种:直接测量法、全理论分析法、半理论分析法。

(1) 直接测量法。载荷的直接测量法主要是采用应力、位移、加速度等测量手段直接测量仿真分析所需载荷的一种方法,该方法测量结果较准确,但测量困难,且效率低。

(2) 全理论分析法。全理论分析方法就是在无法实测车辆载荷的情况下,参考相似车型在实际使用过程或道路试验场中的载荷情况,估算出车辆在各个极限载荷下车身的加速度,由计算公式求出各个轮心处的载荷,并由动力学分析软件将轮心处的载荷分解到底盘和车身连接的硬点处。

(3) 半理论分析法。半理论分析法是介于直接测量法和全理论分析法之间的一种载荷获取方法。由于直接测量法有时很难测量所需部位的载荷,于是可以先测量出汽车在行驶过程中各个轮心处的载荷,然后通过动力学分析软件将轮心处的载荷分解到底盘和车身连接的硬点处,这样就可间接求出强度分析所需要的车身载荷。

近年来,随着大型计算机的出现,利用有限元法对车身结构进行分析的解析法已经普及,现已能精确计算车身的强度及弯曲和扭转变形,从而可以在车身结构设计阶段就能得出车身结构的性能数据,为车身设计更加合理化创造了条件。

以轿车为例,白车身在整体上可以看作是一个由薄壁梁和薄板组成的框架结构。假设载荷均作用在车身结构的节点上,且左右对称分布,经过对节点受力作适当简化后,可建立车身承受弯曲载荷和扭转载荷的力学模型。利用该模型,采用一般的力学方法即可获得车身整体的载荷分布和变形图。若发现局部存在过大变形或过大载荷,应适当改变该处梁的断面形式,即通过改变断面系数来调整变形量和应力的大小。

碰撞载荷是汽车车身在使用过程中的极端载荷情况。为有效保护乘员的安全,车身结构在整车上应符合"中间硬两端软"的原则,以保证纵向碰撞发生时,车身前部或后部能吸收80%以上的碰撞能量。为此,可以合理分配力流,增加局部吸收碰撞能量的能力来达到此目的。由于纵向碰撞发生时,能量的70%需要由纵梁吸收,因此,纵梁的作用尤其重要。碰撞时可依靠局部变形吸收能量,从而减少中部乘员舱变形的可能性。局部变形可依靠梁的局部弯曲或局部发生皱折实现。利用现代技术在中空管状的梁内施以填充材料,还可大大提高其吸收能量的能力。设计时一般应在车身前部或后部预留50~80cm的空间供变形用。此外,因碰撞能量的30%要靠轮罩吸收,故应注意其与地板和纵梁的连接。

目前,白车身静强度常用设计方法与步骤如下:

(1) 建立车身数字模型。利用CAD软件(如Pro/E、CATIA等)建立白车身数字模型。如图5-21所示是用CATIA建立的车身数字模型。

(2) 利用 Pro/E 软件与有限元分析软件 ANSYS 之间的数据传输,来实现 CAD 与 CAE 软件的无缝连接。在不影响计算结果的前提下,对已经建立的数字模型在 CAD 软件中作适当的简化处理,主要为以后网格划分方便,减少计算机计算时间。

(3) 建立车身有限元分析模型。对导入后的车身数据在有限元软件中进行处理,包括材料属性的定义、单元类型的选取、焊点的处理等。最终对其划分网格,确定车身在不同工况下的边界条件,根据各工况车身的受力情况对车身模型施加约束及载荷等。建立的有限元模型如图 5-22 所示。

图 5-21 用 CATIA 建立的车身数字模型

图 5-22 白车身有限元模型

白车身零件数目众多,且多为复杂曲面,用网格准确描述其几何特征的难度较高,复杂的曲面会产生许多网格上的问题,如单元畸变、网格细小、网格失真等。对数目繁多、曲面复杂的零部件划分高质量的网格工作量较大、难度较高。

(4) 对车身不同工况下的静强度进行仿真分析。对车身强度常用的仿真软件如 Patran/Nastran,对车身不同工况下(如弯曲、扭转、碰撞等工况)进行静强度的仿真分析,得出不同工况下白车身结构的应力分布图。通过分析应力分布图,可以得到不同工况下白车身结构的应力值和应变值,并能够准确判断应力大小区域。车身板壳零件的内应力、应变越小越好。

(5) 对车身结构进行优化设计。车身的轻量化设计是目前主要研究课题。在几种不同工况下,在保证车身应力分布均匀且最大应力不超过许用应力的前提下,对车身进行优化设计,从而降低车身的重量,得出车身整体优化设计方案。

2) 车身构件静强度设计

车身结构件是车身结构的主要承载构件,其布置应使车身构成一个连续完整的受力系统与合理的载荷路径,结构设计决定了载荷路径。车身结构件的材料、截面形状、受力方向、力的传递、力矩的作用位置等将会直接影响车身结构的强度和刚度等。

以梁的结构强度设计为例。在考虑强度要求的同时,还要考虑功能上的要求。由于轿车存在级别上的差异,对功能的要求也不尽相同。

如图 5-23 所示为某轿车 A 柱断面结构。由于 A 门柱不但要将来自悬架的垂直力和前方纵向的碰撞力传向车顶和门槛梁,且在侧面碰撞时,还将与 B、C 门柱一起构成抵抗侧向力的主要屏障。因此,更高级别系列车型的 A 门柱梁,设置了内衬板结构,从而使梁的强度大大提高。

侧碰撞发生时,大部分碰撞能量必须由 B 门柱承担,但通常该梁抵抗横向力的能力十分有限,为了在结构上保证侧碰撞时汽车的安全性,除了尽可能增大其截面积和采用腹板结

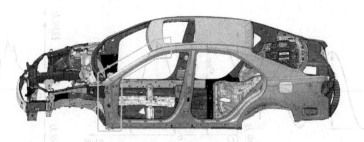

图 5-23 某轿车 A 柱断面结构

构加强其与门槛的连接强度外,还应将车身侧围结构作整体考虑,即借助车门、门锁、门槛梁以及 A、C 门柱的相互联系,有效地将能量吸收区扩展到车顶和地板。

地板总成的关键部件是门槛梁和分置在其间的横梁,横梁可以起到防止地板折叠的作用。一般侧向要预留 200~300mm 的空间,供侧向皱折变形用。为了提高门槛抗弯强度,应尽量加大其断面尺寸,也可以在门槛梁上增设衬板结构。

车门内设置横梁已成为目前提高车身抗撞安全性的手段之一,如能将横梁设置在侧向受撞击的高度上,效果会更加明显。

5.3.2 车身疲劳强度设计

1. 基本概念

汽车疲劳性能的好坏是用疲劳强度来衡量的,疲劳强度的大小又用疲劳极限来衡量。疲劳极限是指材料或构件可以承受无限次应力循环而不发生疲劳破坏的最大应力。通常以对称循环下的疲劳极限作为材料的基本疲劳极限。

材料或结构受到多次重复变化的载荷作用后,应力值虽然没有超过材料的强度极限,甚至比弹性极限还低得多的情况下就可能发生破坏。这种在交变载荷的重复作用下材料或结构的破坏现象称为疲劳破坏。

疲劳与断裂是引起工程结构和构件失效最主要的原因,也是导致汽车车身承载结构早期破坏的主要原因。引起疲劳失效的循环载荷的最大值,往往远小于根据静态断裂分析估算出来的"安全"载荷。因此,疲劳强度设计在车身结构设计中有重要意义。

2. 疲劳强度设计理论

本节主要介绍疲劳理论中最基本的应力-寿命(S-N)疲劳基本理论,也称为全寿命理论。疲劳寿命是疲劳失效时所经受的应力或应变的循环次数,一般用 N 表示。零件的疲劳寿命取决于材料的力学性能和所施加的应力水平。一般来说,材料的强度极限越高,外加的应力水平越低,试件的疲劳寿命就越长;反之,疲劳寿命就越短。

在工程行业,典型的疲劳应力循环如图 5-24 所示。

图 5-24(a)所示的是对称应力循环,一般出现在没有过载且以恒速运转的旋转轴件中。在车身结构中,这种情况较少见。图 5-24(b)所示的应力循环最大应力与最小应力不相等,且均为拉伸应力,称为非对称应力循环。图 5-24(c)所示的是形式更复杂的随机载

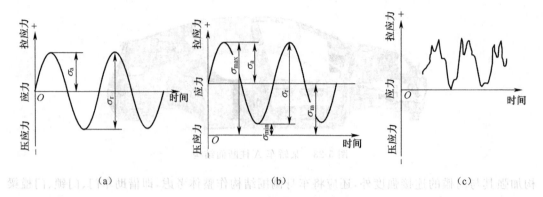

图 5-24 典型疲劳应力循环图
(a) 对称应力循环；(b) 非对称应力循环；(c) 随机应力循环

荷,应力循环没有一定规律,称为随机应力循环。随机应力循环通常是由作用在结构上的随机载荷所致,汽车在行驶过程中由于路面的颠簸引起的车身结构应力循环多为此类循环。

根据全寿命疲劳理论,汽车构件的疲劳寿命与其材料的力学性能、承受的应力水平存在对应关系。一般认为,试件的疲劳寿命与材料的强度极限成正比,而与其应力水平成反比。而应力水平和标准试样疲劳寿命之间关系的曲线称为材料 $S\text{-}N$ 曲线,简称 $S\text{-}N$ 曲线。图 5-25 为试验记录的 $S\text{-}N$ 数据。

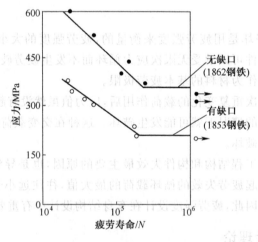

图 5-25 弯扭试验数据

在实际应用中,一般以材料或零件的 $S\text{-}N$ 曲线为基础(一般是试验曲线或是通过经验公式获得),根据结构疲劳危险部位的应力集中系数以及名义应力,然后通过疲劳损伤累积理论统计零件疲劳损伤,校核其疲劳强度,或者计算疲劳寿命。

试验表明,$S\text{-}N$ 仅适用于循环载荷是弹性的情况。即构件在受载过程中不能出现明显的塑形变形,一般要求寿命循环次数大于 10^4 次。另外,试验所获得的材料疲劳曲线,一般是在对称载荷条件下试件的疲劳寿命。而行驶中的汽车,其受载通常是随机载荷,载荷条件的差异对于疲劳寿命是有影响的。

3. 影响车身疲劳强度的因素

影响车身结构疲劳强度的因素很多，归纳起来有车身材料本身的性质、车身零件的几何形状、表面质量、工作条件、表面处理及残余内应力等。影响车身材料本身性质的因素有化学成分、金相组织、纤维方向和内部有无缺陷等；影响车身零件几何形状及表面质量的因素有应力集中系数、尺寸系数、表面粗糙度等；工作条件方面的因素有载荷特性（如应力状态、载荷顺序和载荷频率等）、环境介质和使用温度等；表面处理及残余内应力方面的因素有表面热处理（如表面淬火）、冷作硬化（如喷丸处理）和表面涂层等。应了解各种因素对疲劳强度的影响，以便更好、更正确地进行疲劳强度分析、设计和试验。

4. 车身疲劳强度分析

一般情况下，车身所遭受的疲劳破坏可以分为两种，即应变疲劳和应力疲劳破坏。车身遭受应力疲劳时，车身所受的循环应力的最大应力低于车身材料的屈服应力，在这种情况下，车身材料的内应力较小，零件寿命循环次数往往较高，通常在 10^4 以上，这种疲劳称为高周疲劳。汽车在使用过程中，车身零部件在绝大部分行驶时间内的应力是低于其材料的屈服极限的，因此，车身疲劳寿命的估算应采用高周疲劳方法来进行。车身遭受应变疲劳时，车身所受的循环应力的最大应力高于车身材料的屈服应力，但是屈服后的材料应力变化不明显，此时用应变作为疲劳寿命估计的参数。在这种情况下，车身材料的内应力往往较大，零件寿命循环次数常常较低，通常在 10^4 以下，这种疲劳称为低周疲劳。汽车在行驶过程中会遇到一些特殊工况，如急转弯、紧急制动等，在这些工况下，汽车车身会有某些零部件所受的应力超过了材料的屈服应力，此时应采用低周疲劳方法对这些零部件进行疲劳寿命估计。

车身疲劳强度主要分为：车身钣金件疲劳强度，主要是指车身钣金件的耐久性；其他部件安装位置的安装强度，如门锁安装位置、车门铰链安装位置疲劳等。

车身在疲劳强度方面的薄弱环节多数发生在上部结构（特别是支柱的上下端连接处和前支柱与车身前部结构的连接处）、悬架装置的安装部位。结构设计时，应改善这些薄弱点，达到车身结构耐久性标准要求。

汽车结构工作环境非常复杂，汽车零部件产生疲劳破坏要综合考虑各种因素，一方面导致疲劳分析离不开试验，另一方面促使疲劳计算朝着多学科联合仿真发展。然而，国内关于疲劳的理论分析较少，大多数相关研究都集中在拥有雄厚实力的合资乘用车制造企业。

车身疲劳寿命最初一般只能通过耐久性试验测得。随着当前计算机仿真技术不断提高，采用计算机仿真技术来进行车身疲劳寿命预估已成为一种快速有效的方法。MSC.Fatigue 是专门用于疲劳强度分析的软件，是一个通用性很强的基于有限元分析的结构疲劳分析设计工具。在产品设计的初期阶段使用 MSC.Fatigue，可在制造过程之前进行疲劳分析，真实地预测产品的寿命，从而极大地降低生产样机和进行耐久性测试所带来的巨额开销，且能优化产品的寿命。疲劳寿命预测仿真流程如图 5-26 所示。

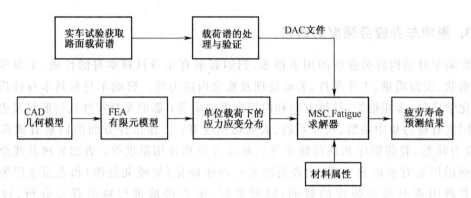

图 5-26 疲劳寿命预测仿真流程

5.3.3 车身结构刚度设计

1. 车身结构刚度定义与类型

广义地讲,刚度是结构抵抗变形的能力,即引起单位变形时所需要的力,可以用结构受力和变形的比值来衡量。但由于车身是由众多使用不同材料及制造工艺成型的零件、经不同的装配工艺连接而成的复合体,其力-位移响应不会总是呈线性关系,刚度的计算取决于变形时刻的选取,很难客观评价,特别是变形较大时。而且车身上不同零件因承载情况不同,其刚度计算方法也有所不同。现代汽车车身结构基本上都是采用薄钢板,通过焊接、铆接、粘接等工艺连接而成,其刚度大小不仅与材料本身的性质(材料的弹性模量)、构件的截面形状(开口/闭口截面)有关(截面的弯曲惯性矩、扭转惯性矩),而且与连接方式(焊接、铆接和粘接)、接头设计及采用的板料厚度有关。刚度类型及含义见表 5-4。

表 5-4 刚度类型及含义

类 型	含 义
截面刚度	材料弹性模量或剪切模量和相应的截面惯性矩或截面面积的乘积
截面拉伸(压缩)刚度	材料弹性模量和截面面积的乘积
构件刚度	施加于构件上的作用引起的内力与其相应的构件变形的比值
构件抗剪刚度	施加在受剪构件上的剪力与其引起变形的正交夹角变化量的比值
结构侧移刚度	施加于结构上的水平力与其引起的水平位移的比值
构件抗弯刚度	施加于受弯构件上的弯矩与其引起变形的曲率变化量的比值

车身刚度包括静刚度和动刚度,其中车身静刚度又分为整体刚度和局部刚度。车身整体刚度主要是指车身的弯曲刚度和扭转刚度,主要取决于汽车部件的布置和车身结构刚度设计。汽车在行驶过程中既受到弯曲载荷,又受到扭转载荷,所以白车身具有足够的弯曲及扭转静刚度是最基本的要求。

2. 车身刚度设计准则及刚度对车身的影响

车身刚度设计准则为:在指定载荷(如汽车满载时垂直弯曲载荷)下,车身最大变形应不超过许用值。

1) 刚度对车身结构功能的影响

现代轿车大多是承载式车身,车身的整体刚度不足将影响车身的整体承载能力,使轿车的使用性能及可靠性降低。例如车身门框、发动机舱、行李舱、窗框等,如刚度不足会产生较大的变形,造成车门、发动机罩、行李厢盖等开关困难、外观不良及密封性不好等。局部刚度不足会导致车身局部安装功能失效,比如车门铰链安装点刚度不足会导致车门下垂。零部件的刚度不足会导致零部件安装以及性能降低失效,比如加油口门刚度不足,会导致安装或者耐久情况下加油口门下垂、与车身外观匹配不良、开关困难等问题。

2) 刚度对车身结构安全性的影响

车身刚度对轿车碰撞安全性的影响非常重要,要求合理地分配能量传递及变形区域,对于乘员舱要求尽量高的刚度来防止车身变形,确保乘员免受伤害等。

3) 刚度对 NVH 性能的影响

NVH 指 Noise(噪声)、Vibration(振动)和 Harshness(声振粗糙感)。汽车 NVH 性能是指在车室振动、噪声的作用下,乘员舒适性主观感受的变化特性。它是人体触觉、听觉以及视觉等方面感受的综合体现。

车身刚度与车身的 NVH 性能联系紧密,车身整体刚度和局部刚度不足会引起振动或与激励频率一致或接近时产生共振,从而产生噪声。例如车身地板、顶盖、侧围的局部刚度偏低,将会在低频率范围产生振动,有些局部结构刚度不足会使零件变形,从而产生金属摩擦撞击的噪声。

4) 刚度对燃油经济性的影响

车身刚度对于轿车的各方面功能、性能影响如此关键,因此在设计时必须设定一个合理的目标值,这个目标值主要通过零件的结构及材料的设计来实现。好的结构设计可以在一定程度上在达到刚度性能要求的前提下减少零件的数量、尺寸以及材料厚度,从而降低车身的重量,而车身重量与油耗是成正比的。

3. 车身整体刚度设计

(1) 构造车身基本结构并建立车身结构 CAD 模型。在概念设计阶段,选择当前有竞争力的参考车型,测试其参数,并考虑汽车总体布置和造型的要求以及材料、工艺等先进技术的应用。在数据库支持下,初步建立车身结构拓扑模型和几何尺寸 CAD 模型。

(2) 汽车刚度研究。分析整车刚度与车身刚度的匹配,分配各子系统刚度指标。

(3) 初步构造车身结构并建立简化模型。为了分析结构刚度,根据车身结构的 CAD 模型建立有限元分析模型(即 CAE 模型)。概念设计时,要建立设计参数少,且能代表车身结构性能的简化模型,基于性质的参数化模型 PBM 是很好的简化模型。

(4) 结构分析并计算。包括:①静态扭转刚度和弯曲刚度;②计算车身一阶弯曲和扭转模态频率;③通过灵敏度分析和应变能分布图,进行各部件刚度贡献分析,在此基础上进行平衡,再布置构件或调整部件的基本尺寸。

(5) 车身刚度优化设计。通过结构系统优化计算,获得最小质量下的位移、应力和模态频率。为了满足目标刚度要求,需要多次反复修改结构。车身结构设计阶段是对结构不断优化的过程。

(6) 建立细化模型,进行详细的结构设计并验证性能。

车身刚度设计是满足车身结构动力学要求的基础。良好的车身整体刚度,能防止结构在载荷作用下产生较大的变形,以避免各部件产生较大的相对位移和引发较大的噪声,尤其是良好的扭转刚度,也是汽车操纵性所要求的。

5.4 车身结构的动力学性能设计

车身是由许多薄壁结构件组成的多自由度弹性系统,在外界激励作用下将产生变形,引起系统振动。当外界激振频率与系统固有频率接近或成倍数关系时,将发生共振。共振不仅使乘员感到很不舒适,而且会引起噪声和部件的疲劳损坏,还会破坏车身表面的防护层和车身的密封性。

5.4.1 振动模态分析

由振动理论可知,无阻尼单自由度系统在初始激励的作用下,将以其固有频率在某一自然状态下进行振动。对于多自由度系统,其自然状态是指整个系统在运动过程中的某一位移形状。多自由度系统不只有一种位移形状,而是具有与自由度数相等数量的位移形状,这些位移形状称为系统的固有振型。对于不同的初始激励,系统将按这些振型中的某一种进行简谐振动,此时所有质点都同步运动,各质点的位移比始终不变;每一振型对应唯一的固有频率。系统的振动特性可用固有频率和固有振型来表示。无阻尼自由振动系统的特性分析称为模态分析。

车身的振动特性分析是在有限元法和线性振动理论的基础上进行的。因此,根据结构的有限元模型所用单元的刚度特性,组合整体刚度矩阵 K;同时将各单元的均布质量和阻尼集中到单元的各节点上,组合成结构总质量矩阵 M 以及结构的总阻尼矩阵 C。随时间变化的外载荷也都移动到相应的节点上,形成载荷列阵 $P(t)$。建立具有有限个自由度的弹性系统的运动方程和无阻尼自由振动方程并求解。

1. 车身整体振动模态

无阻尼线性系统的一般运动都可以表示为各阶固有振型的线性组合。对应于较低频率的固有阵型(低阶振型)对结构的动力影响大于高阶振型,也就是说,低阶成分的能量较大;而且求解系统的高阶特征值,需要花费更多的计算机时。因此,对于一般车身结构,在模态分析时只求低阶的振动频率和振型,除非研究 NVH 特性时才需要计算中、高阶频率。

车身系统的低阶振型可能是扭转振型或弯曲振型。某些大型轿车的非承载式车身结构,最低阶的振型有可能是低于 20 Hz 的扭转振动;而整体扭转刚度较大的车身结构,最低阶阵型有可能是车身的垂直弯曲振型。图 5-27 所示为车身一阶弯曲阵型(有两个节

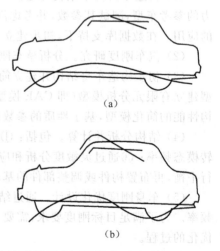

图 5-27 车身的弯曲阵型
(a) 一阶振动;(b) 二阶振动

点——位移为零的点,频率为 20～40Hz)及二阶弯曲振型(有三个节点,频率为 30～50Hz)。对于承载式车身,一般要求一阶频率大于 30～40Hz。

图 5-28 为轿车各部分的固有振动频率和激振频率的分布图(假设各子系统固有频率是不耦合的),由图可见,车身低阶模态频率大致在 20～50Hz。汽车在轮胎上的振动频率及发动机在其悬置上的振动频率等,与车身低阶模态频率很接近。因此,车身设计要非常注重结构低阶模态频率的设计,注意提高车身整体刚度和部件刚度,通过修改结构,使车身或部件的模态频率避开激励频率,以防止共振。

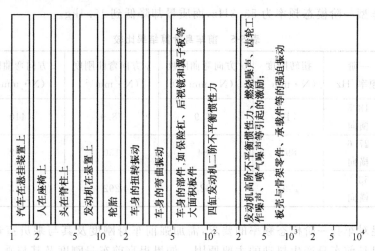

图 5-28 轿车激振频率与固有振动频率分布图

2. 部件模态分析

汽车振动特性与车身刚度密切相关。高刚度车身不仅有利于悬架的支持,使汽车系统正常工作,而且有利于改进振动特性。如果车身部件刚度不足或分布不均衡,如轿车前车身及其与乘员室连接处的弯曲刚度较弱,其模态频率则会下降。当不平路面激励引起的汽车悬架上的振动频率与车身整体模态频率接近或成倍数关系时,就会产生前车身抖动,严重时可从转向盘上感受到或用眼睛观察到前车身的这种抖动。因此,在车身结构设计时,应对各部件进行刚度和模态分析。

【实例分析】 分别从三种车型的有限元模型上切割下前车身,如图 5-29 所示。对三种模型进行分析并比较:

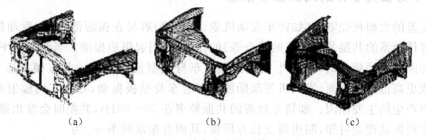

(a)　　　　　　　　　　(b)　　　　　　　　　　(c)

图 5-29 前车身有限元模型
(a)原车型;(b)竞争车型;(c)新车型

(1) 正交模态频率和振型。

(2) 四种静刚度,即扭转刚度和平行于 xy 平面分别在 x、y 方向的弯曲刚度,以及在 xz 平面 z 方向的弯曲刚度。

计算模型在切割处约束全部自由度。

计算扭转刚度时,分别在前车身模型的左、右悬架支承处,沿正、负方向作用单位载荷;计算弯曲刚度时,在前车身模型的两个悬架支承处先后沿 x(及 y 和 z)方向作用单位载荷。

计算结果见表 5-5,可见,原车型的前车身在 xy 平面中的弯曲刚度差,一阶模态频率仅 18.5Hz;新车型一阶模态频率为 53.3Hz,而质量却降低到 15.4kg。

表 5-5 前车身计算结果比较

车型	一阶频率/Hz	扭转刚度/(N·mm^{-1})	x 方向弯曲刚度/(N·mm^{-1})	y 方向弯曲刚度/(N·mm^{-1})	z 方向弯曲刚度/(N·mm^{-1})	质量/kg
原车型	18.5 横向	719	47.9	78.0	440	20.1
竞争车型	27.6 横向	891	384	150	292	13.4
新车型	53.3 横向	1595	3823	292	943	15.4

为了满足对车身一阶模态频率的要求,需加强前车身刚度及其与乘员室连接部位的刚度。刚度不足是前车身产生抖动的主要原因。如果提高前车身刚度及其与乘员室的连接刚度,车身一阶频率将从原车型的 19.9Hz 提高到新车型 26.8Hz。新方案设计修改结果见表 5-6。

表 5-6 新方案设计修改结果

设计修改次序	车身一阶频率/Hz	修改后频率变化/Hz	频率累计增量/%	修改内容
0	19.9			基础 CAE 模型
1	21.3	+1.4	7.0	增加前指梁与内板及前挡板的连接
2	23.8	+2.4	19.0	加强轮罩板与前挡板的焊接
3	25.9	+2.2	30.0	加强前指梁与前挡板上梁的焊接
4	26.8	+0.9	34.0	A 柱截面加大 50%

3. 车身板壳零件的局部振动模态

刚度差的大型板壳零件(如轿车发动机罩、地板等)容易在振源激励(如发动机振动、汽车行驶时传动系的共振及噪声波的冲击等)的作用下,引起强迫振动。当激振频率接近车身内外板的固有振动频率时,将发生板壳共振。车身大型板壳零件的共振频率通常在 40~300Hz 或更高范围。路面、发动机等激励源会引起车身壁板振动,并向车内辐射噪声,这是车内噪声产生的主要原因。如轿车地板的共振频率为 50~60Hz,共振时会发出敲鼓声。

由薄板振动理论可知,四边简支长方形板,其固有振动频率 w_n 为

$$w_n = \pi^2 \sqrt{\frac{D}{\rho t}} \left(\frac{m^2}{a^2} + \frac{n^2}{b^2} \right) \tag{5-1}$$

式中,a 和 b 分别为板的长度和宽度;m 和 n 分别为沿板边 a 方向和板边 b 方向的振动阶数;ρ 为材料的密度;t 为板厚;D 为板的弯曲刚度或抗挠刚度。

$$D = \frac{Et^3}{12(1-\mu^2)} \tag{5-2}$$

式中,μ 为泊松比;E 为材料的弹性模量。

对应不同的 m 和 n 值,可计算出相应的各阶固有振动的频率和振型。因大部分噪声是由低阶振动引起的,所以低阶振动频率是最主要的。

长方形板的最低阶频率 f_1(即 $m=1, n=1$ 时)应为

$$f_1 = \frac{w_n}{2\pi} = \frac{\pi}{2}\sqrt{\frac{D}{\rho t}}\left(\frac{1}{a^2} + \frac{1}{b^2}\right) \tag{5-3}$$

由式(5-3)可知,若材料厚度不变,则固有振动频率几乎与板边尺寸的平方成反比。因此,可通过改变板边尺寸来避免共振。最有效的方法是在板上冲压肋。因为振动波总是向着刚性最差的方向传递,冲压肋和棱线能切断路径,使振动受到抑制。

4. 振动特性测试

由于车身振动模态是结构的固有特性,车身振动特性通常采用测试方法,即用电磁激振器对车身激振,迫使车身产生各阶简谐振动;借助加速度传感器测量响应,找出共振频率及产生共振的原因;由加速度振幅 a_0 和激振频率 Ω 算出位移振幅 $s_0(s_0 = a_0/\Omega^2)$,再根据各点振幅画出振型。

白车身振动测试大多采用软底座支承或软弹簧悬挂,使刚体模态频率接近于零;而标准车身装备的振动测试一般采用轮胎和悬架装置支承。

如图 5-30 所示为白车身振动测试的二阶弯曲振型,有三个节点——位移为零的点,频率为 37Hz,同相位激励分别作用于左、右前纵梁上。

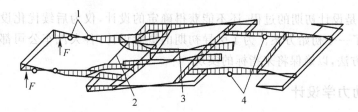

图 5-30 底架的二阶弯曲阵型
1—前附加横梁(副车架)固定点;2—发动机后悬置横梁;3—传动轴中间支承点;4—后悬架支承点

5.4.2 车身结构动力学性能设计

1. 主观评价与客观测量

车身刚度和模态都不是最终的评价指标,汽车的性能指标应体现在汽车实际使用性能的最终综合水平上。因此,在设计的最初阶段,应由专家对具有竞争力的同类车型进行实际考察,并在相同的路面上,实际驾驶几种竞争车型,选择转向盘、座椅和后视镜等驾驶员界面特征点,分别对其振动特性做出主观的等级评价。

上述竞争车型以相同的车速行驶在与主观评价时同样的路面上,对每种车型进行道路响应测量。如选择3种竞争轿车,都以72km/h车速行驶时,分别测量在0~50Hz范围内的转向柱振动加速度响应。由试验数据,得出响应最低的车型,也就是主观感觉最好的车型,从而证实主观评价的正确性。由于车身结构模态频率是影响汽车结构动力学性能和乘坐感觉的关键指标,所以需要测出每种竞争车型的一阶振动模态频率。一般来说,响应最低的车型一阶模态频率最高,这也是该车主观感觉最好的主要原因。

通过对同类竞争车型的主观评价和响应测试,从结构动力学角度分析新设计车型应具备怎样的性能水平,同时也可了解该性能车型的结构特点。

2. 确定性能指标

根据测试同类竞争车型所获得的指标,为新车设计提供了一个清晰的动力学性能水平。以这个动力学性能水平为基础,同时考虑汽车的其他性能要求,如碰撞安全性要求、可靠性、耐久性要求、布置要求、重量要求等(对于主要性能方面的要求,各公司都有自己的规范和标准),就可确定所希望的各项性能指标,作为结构设计的指南。

3. 性能综合

综合考虑上述各种不同的要求,完成一个设计的过程称为综合。

充分理解整车所有性能要求,有效地综合一个设计,其关键在于弄清整车性能要求与部件设计参数(如构件布置尺寸、材料厚度和截面特性等)之间的关系。建立基于性质的参数化模型(PBM),可以帮助弄清这个关系。

如上所述,通过与竞争车型测试和性能指标的分析比较,提出对新车型的噪声、振动特性和结构刚度的要求,并将这些要求与其他竞争要求紧密结合来定义一个设计,这是一项高水平的工作。

当然,这只是设计初期的过程,还不能获得确定的设计,仅为后续优化设计及考虑其他性能要求提供了一个初始方案。为了引导初期的概念设计,各大汽车公司都应用了一套综合/分析CAE方法,以确保将来指标的实现。

4. 结构动力学设计

1) 模态研究与控制(模态分布图设计)

按上述方法提出的车身动力学性能要求,必须分派到各子系统和部件,由子系统和部件的性能保证将来整车性能目标的实现。分派指标时需要根据最初对标时所作的分析和测量,以及数据库的数据支持,设计一个模态分布图,标明频域中各子系统的模态及其与输入(激励频率)的关系。模态分布图设计为制定一系列子系统模态匹配提供了方法,为分析各子系统的振动特性打下了基础。

2) 建立系统模型

即便子系统模态的基调定得很好,但也不一定能保证满足目标振动级的要求。必须在设计的各个阶段,建立相应的系统有限元模型,用于计算和评估性能水平。系统模型有以下几类:① 车身概念模型(Concept Body Models);② 整备车身模型(Trimmed Body Models);③ 汽车系统模型(Vehicle System Models)。此外,有时还需建立部件的分析

3) 动力学计算分析

(1) 正交模态(Normal Modes)。首先计算系统模型中所有子系统的正交模态，并按模态分布图进行匹配和设计调整，直到满足模态要求。尤其要注意车身一阶弯曲模态和一阶扭转模态的目标要求。

(2) 频率响应(Frequency Response)。将用于竞争车型主观评价和响应测试时所记录的路面谱，以功率谱密度的形式输入系统模型，则驾驶员界面点的响应谱就可以从有限元计算结果的频率响应解序列中获得，并可与竞争车型的测试值进行振动幅值的比较。为了降低响应，需要参考模态分布图要求，设计车身结构的总刚度和局部刚度。

(3) 灵敏度(Sensitivities)。车身结构模态关于板厚变化的灵敏度计算，需要建立在车身模态分析的基础上，采用直接求导的方法。在结构动力学设计时，灵敏度用于引导车身模态频率的设计。例如，为了使接头刚度(或板厚)的模态频率最大化(即要找出对模态修改最灵敏的结构或部位)，使用 MSC.Nastran 设计灵敏度分析功能，对前几阶白车身振动模态进行设计灵敏度分析。灵敏度的输出形式可以是由于接头刚度的变化而带来的车身系统第 i 阶频率的变化，即 $\Delta\omega_i/\Delta k$，或由于接头零件板厚的变化而带来的车身系统第 i 阶频率的变化，即 $\Delta\omega_i/\Delta t$。

4) 性能平衡

按上述方法设计和优化每个子系统时，其结果往往不能满足汽车其他方面的要求，必须采取折中的方法改变系统模型，使汽车得到各方面性能的平衡(Rebalance)。所有设计决策都应在对整车的动力学性能影响具有定量认识的前提下做出。例如，装配厂要求将复杂的垫片螺钉连接方式改为粘接，因此导致一系列设计需要改变；设计者同意选择粘接方案，是因为认识到采用粘接可提高结构的模态频率并减轻质量。也就是说性能平衡是很细致的工作，决策者对此必须有全面的认识。

5) 结构优化

在结构优化(Structural Optimization)过程中，利用有限元分析、设计灵敏度分析和数值优化算法，反复迭代来更新结构设计参数，使某个给定的响应量(如质量或频率)在各种约束条件下最小化(或最大化)。图 5-31 表示结构优化系统流程，包括预处理器、求解器和后处理器三部分。其中，MSC.Patran 用于振动分析，各种计算配合优化模型和优化程序进行结构优化设计。

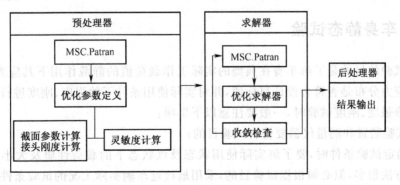

图 5-31　结构优化系统流程

结构优化用于汽车的整个开发过程。一般在设计初期着重高刚度/轻质量,而到设计后期优化结构时,将其他要求如碰撞性能要求、耐久性要求和其他非性能的要求,都作为分析整备车身模型时的约束条件,将多方面要求集成在一个分析模型中进行质量优化和性能评估。一般为了满足碰撞和耐久性能的要求,以限制最小板厚为条件;为了满足布置要求(如视野障碍、燃油箱容积和位置、室内空间踏板布置、进出方便性等),则往往是限制梁、柱的截面或拓扑尺寸。

在设计初期利用简化分析模型,优化设计的参数是截面尺寸、接头刚度和零件板厚;而在设计后期利用板单元模型时,截面或拓扑的尺寸已经定下来了,只有板厚是设计参数。然而,近几年由于计算机容量和计算速度都有很大提高,自动划分网格的软件功能也越加成熟,一些大公司已经陆续不再使用梁单元简化模型,在设计早期阶段就在车身CAD外形、布置和结构构造的控制下,按子系统直接建立板单元模拟的组合整体模型,用于结构性能优化设计。这样不但可以减少简化模型带来的一些技术上麻烦,而且可以提高设计和计算精度,缩短设计周期。

6) 结构设计

结构设计分三个阶段,即结构方案设计、结构研究和结构完善。前一个阶段设计的成功为下一个阶段的设计奠定了良好的基础。这三个阶段各种方案的共同特点都是围绕汽车一阶弯曲和一阶扭转模态频率进行研究的。

总之,为有效设计汽车结构性能,必须依赖于CAE分析数据的驱动和引导。CAE方法包括CAE模型的建立和适时变化、优化过程的反复迭代,并经常要使用设计灵敏度分析功能。

5.5 车身强度与刚度试验

车身强度、刚度试验的目的,一是了解和验证轿车车身是否具有在各种使用条件、环境条件下,都能充分发挥其所需性能的强度和刚度;二是指导车身结构设计,即以取得的试验数据为基础,分析、找出车身结构上强度、刚度不充分的部位,以及在轻量化的要求下,将强度过高部位的强度水平适当降低,从而实现车身结构设计既轻量又安全可靠。

车身强度、刚度试验可分为静态试验和动态试验两类。

5.5.1 车身静态试验

静态试验的目的是了解车身在典型的实际工作载荷值的静载作用下其应力分布状况,确定这些应力分布是否符合设计目标值,并对实际使用条件下的强度、刚度进行研究。

进行静强度、刚度试验时,一般要注意以下事项:

(1) 试验装置和测量仪器要符合试验目的;

(2) 确定试验条件时,要了解实际使用状态及该状态下的载荷性质及大小。车身的支承和加载方法很多,但必须根据试验目的,采用最接近车辆实际工况的试验条件和方法。

1. 车身强度试验

车身静强度、刚度试验一般在白车身上进行,可分为施加垂直载荷的弯曲试验和施加扭转载荷的扭转试验。由于车身结构复杂,试验中通常利用光弹薄膜法或应力涂料法查出应力集中的部位。

1) 侧门强度试验

GB 15743—1995 规定了轿车车门的强度要求及试验方法。GB 15086—2006 对车门结构件做出了强制要求,以最大限度地减少乘员由于碰撞而被甩出车外的可能性。轿车车门强度要求见表 5-7。

表 5-7 车门强度要求

情 况	初始耐挤压力	中间耐挤压力	最大耐挤压力
座椅可能影响加载或车辆侧向变形时,从车内搬出后	不得低于 10000N	不得低于 15560N	不得低于整车装备质量 2 倍的力或 31120N 二者中的较小值
座椅安置在车内并处于可调到的任意位置,靠背调到任意可调节到的倾角	不得低于 10000N	不得低于 19450N	不得低于整车装备质量的 3.5 倍的力或 53340N 二者中的较小值

注:初始耐挤压力指在 0~152mm 挤压距离上使车门变形的平均力;中间耐挤压力指在 0~305mm 挤压距离上使车门变形的平均力;最大耐挤压力指在 457mm 的整个挤压距离上记录到的最大力。

(1) 试验车辆准备。侧窗玻璃位于最高位置,所有车门为锁闭状态。受试验一侧对面的车身裙部应靠在一个坚固的刚性铅垂平面上,用紧固装置将车牢固定位。

(2) 试验设备。加载装置的压头是直径为 305mm、棱边圆角半径为 13mm 的钢制刚性圆柱体或半圆柱体,其长度应能使其上端面至少高出窗口下边缘 13mm,但试验时不能碰到窗口下边缘上部的任何构件。

(3) 试验过程描述。加载示意图如图 5-32 所示。试验时压头移动方向垂直于车辆纵向中心平面,由外向内加载,直到加载装置移动 457mm 为止。连续加载时,加载装置的移动速度不得大于 12.7mm/s,必须在 120s 完成。连续记录载荷及相应的位移,或以不大于 25mm 或不大于 890N 的增值记录试验结果。试验过程中压头不得发生转动或改变移动方向。

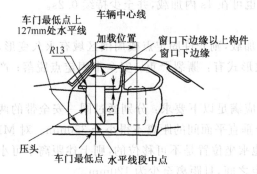
(a)

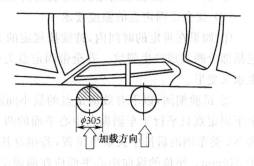
(b)

图 5-32 加载示意图
(a) 加载位置;(b) 加载方向

(4) 试验结果处理。根据记录结果,绘出以挤压距离为变量的载荷曲线,求得施加载荷相对挤压距离的积分,以该积分值除以相应的挤压距离,其结果即为在这个距离上使车门变形所需要的平均力。

2) 汽车安全带安装固定点强度试验

约束系统安装点试验是汽车设计过程中必须要通过的国家强制法规,该试验是根据 GB 14167—2006 要求,校核车身上及座椅骨架上的安全带固定点的强度,其强度能否满足法规要求,直接影响碰撞事故发生时,安全带能否正常发挥被动安全的作用,保护乘员的安全。

(1) 试验加载要求

① 三点式安全带固定点。利用模拟织带同时对上、下人体模块施加 (13500 ± 200)N 的试验载荷。对于 M2 和 N2 类的车辆,试验载荷应为 (6750 ± 200)N;对于 M3 和 N3 类车辆,试验载荷为 (4500 ± 200)N。

② 两点式安全带(腰带)固定点。应对连接腰带的下人体模块施加 (22250 ± 200)N 的试验载荷。对于 M2 和 N2 类的车辆,试验载荷应为 (11100 ± 200)N;对于 M3 和 N3 类车辆,试验载荷为 (7400 ± 200)N。

③ 设于座椅骨架上或分设于座椅骨架和车身框架上的安全带固定点,还应施加一个相当于座椅总成质量 20 倍的力。惯性载荷应施加在座椅上或与相应座椅的实际质量相当的座椅相关部件上。对 M2 和 N2 类车辆,载荷为座椅总成质量的 10 倍;对 M3 和 N3 类车辆,应为座椅总成质量的 6.6 倍。

④ 其他类安全带固定点的试验。利用模拟织带的装置,同时对连接到固定点上的上、下人体模块施加 (13500 ± 200)N 的试验载荷。对 M2 和 N2 类的车辆,试验载荷应为 (6750 ± 200)N;对于 M3 和 N3 车辆,试验载荷应为 (4500 ± 200)N。

(2) 试验条件

① 同一组座椅的全部安全带固定点应同时进行试验。若有可能因座椅或固定点的非对称性加载而导致试验失败,则可进行一次追加试验。

② 沿平行于车辆纵向中心平面并与水平线成向上的方向施加载荷。先施加总载荷的 10%(误差)的预加载,然后增加载荷至总载荷。

③ 在 60s 内加载至规定值,应制造商要求也可在 4s 内加载,并至少持续 0.2s。

(3) 安全带固定点的强度要求

① 如果在规定的时间内,持续按规定的力加载,则允许固定点或周围区域有永久变形,包括部分断裂或产生裂纹。安全带固定点失效形式有:撕裂严重;安全带固定点脱落;产生永久变形。

② 试验期间,以下有效固定点的最小间隔应满足以下要求:分别通过同一安全带的两个下固定点且平行于车辆纵向中心平面的两个垂直平面间的距离不得小于 350mm。对 M1 和 N1 类车辆的后排中央乘坐位置,若相对其他乘坐位置是不可移位的,则上述距离不可小于 240mm。座椅的纵向中心平面应在两固定点之间,且距离至少为 120mm。

③ 如图 5-33 所示,安全带上有效固定点应在 C 点的水平面上方,A、C 点位于 R 点铅垂上方 450mm 处,如果距离 S 不小于 280mm,且制造商选用规定的换算公式 $BR=260$mm$+$

0.8S，则 C 和 R 之间的铅垂距离应为 500mm。B、S 为安全带上有效固定点至平行于车辆纵向中心平面的基准平面 P 的距离(mm)。C、P 平面的位置规定如下：

（a）如果乘坐位置是由座椅形状确定的，用户平面即为座椅的中心平面。

（b）在不能确定乘坐位置的情况下，对于驾驶人座椅，P 平面为通过转向盘中心且平行于汽车纵向中心面的铅垂平面（可调式转向盘应位于正中位置）；对于前排外侧乘员座椅，P 平面应为与驾驶人座椅的 P 平面对称的平面；对于后排外侧乘员位置的 P 平面，应为车辆纵向平面的距离为 A 的平面，由制造商按下述条件确定：$A \geqslant 200mm$（仅供 2 人乘坐的长条座椅）；$A \geqslant 300mm$（供 2 人以上乘坐的长条座椅）。

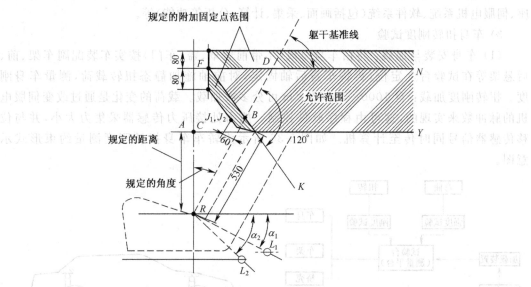

图 5-33 安全带固定点安装位置示意图

注：M1 目 N1 类车后排中间乘坐位置为 $\geqslant 240mm$。

最大总质量不大于 2500kg 的 M1 类车辆，若上固定点在座椅构架上，试验期间，上有效固定点前向位移应在通过 R 点和 C 点的横向平面以内；对其他车辆上有效固定点的前向位移不应超出 R 点平面前倾的范围，其最大位移量应在试验期间测量。若上有效固定点位移超出上述范围，制造商应向检验机构证明其对乘员不会造成伤害。

卸载后，应保证所有座位上的乘员手动操作位移装置和锁止装置即可撤离车辆。

2. 车身刚度试验

车身刚度试验是为了测定车身在载荷作用下的变形状态，从而计算并评价车身结构的刚度是否合适。车身静刚度试验一般包括车身扭转刚度试验和车身弯曲刚度试验。

被测试部件按照使用过程中的约束条件和载荷条件进行模拟工况试验，在试验条件下进行扭转刚度和弯曲刚度测试。车身刚度试验台如图 5-34 所示。

图 5-34 车身刚度试验台

1) 试验功能及原理

系统功能:

(1) 测量车身扭转角,计算扭转刚度。

(2) 测量车身弯曲挠度,计算弯曲刚度。

(3) 通过专用夹具及加载装置,测量车门、发动机前盖、后备厢等零部件刚度性能。

图 5-35 为系统工作原理示意图。

2) 试验台的主要组成部件

试验台主要由以下几部分组成:工控机、力传感器、位移传感器、固定支座、试验台底座、伺服电机系统、软件系统(包括画面、采集、计算、分析等功能)等。

3) 车身扭转刚度试验

(1) 车身安装与加载:将白车身总成(不带前后罩、盖、车门)按实车装配副车架、前、后悬架等在试验台上定位,再将车身后轴固定,对前轴施加静态扭转载荷,测量车身刚度。扭转刚度加载:自 1000~4000N·m 可分多次加载。载荷的变化是通过改变伺服电机的脉冲数来实现的,这可由程序软件控制。施力处接压力传感器采集力大小,并与位移传感器信号同时传至计算机。如图 5-36 所示为轿车车身扭转刚度测量约束形式示意图。

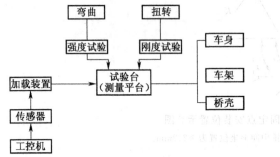

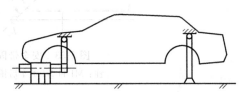

图 5-35　系统工作原理示意图　　图 5-36　轿车车身扭转刚度测量约束形式示意图

(2) 扭转刚度试验的测量点布置:测量点位置的选择可以视车身的具体结构而定,将测点设置在车身的主要结构件上,每个测量点上布置一个传感器。如前纵梁、门槛梁、传动轴通道和后纵梁上。每根梁上的测点数量根据梁的长短和结构的连接方式选取,总量一般为 40~50 个,间距一般为 300~350mm。传感器的测试量均可显示。车身测量点布置图如图 5-37 所示。

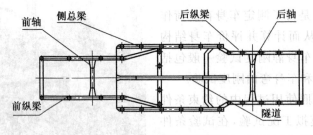

图 5-37　车身测量点布置图

4) 车身弯曲刚度试验

轿车车身弯曲刚度测量的加载方式通常有中央一点加载和按乘员载荷加载两种方式。通过前后轴固定白车身，对其施加垂直的静态载荷，使车身承受弯曲载荷，测得车身刚度。

如图 5-38 所示为轿车车身弯曲刚度测量约束形式示意图。

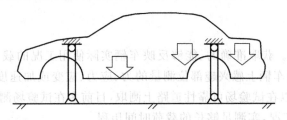

图 5-38　轿车车身弯曲刚度测量约束形式示意图

施力处接压力传感器采集力大小，并与位移传感器信号同时传至计算机。计算机根据采集的位移量及前后轴距 L，计算出最大挠度值，并算出车身弯曲刚度。

5) 零部件刚度试验

(1) 将汽车零部件（车门、发动机前盖、后备厢）按实车的安装和约束条件固定在专用夹具上。

(2) 安装加载装置及力传感器（可与弯曲刚度试验的加载机构通用）。

(3) 安装位移传感器。

(4) 按试验规范对部件进行加载，计算机作出加载力-变形挠度性能曲线。

(5) 车门进行水平加载与垂直加载测试，发动机盖仅进行扭转刚度测试，后行李厢盖仅进行扭转刚度测试。

6) 车身刚度试验系统特性

轿车车身刚度的试验分析方法，是在试验台上，针对白车身模拟实车工况，按照实际工况约束边界条件和施加载荷条件，应用相关的试验器材实际测得白车身的变形情况，再根据已知的公式和经验求得试验的相关数据，与已知的类似车型相关数据进行比较分析，对刚度的薄弱环节根据最佳的修改形式，提出改进方案，对白车身进行优化设计。

7) 车身刚度试验台的特点

(1) 经济性、适用性。系统的设计、选型配置、功能等，应符合车身刚度试验的实际情况，运行维护费用低。

(2) 先进性。试验台采用数据自动采集与处理系统，快速处理数据，描绘结果加载装置代替原始手工加载，方便易行。

(3) 操作方便性。操作软件采用中文操作界面，便于用户学习和掌握；液压加载装置减少了人员的劳动强度。

5.5.2　车身动态试验

动态试验是指车身在承受动载荷作用下进行的验证车身强度是否合适的试验。一般可分为台架试验和行驶试验两种。

1. 汽车疲劳强度室内台架试验

研究车身在重复空载荷作用下发生疲劳破坏的试验。一般施加程序载荷。程序载荷是将行驶时的随机载荷,根据对载荷使用频度的分析结果,用适当的方法进行载荷波形处理后得到的。

1) 试验步骤

(1) 获取载荷谱。获取准确的、能够反映车辆实际使用工况的载荷数据(载荷谱)。这些载荷数据一般是在车辆上感兴趣部位测量的力、应力、应变或加速度信号,可以在公共道路上进行测取,也可以在试验场可靠性道路上测取,目前多在试验场测取。

① 选择典型的工况,实测足够长的载荷时间历程。

② 对单一工况的载荷时间历程,统计极值或幅值出现的频次,并绘制单工况实测载荷累积频次图。

③ 由各种单一工况载荷累积频次图合成多工况总试验里程的综合载荷累积频次图。

④ 确定载荷分布的频率分布特性,并确定最大载荷。

⑤ 实测综合载荷累积频次图推断为扩展载荷累积频次图。

⑥ 由扩展载荷累积频次图编制分级载荷谱。

(2) 对获取的载荷数据进行分析处理,形成在室内台架模拟试验中要用到的程序载荷谱,为进行加速试验做准备。

(3) 在室内台架上对试验对象施加程序载荷谱,进行可靠性试验,有等幅试验法和程序疲劳试验法两种加载方式。

(4) 对试验结果进行分析。

2) 典型汽车室内台架试验

(1) 整车室内可靠性试验。根据车身的约束方式不同,可以分为两类:自由车身试验和固定车身试验。

(2) 子系统总成。除了整车模拟试验外,在室内也可进行总成零部件的可靠性模拟试验。其中,总成试验台架主要有发动机试验台架、变速器试验台架、悬架试验台架、后轴试验台架、制动器试验台架、转向器试验台架等。

(3) 部件疲劳试验。零部件试验台架主要用于单一条件的试验,在开发试制阶段,主要用于考核零件的可靠性,考核材料的强度及性能;在疲劳生产阶段,主要用于质量控制或外购件的质量验收。

2. 汽车疲劳强度室外试验场试验

1) 车辆准备

(1) 接到试验样车后,记录试验样车的制造商名称、牌号、VIN 码、发动机型号、底盘型号、各主要总成型号及出厂日期,并为试验车编排试验序号。

(2) 检查试验样车各总成、零部件、附件、附属装置及随车工具的装备完整性,以及外部紧固件的紧固程度、各总成润滑油(脂)及各润滑部位的润滑状况及密封状况,并使其符合该车技术条件及 GB 7258—2017《机动车运行安全技术条件》第 3 号修改单的有关规定。

(3) 检查蓄电池电压、点火提前角、风扇传动带张力、发动机汽缸压力、节气门的开启、喷油泵齿条最大行程、发动机怠速转速、制动踏板与离合器踏板的自由行程、转向盘自由转角、轮毂轴承松紧程度、转向轮最大转角、轮胎气压以及制动鼓与摩擦衬片的间隙等装配、调整情况，使其符合该车技术条件及 GB 7258—2017《机动车运行安全技术条件》第 3 号修改单的有关规定。

2）试验仪器

在汽车可靠性试验中，除了进行基本性能试验所需仪器外，还需要行驶工况记录仪、燃油流量计、半导体温度计、发动机转速仪、坡度计、路面计、气象仪、秒表、精密测量量具、照相机等，以及特殊试验要求所选定的专用仪器及设备。

试验仪器和设备必须经计量检定，在其有效期内使用，并在使用前进行调整，确保功能正常，符合精度要求。当使用车上安装的速度表、里程表测定车速和里程时，试验前必须对其进行误差校正。

3）试验道路

（1）石块路（比利时路）。这种路来源于比利时境内某些失修的石块路，作为典型坏路的代表。主要考核汽车轮胎、悬架、车身、车架以及结构部件的强度、振动和可靠性，如图 5-39 所示。

图 5-39 石块路

（2）鹅卵石路。将直径为 130~180mm 的大鹅卵石稀疏地、不规则地埋入混凝土路槽中，大鹅卵石高出地表部分的高度为 40~120mm。此路除了引起垂直跳动外，不规则分布的鹅卵石还对车轮、转向系统和悬架系统造成较大的纵向和横向冲击，如图 5-40 所示。

（3）扭曲路。由左右两排互相交错分布的凸块组成，凸块形状以梯形最简单，也有正弦波或环锥形的，其左右都是一致的，目的是使汽车产生强烈的扭曲，以检验车辆的车架、车身结构强度和各系统的连接强度、干涉等，如图 5-41 所示。

图 5-40 鹅卵石路

图 5-41 扭曲路

（4）搓板路。每个凸起近似于正弦波，是砂石路上常见的路况。常将左右两侧搓板错位布置或斜置某一角度，用于汽车的振动特性、平顺性以及可靠性试验，如图 5-42 所示。

(5) 涉水池。一般是并联在石块路上，水深 0.15m 左右，可以调节，用来检查水对制动效率的影响、车身的防水性、汽车总成和发动机进排气系统的工作状况，以及非浮动车辆的漂浮特性等。

(6) 盐水池。放有食盐和氯化钙溶液的小型水池，用来进行汽车零部件快速腐蚀试验。

(7) 高速环形跑道。多采用混凝土路面，用于汽车在高速情况下持续行驶，以考虑整车的高速行驶性能和发动机、传动系、悬架轮胎的润滑发热情况，以及扭曲路零部件的可靠性和耐久性。

由于市场定位的差异和国家法规的要求，不同类型、不同品牌的车所进行的道路试验的组合不同。以微型货车为例，在海南试验场，该类型的车适用于第四号车道，路况为：起点→搓板路(乙)→石块路(丙)→波形路→陡坡路→沙土路→鱼鳞坑路→卵石路(丙)→条石路→石板路→扭曲路(丙)→沥青路→终点，全长 5350m，见图 5-43。

图 5-42 搓板路

图 5-43 海南试验场

4) 故障判断、数据处理

通常通过接车检查、停车检查、行驶中检查(随时检查)、每天收车后检查、定期维护检查、性能测试、汽车拆检等方法发现车辆异常、判断故障。

除特殊要求外，在汽车可靠试验初期和结束后各进行一次发动机外特性测试及汽车性能测试，以确定试验汽车经过规定里程的可靠性行驶试验后，性能指标是达到设计要求或国家规定的限制，以及其性能的稳定程度。

为了检查零部件是否有磨损、烧蚀、龟裂、松动、变质、剥蚀、压痕、变形及失效等故障，并对其进行精密测量，在汽车可靠性试验项目全部结束之后进行试验汽车的解体，然后根据测量结果判断出过量磨损、划痕、失圆、锥度以及接触区异常等故障。

在行驶试验中，必须严格、认真地记录故障详情，并填写故障统计表。

习 题

1. 车身结构设计中避免应力集中的措施有哪些？
2. 车身结构设计应考虑的因素有哪些？
3. 什么是承载式车身？它有什么优缺点？
4. 什么是非承载式车身？它有什么优缺点？

第 6 章

汽车车身碰撞安全设计

6.1 汽车碰撞安全性设计

6.1.1 汽车安全性概述

随着汽车的逐步增多和车速的提高,碰撞事故越来越多,汽车碰撞安全性是交通安全的重要内容之一。汽车设计不仅要追求较高的动力性、良好的经济性和美观、舒适等性能,而且还应使汽车在碰撞事故中能最大限度地保护乘员安全,努力做到"车毁人不亡"或"车伤人不伤",即让汽车具有较高的"汽车碰撞安全性"。

评价汽车的安全性一般从汽车主动安全性和被动安全性两方面来考虑。汽车主动安全性是指汽车所具有的减少事故发生概率的能力,即指对汽车结构进行合理、有效的设计来主动预防或避免发生事故的性能,其研究内容包括汽车操纵稳定性、制动性、驾驶员视野性、灯光系统和门锁报警等。汽车被动安全性是指出现交通事故时,汽车通过车内的保护系统来有效保护乘员,将伤害减少到最低限度的能力,即汽车所具有的在交通事故中保护乘员免受伤害的能力,其研究内容包括车身抗撞性、乘员约束保护系统性能(如安全带、座椅、安全气囊、内饰软化等)以及转向系统防伤性能(如方向盘、吸能式转向柱等)等。

1. 汽车主动安全性

对于轿车来说,主动安全性非常重要,一旦发生事故,可能会造成严重后果。如汽车制动性较差,出现的严重侧滑或制动跑偏而发生的交通事故占交通事故总数的35%左右。再如,汽车的操纵稳定性与安全性有较大关系,也会直接影响交通事故的发生率。因此,提高汽车的主动安全性,对于预防交通事故的发生具有积极意义。

2. 汽车被动安全性

由于汽车的被动安全性总是与广义的汽车碰撞事故联系在一起,故又称为"汽车碰撞安全性"。从抗撞性考虑,汽车的被动安全性显然更为重要。

被动安全性分为汽车外部安全性和汽车内部安全性。汽车外部安全包括为减轻事故对行人的伤害而专门设计的与汽车有关的措施。车内安全包括在事故中使乘员的加速度和作用力降低到最小,在事故发生后能提供足够的乘员生存空间,以及确保从车内营救乘员起关键作用部件的可操作性等有关措施。因此,汽车被动安全性的决定性因素是:车身的变形状态、乘坐室强度、碰撞发生时和发生后的乘员生存空间尺寸、约束系统、车内被撞击面积、转向系统、乘员的解救、防火等。使碰撞的不良后果减小到最低程度,是汽车被动安全性设计的最基本要求。

为了预防事故,以及在事故中避免或减轻对乘员的伤害,汽车设计时应考虑以下安全性要求:对转向盘、踏板、变速杆和各种控制开关的要求;对驾驶员眼椭圆、头廓包络线的设计要求;对驾驶员视野的要求;对各种灯光的要求;对除霜和刮水器的要求;对噪声、密封性和报警装置的要求等。

6.1.2 汽车碰撞形式及乘员伤害

1. 汽车碰撞形式

由于诸多因素的影响,汽车交通事故的碰撞形式各异。据统计分析,汽车碰撞事故可分为单车事故和多车事故,其中单车事故又分为障碍物碰撞和翻车。与障碍物碰撞事故的基本形式一般分为正面碰撞、侧面碰撞(包括两车相向偏置碰撞)、尾部碰撞(一般为追尾碰撞)和撞行人等,其中正面碰撞和追尾碰撞较常见,而侧面碰撞发生较少。多车事故为两辆以上的汽车在同一事故中发生碰撞,讨论特性时一般只考虑两车相撞的情形,如图6-1所示。

在各类交通事故中,不同形式的碰撞比例和人员死亡率是不同的。汽车碰撞形式及各类碰撞事故死亡人数的比例如图6-2所示。

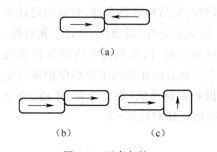

图 6-1 两车相撞
(a)正面碰撞;(b)尾部碰撞;(c)侧面碰撞

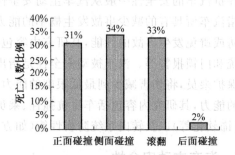

图 6-2 汽车碰撞类型及各类碰撞事故死亡人数比例

由于我国城市交通多以平面交叉路口为主,所以侧面碰撞发生的概率很高,且车门结构决定了对乘员的保护措施受到限制,造成侧面碰撞在交通事故中死亡人数比例仅次于正面碰撞,位居第二。因此,汽车侧面碰撞安全技术及乘员伤害的研究,对改善我国道路交通事故状况具有重要的积极意义。

除上述碰撞形式外,人车碰撞也是常见形式,主要有汽车与行人、汽车与自行车或摩托车的碰撞,尤以车辆前端与人的碰撞最为普遍,约占68.5%。与乘员相比,行人往往是此类交通事故的受害者。过去,汽车被动安全技术研究中的乘员保护一直是研究的核心内容,而行人安全技术研究很少,如今,此问题已引起相关部门普遍重视。

2. 汽车碰撞时的乘员伤害

研究汽车碰撞安全性的最终目的是在汽车碰撞中如何保护人员的安全,其中很重要的内容是保护乘员的安全。了解汽车碰撞事故中乘员伤害的原因,有助于将各种碰撞形式对乘员保护的要求,转化为对车身结构碰撞响应特性的要求,从而可以更合理地进行车身抗撞性的设计。

汽车碰撞分为一次碰撞和二次碰撞。汽车与汽车或汽车与障碍物之间的碰撞为一次碰撞;一次碰撞后汽车的速度下降,车内乘员受惯性力的作用继续以原有的速度向前运动,在乘员生存空间未丧失的情况下,乘员与汽车内部结构(包括安全带和安全气囊)的碰撞或被抛出车外,称为二次碰撞。

在各种碰撞事故中,乘员受到伤害的主要原因可以归纳为:

(1) 一次碰撞过程中传递给乘员的加速度值超过了人体的耐受极限,使人体器官受到损伤。

(2) 碰撞时,车辆外部刚硬物体侵入室内,直接将乘员挤压导致的伤亡。

(3) 乘员在车内遭受二次碰撞而受伤。

(4) 碰撞时,由于车辆刚性不足而产生过大变形,导致乘员缺乏生存空间而伤亡。

(5) 碰撞时,如果燃油系统发生泄漏,有可能导致火灾,这也是对乘员造成伤害的原因之一。

在汽车碰撞事故中,乘员受到的伤害主要是由二次碰撞造成的。没有安全带时,人体的头部、胸部、大腿及小腿会直接撞到驾驶室的风窗玻璃、转向盘、仪表板等部件,从而造成皮肤、骨骼、内脏及神经系统的损伤;有安全带时,人体虽然不会直接撞击在转向盘、仪表板等部件上,但由于巨大的减速度和安全带压力的作用,大脑和胸部会直接受到伤害。碰撞速度较高时,乘员身体往往会向前下方滑动,使安全带发生上窜,从而压迫腹部或卡住颈部,使乘员很容易受到致命的伤害。

6.1.3 汽车安全技术法规与新车评价规程

1. 汽车安全技术法规

世界著名的汽车安全法规有美国联邦机动车系列安全法规(Federal Motor Vehicle Safety Standards,FMVSS),它是世界上最完善的汽车安全法规,其特点是内容齐全、指标先进、修订较快。该法规制定了对车辆乘员、路上行人的保护及车辆应该具有的避免事故的性能,但发展的重点是侧面碰撞保护、行人碰撞保护以及货车和多用途客车的安全性及车辆稳定性等。

欧洲各国实施各自的车辆法规及车型认证制度,但制定了欧洲经济委员会(Economic Commission for Europe,ECE)法规和欧洲经济共同体(European Economic Community,EEC)指令。前者由各成员国任意自选,是非强制性的;后者则作为成员国统一的法规,是强制性的,并被引入了本国的法律体系中。ECE与FMVSS的不同之处,在于除了规定车辆正面、侧面碰撞、翻车时的车身强度及碰撞时防止火灾等外,还非常重视灯光和信号装置的安全性。

日本充分吸收了FMVSS系列法规和ECE法规等的优点,结合自身特点形成了较健全的日本道路车辆安全标准体系等。日本的法规特别重视汽车与行人及摩托车之间的碰撞安全,对汽车外部凸出物等的规定特别详细。

表 6-1 为有关国家汽车正面碰撞法规试验方法及评价指标。表 6-2 为有关国家侧面碰撞法规和评价指标。

表 6-1 有关国家汽车正面碰撞法规试验方法及评价指标

法规号		FMVSS208(美国)	日本 TRIAS11-4-30	ECE R94.00	ECE R94.01
项目名称		碰撞时的乘员保护	正面碰撞的安全标准	正面碰撞乘员保护(1995年)	正面碰撞乘员保护(1998年)
使用车辆		轿车	轿车	轿车	轿车
碰撞形式		(a) 正面撞击障碍壁 (b) 左侧与 30°楔形块碰撞 (c) 右侧与 30°楔形块碰撞	正面碰撞	驾驶员侧与 30°楔形障碍壁碰撞,并带防侧滑装置	与可变形吸能障碍壁发生偏置碰撞,重叠系数为 40%
碰撞速度		48.3km/h	50km/h	50km/h	56km/h
车辆质量		空车+行李+假人(2个)	空车+假人	空车+假人(2~3个)	空车+假人+测试系统(36kg)
安全带		佩戴与不佩戴两种情况	佩戴	佩戴	佩戴
测试假人		HybridⅢ(50%)	HybridⅢ(50%)	HybridⅢ(50%)	HybridⅢ(50%)
假人数量及乘坐位置		前排 2 人	前排 2 人	前排 2 个,驾驶员座后排 1 个	前排 2 个,驾驶员座后排 1 个
门窗状态		关闭,不锁止	关闭,不锁止	关闭,不锁止	关闭,不锁止
损伤评价指标	头部 HIC	HIC≤1000(36ms 间隔以内)	HIC≤1000(36ms 间隔以内)	HIC≤1000(36ms 间隔以内)	HIC≤1000(15ms 间隔以内)
	胸部 a_{3m}	a_{3m}≤60g	a_{3m}≤60g	a_{3m}≤60g	a_{3m}≤60g
	大腿轴向压力	≤10kN	≤10kN	≤10kN	≤9kN
	胸部压缩量	≤76.2mm	≤75mm	≤75mm	配备自动安全带的车≤50mm;安全气囊加普通安全带的车辆≤65mm
其他性能要求		试验时假人不被甩出车外	安全带不脱落,假人不损坏	试验后车门可以打开,安全带锁扣开启力不超过 60N,燃油泄漏不超过 30g/min	除与 ECE R94.00 相同的以外,还要求假人不损坏;转向机构上移 80mm 以下,翻转 25°以下

表 6-2 有关国家侧面碰撞法规和评价指标

法规号	FMVSS208(美国)	TRANS/SCI/WP29/R640(欧洲)
项目名称	侧碰撞乘员保护	ECE 侧碰撞乘员保护(草案)
碰撞形式	台车纵轴线与被试车辆垂直,但台车运动方向与台车纵轴线成 27°	台车运动方向、台车纵轴线与被试车辆垂直
试验车质量	空车+假人+工具	空车+假人(1)+100kg

续表

法规号		FMVSS208（美国）	TRANS/SCI/WP29/R640（欧洲）
移动障碍壁	质量/kg	1366	950
	全长/mm	4115	无规定
	轴距/mm	2591	3000
	轮距/mm	1600	1500
	Honeycomb	2部分	6部分
	长度/mm	1679	1500

随着汽车工业的迅速发展，我国于1999年10月发布了汽车技术法规CMVDR294《关于正面碰撞乘员保护的设计规则》，该法规是我国目前最严格、最全面的碰撞安全法规。我国汽车强制性标准体系是以欧洲ECE/EEC汽车技术法规体系为主要参照体系，在具体项目内容上紧跟欧洲国家、美国、日本三大汽车法规体系。因此，这些强制性标准从技术要求的角度看，其内容是与国际上先进的法规体系相同的。已颁布的我国强制性汽车被动安全标准如表6-3所示。其中国家强制标准GB 20071《汽车侧面碰撞的乘员保护》和GB 20072《乘用车后碰撞燃油系统安全要求》已于2006年7月1日起实施。

表6-3 我国强制性汽车被动安全标准

标准编号	标准名称	标准编号	标准名称
GB 14167—2013	汽车安全带固定点	GB 15086—2013	汽车门锁与门铰链的性能要求与试验方法
GB 11566—2009	轿车外部突出物		
GB 11552—2009	轿车内部突出物	GB 14166—2013	汽车安全带性能要求和试验方法
GB 7603—2011	汽车护轮板		
GB 9656—2016	汽车用安全玻璃	GB 15083—2006	汽车座椅系统强度要求和试验方法
GB 15743—1995	轿车车门强度		
GB 17258—2011	汽车用压缩天然气瓶	GB 11567—2001	汽车及挂车侧面及后下部防护装置要求
GB 17354—1998	汽车前、后端保护装置	GB 11557—2001	防止汽车转向机构对驾驶员伤害的规定
GB 17259—2009	机动车用液化石油气钢瓶		
GB 11551—2014	乘用车正面碰撞的乘员保护	GB 8410—2006	汽车内饰材料的燃烧特性
GB 11550—2009	汽车座椅头枕性能要求与试验方法	GB 20071—2006	汽车侧面碰撞的乘员保护
		GB 20072—2006	乘用车后碰撞燃油系统安全要求

2. 新车评价规程

《新车评价规程》（New Car Assessment Program，NCAP）1978年首先在美国开始实施，随后欧洲、澳大利亚以及日本、韩国、中国以此为参照，相继制定了NCAP标准。NCAP是一种非强制性检测标准，由行业性组织操作，定期对企业无偿提供或以市场上出现的新车进行碰撞试验；试验内容更严格、更全面；对试验结果的评价更加细化，并向社会公开评定结果。其主要目的是准确和全面地为消费者提供汽车安全性能的信息，帮助消费者做出购车决定。其最终目标是通过市场激励机制，促使汽车生产商自主开发出能在碰撞中表现出更好的安全性能、能更好保护乘员的汽车。尽管其不是政府的强制性标准，但因为其严格的要求和权威以及公正、公开的测评程序得到了消费者的广泛认可,并由此得到各汽车厂家的重视,将其作为汽车开发的重要评价依据。

6.1.4 汽车碰撞时的车身安全性设计

车身碰撞安全性是指车身结构在碰撞过程中保证乘员免受伤害和碰撞后安全逃逸的能力。这种对乘员的保护能力主要是由车身结构提供的,因此车身碰撞安全性是车身结构的主要性能之一。

1. 车身安全性设计要求

汽车碰撞安全法规是指导汽车碰撞安全性设计与改进的依据。为了确保达到碰撞安全法规所规定的人员伤害评价指标的要求,以减少乘员伤害,车身设计时必须做到两点:①车身结构必须具有缓冲变形功能,以吸收碰撞能量,降低碰撞加速度和撞击力;②应为车内乘员提供生存空间,即车身整体的刚度分布应合理且能够控制,以保证乘坐室撞击时的完整性。因此,决定车身结构的抗撞性主要有两方面因素,即车身结构的能量吸收特性和坚固的乘坐室结构刚度,设计中应采取相应的结构措施予以实现。

车身设计时,一般将车身结构分为碰撞安全区和缓冲吸能区的两种设计模式,如图 6-3 所示。图中 A 区为乘坐安全区,乘坐室应有足够的刚度,不允许发生大的碰撞变形,如碰撞后车门仍能正常开启,以保证乘员有足够的生存空间;B 区为缓冲吸能区,即车身前部结构和后部结构,在前后碰撞时允许有较大的变形,以便合理地吸收一次碰撞时的撞击能量,使得二次碰撞时作用于乘员身体上的力和加速度不超过规定的人的忍耐极限。此外,发动机、变速器等刚性部件不得因碰撞而侵入驾驶区,转向柱、转向盘以及一些操纵机构的碰撞位移不得威胁乘员的安全。

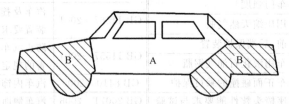

图 6-3 车身结构的碰撞安全区和缓冲吸能区

汽车碰撞事故主要是正面碰撞和侧面碰撞。车身设计时,对于正面碰撞的碰撞变形区域要尽可能多地吸收撞击能量,并使其变形形式以及变形特性满足一定的要求,即低速碰撞时从车辆的前端到保险杠之间,其车辆的变形以及变形力值要小,以保护行人和车辆自身;当发生中等速度碰撞时,从保险杠到悬置前端为相容区,要求变形力值应尽量均匀,以最大限度地降低加速度峰值;而当发生正面高速碰撞时,车头首当其冲,为了阻止变形扩展到乘坐室,从悬置到车身前围之间的变形及变形力值应急剧上升,形成自身保护区。其特性即为理想的正面碰撞变形特性,其理想特性曲线如图 6-4 所示。

对于尾部碰撞,其理想碰撞变形特性应与前部相同。一般情况下,尾部碰撞速度较低,且尾部具有足够多的吸能区间(除短尾车外),所以尾部碰撞吸能设计不如前部重要。尾部

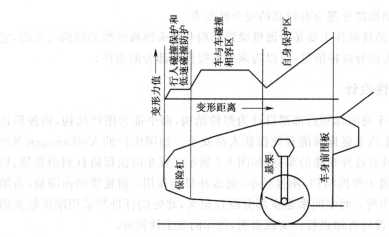

图 6-4　正面碰撞的理想特性曲线

碰撞时乘员受到的最主要伤害形式是颈部冲击损伤,因此车辆尾部区段应尽量软化,同时座椅头枕要起到很好的保护作用。

侧面碰撞时,车辆受到的撞击部位一般是车门或车柱。车门和立柱围住乘员的乘坐空间,当车辆遭受侧面碰撞时几乎没有可利用的缓冲吸能区间,所以其理想的侧面碰撞特性应是足够大的刚性、车门和立柱不应发生大的变形。另外,车门内板应柔软或安装安全气囊,以防乘员撞击车门内板而造成伤害。

总之,车身设计应使车身前部与后部均为弹性结构而中部乘坐室应具有大的刚性。车身结构的碰撞安全性实际上就是车身结构承受碰撞的能力、变形模式以及吸收碰撞能量等综合能力的体现。良好的车身结构碰撞安全性,意味着在一定的变形模式下,车身结构应能承受较大的撞击载荷,并吸收较多的碰撞能量,使结构变形向着有利于保护乘员生存空间的方向发展。

2. 与车身安全性相关的车身结构特点

不论是承载式车身还是非承载式车身,车身碰撞安全性都取决于车身结构的设计。目前,轿车车身通常是承载式车身。对一般钢结构车身,其结构件大多是薄壁梁形结构,由薄板件加工后经焊接而成,目前最常用的材料是高强度钢。其构件截面有闭口的,也有开口的,它们在车身中起支撑和加强作用。薄壁梁形结构相交汇的部位称为接头,接头的特性对车身结构性能有较大的影响。此外,车身结构还有大量的板壳零件,如车门内板、车门外板、引擎盖、行李厢盖、顶盖、翼子板等。

当两车发生碰撞时,汽车的前、后保险杠或车身侧面的护条等构件首先相互接触,随后与这些构件相连接的车身构架产生变形或断裂,危及车内乘员。

当汽车前部受撞击时,车内乘员由于惯性作用而离开座位向前冲。此时,仪表板、转向盘、风窗支柱、风窗玻璃、风窗框上的横梁等往往会与人体的胸部、腹部或头部相撞,成为主要致伤构件。

当汽车与行人碰撞时,保险杠、车前钣金件或车身前围等部位最易使行人受伤。行人受撞击后,其头部很可能倒向轿车的发动机罩、风窗框下缘或风窗玻璃等部位。由此可见,对汽车车身构架及上述各结构部分都应有较高的安全性要求。

研究表明,车身结构的抗撞性主要是由薄壁梁形结构和接头组成的框架结构决定的,它们在碰撞过程中能吸收大部分碰撞能量,可以为乘坐室提供大部分的刚性。

3. 车身碰撞安全性设计

设计轿车车身时,若车身前部和后部都设计为弹性结构,而中部为刚性结构,则按照这种方案设计的轿车在发生汽车碰撞时能有效保证人员安全。德国生产的 Volkswagen K70 型轿车承载式车身即为具有这种功能的车身,如图 6-5 所示。该车的前保险杠到前轮罩、后保险杠到备胎罩这两段属于弹性结构,刚性较小,起缓冲吸能作用;前轮罩到前围板、备胎罩到后围板这两段刚性中等;而中间乘坐室部分刚性很大,此处的杆件均采用刚度较大的异形封闭截面,且在多处设置有加强板。实践表明,该车的安全性较好。

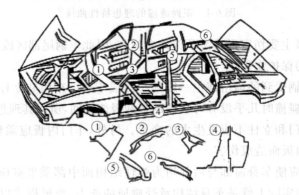

图 6-5 Volkswagen K70 型轿车承载式车身

车身安全性设计的核心内容是合理组织车身结构各部分的刚度。车身结构刚度对汽车的操纵性、平顺性、抗撞性和被动安全性等重要性能有较大影响。因此,车身安全性设计主要包括以下三方面:

1) 车身结构刚度的组织

车身结构刚度的组织是在汽车各种碰撞形式中,从保护乘员的角度出发,考虑车身结构特点,合理布置车身的主要承载结构(如主要横、纵梁结构和接头结构等),并合理配置其刚度。

根据车身碰撞安全性设计要求,车身结构刚度的组织主要包括两方面:

(1) 合理组织车身结构的吸能

由车身结构特点可知,车身前后部分各结构吸收能量的能力不同。因此,在车身结构设计时,考虑车身碰撞安全性的要求,了解各部分结构在吸能能力上的不同,使主要吸能部件吸收主要的碰撞动能,次要吸能部件少量吸能,并使尽可能多的部件参与吸能,以提高材料的使用效率。如前车身结构应有较多的吸能部件,其吸能能力比后部车身要强。

(2) 合理组织碰撞载荷的传递

车身的基本结构是承受载荷和传递载荷的基本系统,白车身结构的设计决定了载荷路径。合理设计碰撞载荷的传递路径,应满足以下要求:减小乘坐室的变形或对乘坐室的侵入;为吸能结构提供牢固、稳定的支撑,保证吸能部件吸收能力的实现;使承载能力强的部件承受较多的载荷,承载能力弱的部件承受较小的载荷;使尽可能多的结构部件参与载荷的传递,以提高材料的使用效率。

① 正面碰撞中载荷的传递。图6-6是正面碰撞中载荷的传递路径。图中显示了正面碰撞时,从车辆前端向后传递的纵向力主要有两条路径:一条是在碰撞中纵向力经前纵梁、门槛梁和乘坐室底部纵梁向后传递,这条路径承受纵向力的能力最大,通常在其前端设置主要的吸能部件。另一条路径是纵向力经前指梁、铰链柱、A柱、车门及其抗侧撞梁和门槛梁向后传递。此路径上较大的载荷会导致前门框的较大变形,使碰撞后车门开启困难,因此该路径前部结构的吸能能力通常较小。

② 侧面碰撞中载荷的传递。由于侧面碰撞时,以保证乘员足够的生存空间为安全设计准则,所以乘坐室允许的压缩空间有限,应以提高乘坐室刚度、减小乘坐室变形为主要设计目标。

图6-7显示了侧向撞击力在车身结构中的传递路径。当汽车侧面受到撞击时,车门在侧向撞击力的作用下,产生向车内运动的趋势。因车门内设置了抗侧撞梁,前门受到的侧撞力将主要被传递到铰链柱和B柱,在铰链柱上端主要由前风窗下横梁和仪表板安装横梁的刚度提供,在铰链柱下端主要由该处车身底部横向结构的刚度提供;对B柱向车内变形的抵抗,主要来自其弯曲刚度和B柱上、下接头的刚度;后门受到的侧向撞击力将主要被传递到B柱和C柱,C柱受到侧向力时的情况与B柱类似。

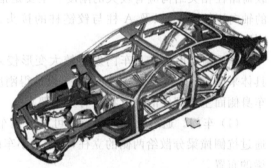

图6-6 正面碰撞中载荷的传递路径　　图6-7 侧面碰撞中载荷的传递路径

作用在门槛上的侧向力,一方面来自外部的直接撞击,另一方面来自B柱的作用。在这些载荷作用下,门槛梁将产生向车身内侧的弯曲变形。对这种变形的抵抗,一方面来自门槛梁的弯曲刚度以及门槛梁与铰链柱和C柱接头的弯曲刚度;另一方面来自车身底部横向结构对门槛梁向车内运动的抵抗。最终,门槛梁受到的侧向力通过车身底部的横向结构被传递到车身的非撞击侧。

③ 后面碰撞中载荷的传递。图6-8表明了后面碰撞中载荷传递的两条路径:第一条由后保险杠经后纵梁传递给门槛梁;第二条由后车轮后部结构经后车轮传递给门槛梁。对于低速的后面碰撞,碰撞安全性设计的主要目的是减少因维修带来的费用;当碰撞速度较大时,希望降低车身的减速度以降低乘员受鞭梢性伤害的可能,并希望座舱变形小。设计时通常将后部结构设计得软一些,即通过设置吸能结构实现缓冲撞击。通常后纵梁是后部结构的主要吸能部件,这种措施与正面碰撞相似。

图6-9显示了丰田轿车前后碰撞时的力流方向和变形位置(箭头表示力流方向,圆圈表示主要变形部位)。

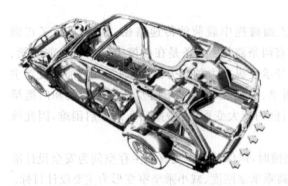

图 6-8 后面碰撞载荷的传递

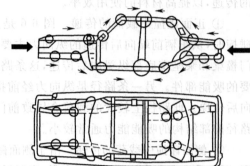

图 6-9 丰田轿车前后碰撞时的力流方向和变形位置

2) 车身结构刚性设计

车身结构刚性设计的目的是减少座舱在各种碰撞形式中的变形,以保证乘员的生存空间。主要是对主要梁形结构和接头结构进行设计,以满足乘坐室的刚度要求。

正面碰撞时,为了使前部吸能结构能提供牢固的支撑,乘坐室应提高刚度,即乘坐室与载荷路径相关结构应有较大的刚度。主要是指前纵梁与门槛梁间过渡结构的刚度,门槛梁的轴向压缩刚度,以及 A 柱与铰链柱的接头、A 柱上接头和铰链柱下接头承受纵向力的刚度。

侧面碰撞时为防止车门发生较大变形侵入乘坐室而伤及乘员,车门必须要求高刚度。具体来说,应将车门、B 柱、门槛梁等设计得刚度大一些,以保证乘员有足够的生存空间。对车身侧面主要部件的刚度特性有如下要求:

(1) 车门。通过设置抗侧撞梁可以增强车门刚度。侧面碰撞时,车门受到的载荷可以通过抗侧撞梁分散给两侧的立柱,从而减小车门受撞击区域的变形。图 6-10 为车门抗侧撞梁的布置。

(2) B 柱。汽车发生侧面碰撞时,B 柱必须抵抗向车内的弯曲变形,所以要求其弯曲刚度足够大。设计时一般 B 柱各截面形状很复杂,以抵抗不同截面处受到的不同弯矩,且 B 柱受力分布要合理,防止在撞击时 B 柱会产生受弯失稳,使抵抗侧向撞击的能力急剧下降。通常 B 柱中段受到的弯矩较大,为防止局部产生塑性变形,通常采取加强措施,图 6-11 为 B 柱的加强结构。

图 6-10 车门抗侧撞梁的布置

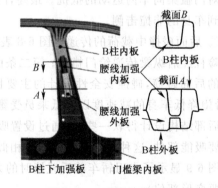

图 6-11 B 柱的加强结构

（3）门槛梁。侧撞时门槛梁的变形主要是向车内侧发生弯曲变形,其弯曲刚度大小和分布与B柱的要求相似。为了提高门槛梁的弯曲刚度或改变其分布,可以使用加强板、填充发泡材料等方法。

（4）接头结构。接头是指车身结构中两个以上承载构件相互交叉连接的部位。车身侧面结构中各主要接头模型示意图如图6-12所示。接头刚度对于在碰撞中减小乘员舱变形非常重要,刚性的接头结构可以提高乘坐室抵抗外部载荷的能力。汽车侧面碰撞时产生的内力通过接头传递,在传力过程中,接头的变形影响整个车身的变形,研究表明,车身接头刚度对整个车身刚度的影响可达50%~70%。侧面撞击载荷可以通过接头结构传递给其他主要承载结构,所以接头结构应有足够的刚度。

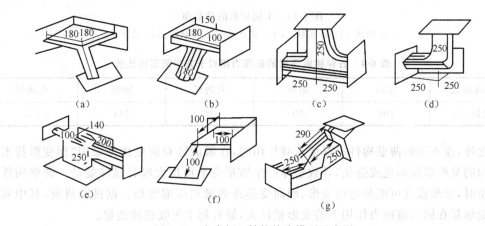

图6-12 车身侧面结构接头模型示意图
(a) A柱至顶盖梁；(b) B柱至顶盖梁；(c) B柱到门槛；(d) 前铰链柱到门槛；
(e) A柱到前铰链柱和前指梁；(f) C柱到顶盖；(g) 门槛到后纵梁

（5）乘坐室底部的横向结构。在侧面碰撞中,乘坐室横向结构对侧围结构起到支撑作用,起主要作用的是横向梁结构,如顶盖横梁、前风窗下横梁、仪表板安装横梁和地板横梁等。根据车身结构抗侧面碰撞的设计要求,应当提高它们的刚度并防止在受到轴向载荷时发生弯曲失稳。图6-13为某轿车乘坐室主要横向梁结构的布置。

3）车身结构吸能设计

车身前部或后部结构设计成缓冲吸能区,在正面碰撞和后面碰撞中,通过其变形来缓冲撞击,并减少碰撞过程中车身的减速度。通常采用以下缓冲设计和吸能措施：

（1）采用合适的薄壁梁结构。研究表明,对于汽车碰撞安全性的设计,车身中的薄壁梁结构在吸收碰撞能量和缓冲撞击中能发挥重要作用。其中薄壁梁构件的厚度是影响碰撞吸能的重要参数,若壁厚太小虽容易变形,但可能不具备足够的吸能能力,而壁太厚则不易变形吸能。横截面是需要考虑的另一重要因素,不同横截面梁的碰撞吸能水平是不同的。如图6-14和表6-4所示,在厚度一定的

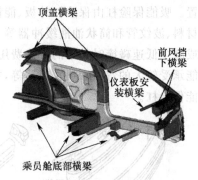

图6-13 某轿车乘坐室主要横梁结构的布置

情况下,最大值与最小值的差别达 1.7 倍。因此,设计薄壁梁碰撞性能时,如果需要提高薄壁梁的碰撞力,可选用图 6-14(e)所示的横截面;而如果需要降低碰撞力,则可以采用图 6-14(b)所示的横截面。当然,实际车辆结构所用的薄壁梁,其横截面形状要比图 6-14 所示的复杂得多。但不论怎样,横截面仍是影响碰撞吸能的重要参数。

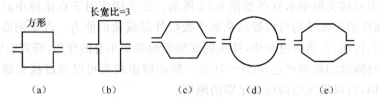

图 6-14 不同形状的横截面

(a)形状一;(b)形状二;(c)形状三;(d)形状四;(e)形状五

表 6-4 各种横截面梁的碰撞力相对于方形截面的比值

截面形状	方形	矩形	六边形	圆形	八边形
比值/%	100	69	107	114	115

此外,在不影响薄壁构件支撑或承载作用时,在吸能区对薄壁构件采用"预变形技术",使结构的某些部位弱化或强化,导致整体产生皱褶变形而增大吸收碰撞能量。薄壁构件受到碰撞时,变形模式可能是弯折变形、翘曲变形或者皱褶压缩变形。据试验研究,其中皱褶压缩变形量在同等碰撞力作用下的变形量最大,最有利于吸收碰撞能量。

还需说明,在设计碰撞吸能用的薄壁构件和实施焊接工艺时,应采用合理的焊接形式、焊点疏密度以及焊接强度,以避免焊点在碰撞过程中过早脱开。薄壁构件的形成是通过对金属板的冲压、弯折等冷加工后,再通过点焊连接而成,焊点断开或焊点处的材料撕裂能有效地吸收碰撞能量,但焊点强度过低则会影响薄壁构件对碰撞能量的吸收。

(2)采用吸能保险杠。汽车保险杠是吸收缓和外界冲击力,防护车身前后部的安全装置。吸能保险杠由保险杠外板、能量吸收体和骨架组成。能量吸收体主要是泡沫材料、蜂窝材料、波纹管和筒状油液缓冲器等。采用吸能保险杠可以减轻行人与汽车一次碰撞的伤害,或减少低速碰撞时带来的维修费用。吸能保险杠的设计要求是能量吸收率高、耐久性好,且能承受较大的弯曲和扭转载荷等,并应符合质量要求。如图 6-15 所示是三种不同形式的吸能保险杠。

图 6-15 吸能保险杠

(a)筒状吸能装置保险杠;(b)泡沫吸能装置保险杠;(c)蜂窝状吸能装置保险杠

(3) 汽车头部采用"软"设计结构。为减轻行人与汽车一次碰撞的伤害,应对保险杠、前散热器罩和发动机舱盖前端等部位进行软化。如图 6-16 所示是汽车头部的"软"外形设计。

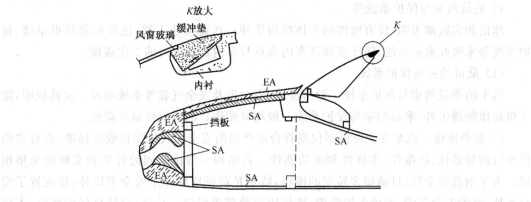

图 6-16　头部"软"设计结构
EA—吸收能量的泡沫；SA—隔声材料

(4) 吸能车架结构。为了更有效地吸收碰撞能量,减轻碰撞对乘员的伤害,吸能车架结构是吸能设计的又一有效措施。如在车架边梁上设置凸、凹台结构。图 6-17 是车架式车体采用的高效吸能结构,其中图(a)是美国福特公司的波纹管型车架,利用波纹管的压溃变形

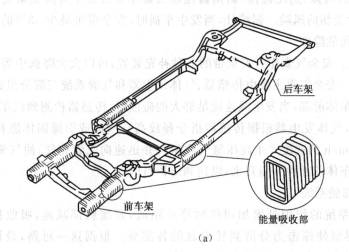

(a)

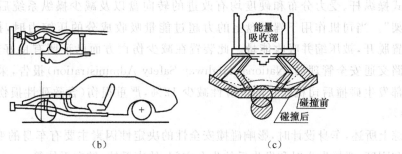

图 6-17　几种不同的车架结构
(a) 波纹管型车架；(b) S 形车架；(c) 装有塑料铰链的骨架

吸收能量；图(b)为丰田公司的 5 形车架；图(c)为装有塑料铰链的骨架，利用车架的变形来吸收碰撞能量，保证乘员必要的生存空间。

4) 乘员约束与保护系统等

理论和实践都表明，仅有吸能的车体结构缓冲一次碰撞还不够，还要依靠约束系统、保护系统等来吸收乘员动能、防止或减缓车内乘员与车内物体之间的二次碰撞。

(1) 乘员约束与保护系统

汽车的乘员约束与保护系统一般由座椅、安全带及安全气囊等系统组成。实践证明，除了极高速的撞击外，乘员约束与保护系统一般均可使伤亡的危险性显著降低。

① 安全座椅。汽车安全座椅不仅要符合最严格的安全和人机工程效应标准，而且应确保座椅的舒适性、抗振性、多样性和多功能性。其结构一般由坚固的骨架和柔软的坐垫组成。为了增强安全性，目前很多轿车的座椅，特别是前排座椅除了安全带以外，还配置了安全头枕、翼侧安全气囊、颈椎保护装置、座椅固定装置等设施。总之，设计良好的座位，不仅能提高汽车行驶的安全性，而且可以保证乘员的舒适性，适宜人体的姿势、正确的血液循环和手臂运动的自由度，又可减少驾驶员的疲劳。

② 安全带。安全带是被动安全性中必不可少的基本构件。安全带系统的重要部分是安全带收缩总成，其首要目的是发生碰撞或强烈制动的过程中将安全带锁紧在恰当的位置。安全带能够在正面碰撞、追尾碰撞、斜角碰撞以及翻车事故发生时防止乘员从座位上被甩出，帮助乘员减少受伤的风险。据统计，当发生车祸时，安全带可减少 43% 的死亡危险性和 40%～70% 的重伤危险性。

③ 安全气囊。安全气囊作为安全带的一种补充装置，可以大大降低中等至严重碰撞时乘员受伤的风险。安全气囊主要由传感器、气体发生器和气囊系统三部分组成，它平时折叠于转向盘中央或车体前部，当发生减速度足够大的碰撞时，传感器检测到汽车发生碰撞时的车速和冲击参数，气体发生器根据传感器指令释放高压气体或引爆固体燃料，使得气囊在 20ms 内，以 320km/h 的速度产生高压氮气或氩气并迅速向气囊充气，使气囊膨胀，从而使乘员与转向盘或车体前部件分隔开来，以达到防护目的。

(2) 可吸能驾驶系统

可吸能驾驶系统的作用是增加司机的停止距离，延缓胸部减速，吸收撞击能量。同时，设计时还要尽量使撞击力分散到转向盘的各部分。根据这一思路，设计出可压缩的球套式操纵杆、受力分布和硬度均有改进的转向盘以及减少操纵系统后向运动的"防侵入托架"。当司机作用于驾驶盘上的力超过能量吸收成分的压缩力时，操纵杆立即与保险装置脱开，被压缩并吸收能量。此装置在减少伤亡方面已证明有良好效果。据美国国家公路交通安全管理局(National Highway Safety Administration)报告，采用此系统后，汽车前部发生碰撞后司机死亡的危险性减少 12%，严重损伤(含致死性损伤)的危险性减少了 38%。

综上所述，车身设计时，影响碰撞安全性的决定性因素主要有车身的变形状态、车体的强度和刚度、碰撞发生时和发生后的生存空间、约束系统、转向系统等。

6.2 车身抗撞性试验

6.2.1 抗撞性试验分类

车身抗撞性试验是指对车身抗撞性进行分析、设计和评价所进行的试验。根据试验用途,可分为用于参数获取、仿真模型验证、设计方案研究等的开发性试验以及用于整车和部件抗撞性评价的检验或认证性试验;根据试验对象,可分为整车试验和部件试验;按照试验方法,可分为实车试验、台车试验和台架试验。

实车试验是综合评价被动安全性最基本的方法,这主要因为实车试验与事故的情况最接近。它一般是从乘员保护观点出发,以交通事故再现的方式,分析汽车碰撞中的乘员保护情况与汽车的抗撞性能,并以此为依据改进汽车结构设计,增设或改进车内、外乘员保护装置。这种试验结果具有很强的说服力,但其缺点是试验费用昂贵。台车试验和台架试验基本上都是以实车碰撞试验的结果为基础确定试验条件,适合于针对零部件的试验,试验费用较低,试验稳定性较好。

台车试验主要用于进行乘员约束系统性能分析、设计和评价以及对部件的抗冲击试验。对于第一种情况,刚性的台车以一定的速度撞击设定刚度特性的、固定的减速机构,来模拟实车碰撞的减速度波形,乘员约束系统按照在实车上的相互位置关系固定在台车上。在第二种情况中,刚性的台车被装上被试部件或总成,进行各种障碍形式的碰撞试验,其质量及质量分布可以根据试验要求进行调整。台车试验能够以较低的成本获得实车试验的某些结果,因此具有较高的效费比。

台架试验包括两种试验,即撞击试验和拟静态试验。撞击试验的作用在于评价零部件冲击能量吸收性能或在冲击下的变形情况;拟静态试验主要用于评价特性对速度不敏感的部件的安全性能,可对动态试验进行必要的补充。

6.2.2 整车碰撞试验

整车碰撞试验是对汽车被动安全性的综合评价,不仅可用于评价碰撞过程中的乘员保护,也可用于评价车身结构的抗撞性。在车身抗撞性设计过程中,不仅车身抗撞性设计的最终效果需要整车碰撞试验验证,而且为车身抗撞性设计而进行的碰撞仿真,一般也是对某种整车碰撞试验的模拟。

整车碰撞试验,按照碰撞形式可分为正面碰撞、侧面碰撞、后面碰撞和滚翻等。用于整车被动安全性检验或认证的试验,一般都有相关的技术规范;而开发性质的整车碰撞试验,则可根据试验目的自主组织,但一般也都参照相应技术规范规定的试验方法。以下将简单介绍欧美和我国规定的一些整车碰撞试验。

1. 正面碰撞试验

正面碰撞试验有多种形式,按照碰撞对象可分为与壁障的碰撞和与实车的碰撞。对于前者，按照碰撞角度可分为汽车与垂直于汽车行驶方向壁障的碰撞和汽车与壁障的角度碰撞。碰撞角度通常是指壁障平面与垂直于汽车行驶方向的平面的夹角，例如，汽车与垂直于汽车行驶方向壁障的碰撞也可称为0°角碰撞。图6-18(a)和图6-18(b)分别为汽车与刚性固定壁障的0°和30°角碰撞的示意图。按照汽车正面与壁障的重叠率，可分为100%重叠率的碰撞和偏置碰撞。通常重叠侧为驾驶员侧，但各国试验重叠的侧面也会不同。按照壁障刚度的不同，可分为与刚性壁障的碰撞和与可变性壁障的碰撞。不同技术规范规定的可变性壁障的刚度特性是不同的，详细情况请查阅相关文献。图6-18(c)为汽车与可变性壁障40%偏置碰撞的示意图。对于汽车与汽车的碰撞试验，也有不同重叠率或碰撞角度之分。

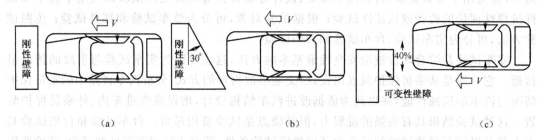

图6-18　正面碰撞形式示意图

各国的被动安全法规和NCAP都规定了正面碰撞的试验方法，而且试验方法之间有时会存在较大差别，表6-5是它们的一些情况。其中，FMVSS 301和ECE R34是燃油泄漏技术规范，ECE R33是汽车结构抗撞性能技术规范，其他是正面碰撞中乘员保护的技术规范。

表6-5　一些国家正面碰撞试验方法的对比

碰撞形式		技术规范名称	碰撞车速/(km·h⁻¹)	试验质量
对刚性固定壁障0°角100%重叠率正面碰撞	美国	FMVSS 208	48.3	③
		FMVSS301	48.3	③
		US-NCAP	56.3	③
	欧洲	ECE R34	48.3～53.1	①
		ECE R33	50±2	①
	中国	GB 11551 CMVDR 294	50_{-2}^{0}	②
		C-NCAP	50_{-0}^{+2}	⑤
对刚性固定壁障30°角正面碰撞	美国	FMVSS 208	48.3	③
		FMVSS301	48.3	③
对可变性固定壁障0°角40%重叠率正面碰撞	欧洲	ECE R94	56	②
		EuroNCAP	64±1	④
	中国	C-NCAP	56_{-0}^{+2}	⑥

注：
①表示整备质量。
②表示整备质量＋前排外侧座椅上两个第50百分位HYBRIDⅢ男性假人的质量。
③表示整备质量＋额定行李质量＋前排外侧座椅上两个第50百分位HYBRIDⅢ男性假人的质量。
④表示整备质量＋36kg行李质量＋前排外侧座椅上两个50百分位HYBRIDⅢ男性假人的质量。
⑤表示整备质量＋前排座椅上两个50百分位HYBRIDⅢ男性假人的质量＋第二排座椅最右侧一个第5百分位HYBRIDⅢ女性假人的质量。
⑥代表整备质量＋前排外侧座椅上两个50百分位HYBRIDⅢ男性假人的质量＋第二排座椅最左侧一个第5百分位HYBRIDⅢ女性假人的质量。

2. 侧面碰撞试验

侧面碰撞试验用于模仿汽车与汽车或汽车与障碍物之间的侧面碰撞。按碰撞对象的不同，侧面碰撞试验可分为实车间的侧面碰撞试验和试验车与壁障的侧面碰撞试验。目前，经常采用的试验车与壁障侧面碰撞的试验，主要包括移动可变性壁障 MDB 撞击静止试验车和横向移动的试验车撞击柱形障碍物。EuroNCAP 是采用后者的代表，其碰撞形式如图 6-19 所示。对于前者，又可以按照移动壁障的运动方向与试验车纵向中心面的夹角，分为垂直碰撞和角度碰撞；但是它们都要求撞击试验车时，移动壁障的纵向中心面与试验车的纵向中心面垂直。在侧面碰撞试验中，采用移动壁障与试验车侧面垂直碰撞形式的比较多，图 6-20(a) 是其示意图。美国 FMVSS 214 规定的侧面碰撞试验是移动壁障与静止试验车侧面角度碰撞试验的代表，它要求移动壁障的运动方向与试验车纵向中心面的夹角为 63°，图 6-20(b) 是其示意图。

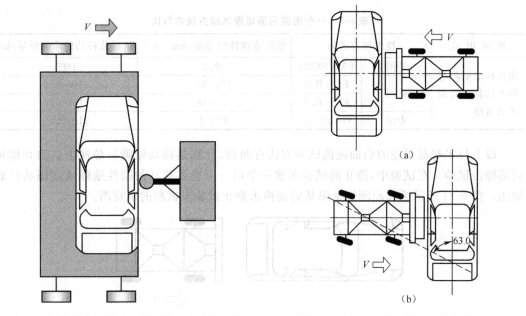

图 6-19　横向移动试验车侧面撞击柱形障碍物　　图 6-20　移动壁障与静止试验车侧面碰撞
(a) 垂直碰撞；(b) 角度碰撞

不同技术规范规定的用于侧面碰撞试验的移动可变性壁障的几何尺寸、质量、壁障刚度特性等是不同的，表 6-6 列出了对 MDB 质量的要求，其他详细情况请查阅相关文献。

各国 NCAP、被动安全性法规和标准中规定的侧面碰撞试验是不同的，参见表 6-6。

3. 后面碰撞试验

虽然后面碰撞事故中乘员伤害的程度较轻，但由燃油系统泄漏引起的火灾却会引起严重的乘员伤害，因此各国相关规范中规定的后面碰撞试验多用作考核碰撞中燃油系统完整性。相关技术规范包括美国的 FMVSS301、欧洲的 ECE R34 和我国 2006 年开始实施的 GB 20072。另外，欧洲的 ECE R32 规定了 M1 类汽车后面碰撞试验时对乘员舱结构抗撞性的要求。表 6-7 列出了各国被动安全法规规定的后面碰撞试验方法的一些情况。

表 6-6　一些国家侧面碰撞试验方法的对比

碰撞形式		技术规范名称	MDB 速度/km·h^{-2}	MDB 质量/kg
移动刚性壁障与静止试验车侧面垂直碰撞	美国	FMVSS 208	32.2	1800
		FMVSS 301	48.3	1800
移动可变性壁障与静止试验车侧面垂直碰撞	欧洲	ECE R95	50±1	950±20
		Euro NCAP	50±1	950±20
	中国	GB 20071	50±1	950±20
		C-NCAP	50^{+2}_{0}	950±20
移动可变性壁障与静止试验车侧面角度碰撞	美国	FMVSS 214	53.9	1367.6
		US-NCAP	61.9	1367.6
横向移动试验车侧面撞击刚性柱形障碍物	欧洲	Euro NCAP	试验车横向运动速度：29±0.5	—

表 6-7　一些国家后面碰撞试验方法的对比

被撞形式	技术规范名称		壁障或摆锤的速度/km·h^{-2}	摆锤或移动壁障的质量/kg
刚性移动壁障与静止试验车后面垂直碰撞	美国	FMVSS301	32.2	1800
	欧洲	ECE R32	35～38	1100±20
		ECE R34	35～38	1100±20
	中国	GB 20072	50±2	1100±20

以上技术规范规定的后面碰撞试验方法有两种，分别是移动壁障后部冲击试验和摆锤后部撞击试验。在试验中，静止的试验车被一个以一定速度移动的刚性壁障或摆锤从后面撞击。图 6-21 所示为移动刚性壁障从后面撞击静止试验车试验的示意图。

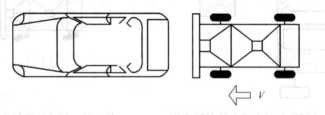

图 6-21　后面刚性移动壁障撞击试验

4. 滚翻试验

滚翻事故的再现比较困难，虽然试验方法很多，但是已经成文的法规很少。目前只有美国 FMVSS 208、SAEJ2114 中规定了滚翻的台车试验方法。这种试验方法重复性好并且容易进行，很多国家都把这个试验作为翻车试验的一个规定项目。

FMVSS 208 中的台车滚翻试验规定：试验车被放置在一个与水平面成 23°角的平台上，平台下缘有一高 100mm 且与平台垂直的凸缘，凸缘长度要足以挡住与其相靠的轮胎，如图 6-22 所示。试验时，平台沿垂直于汽车纵轴的水平方向以 48.3km/h 的速度匀速平移一段时间后，在不大于 0.915m 的距离内急剧减速为零（减速度至少为 20g，持续时间至少为 0.04s），使试验车滚翻。

图 6-22　美国 FMVSS 208 台车滚翻试验

这种试验方法的主要缺点是试验过程中滚翻的汽车没有向前的速度量,适合于研究滚翻时车内乘员相对乘员舱内部的运动学和动力学。

由于汽车翻滚的复杂性和多样性,除了常用的 SAEJ2114 和 FMVSS 208 规定的台车试验外,还有螺旋滚翻(Corkscrew)、路边滚翻(Curb Trip)以及 SAEJ996 规定的滚翻汽车跌落试验等形式。

5. 低速碰撞试验

美国 CFR581 和欧洲 ECE R42 都从汽车前、后端碰撞保护的角度,定义了汽车的低速碰撞试验。其中,ECE R42 中分别定义了纵向碰撞试验和角度碰撞试验。在纵向碰撞试验中,质量等于被撞试验车整备质量的移动刚性壁障,以 4km/h 的速度分别从前面和后面撞击静止的试验车,要求碰撞时壁障表面与汽车纵向中心面垂直。在角度碰撞试验中,移动刚性壁障以 2.5km/h 的速度分别从前面和后面撞击静止的试验车,要求碰撞时壁障表面与汽车纵向中心面成 60°角。

在企业进行产品开发时,也经常进行移动刚性壁障速度为 15km/h 的低速碰撞试验。

6. 行人保护试验

欧共体的行人保护法规于 1998 年开始生效。该法规规定的试验方法使用代替行人下肢和头部的冲击锤撞击汽车的前保险杠、发动机舱盖的前端和上表面,主要试验包括腿部模块与保险杠的碰撞试验、大腿模块与发动机舱盖前端的碰撞试验、头部模块与发动机舱盖上表面的碰撞试验,如图 6-23 所示。另外,EuroNCAP 中也规定了行人保护试验。关于这些试验的详细情况请查阅相关文献。

图 6-23　行人保护的试验方法

6.2.3 零部件试验

由于整车碰撞试验费用较高,所以对影响汽车被动安全性的重要零部件,当对其要求可以独立提出和评价时,可以通过零部件试验来分析汽车被动安全性对其性能的要求。试验方法有动态撞击试验和拟静态试验两种。

针对汽车被动安全性进行试验的零部件,及其固定点、座椅及头枕、燃油箱、转向柱、和侧门两个试验,请查阅相关文献。

1. 车顶强度试验

车顶强度试验是评价汽车发生滚翻事故时为了确保乘员生存空间,车顶应具备的最低强度。试验目的在于减少滚翻事故中因车顶挤压变形造成的乘员伤害。

FMVSS 216 规定了车顶强度的试验方法及性能要求。试验时,将车身或汽车固定在一个刚性平面上,用 762mm×1829mm 的刚性平板对车顶加载,加载角度为前倾5°、侧倾25°,加载初始点在加载装置下表面中心线上并距最前端254mm。在垂直于加载平板下表面向下的方向,以12.7mm/s 的速度加载,直至载荷达到汽车整备质量的1.5倍或22246N 力中的较大者为止。此时,加载平板的位移不应超过127mm,试验应在120s 内完成。图6-24为车顶强度试验的示意图。

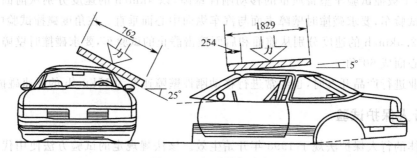

图 6-24 车顶强度试验

目前,欧洲和我国还没有规定进行轿车车顶强度试验的标准。

2. 侧门强度试验

侧门强度试验是评价汽车在侧面碰撞时为使乘员伤害最小,侧门应具有的最低强度。

FMVSS214 规定了侧门强度的试验方法及性能要求。试验时,将车身或汽车固定在一个刚性平面上,用直径为305mm、棱边圆角半径为13mm 的刚性圆柱或半圆柱体进行加载。柱体长度应保证超出车窗下边缘至少13mm,但又不接触车窗上边缘,下端在车门最低点以上127mm 处。用不大于13mm/s 的速度连续加载,直到加载装置移动457mm,试验应在120s 内完成。无座椅时,要求初始耐挤压力(挤压距离小于152mm)不小于10011N,中间耐挤压力(挤压距离小于305mm)不小于15572N,最大耐挤压力(挤压距离小于457mm)不小于31144N(或与整备汽车质量的2倍比较,取小者)。有座椅时,要求初始耐挤压力(挤压距离小于152mm)不小于10011N,中间耐挤压力(挤压距离小于305mm)不小于19465N,最大耐挤压力(挤压距离小于457mm)不小于53390N(或与整备汽车质量的3.5倍比较,取小者)。

图6-25为侧门强度试验的示意图。

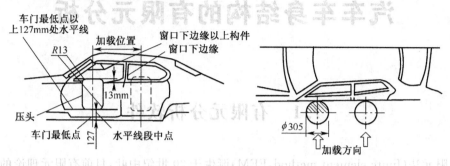

图6-25 侧门强度试验的示意图

我国的GB 15743《轿车侧门强度》也规定了对轿车侧门强度的试验方法及性能要求,内容与FMVSS 214基本相同。

习 题

1. 汽车发动机舱刚度设计如何考虑车身碰撞安全性?
2. 汽车车身碰撞安全结构设计与措施有哪些?

第 7 章

汽车车身结构的有限元分析

7.1 有限元分析软件

有限元法(finite element method,FEM)诞生于 20 世纪中叶,目前有限元理论的发展已经很成熟。20 世纪 70 年代工程师们将有限元法应用于汽车结构分析。随着计算机辅助工程(CAE)融入工程设计过程的进程加快,大型通用有限元程序的开发支持推动了有限元法的应用和普及,有限元法应用在汽车领域产品设计阶段对模型进行静态分析、模态分析和动态分析等,使得汽车设计上了一个新台阶。

目前最流行的有限元分析软件有 ANSYS、ADINA、ABAQUS、MSC 和 HyperWorks,其中 ADINA、ABAQUS 在非线性分析方面有较强的能力,目前是业内最认可的两款有限元分析软件;ANSYS、MSC 进入中国比较早,所以在国内知名度高,应用广泛;HyperWorks 为有限元分析和多体动力学分析提供了最快速的和最通用的建模技术,以其广泛的直接接口和建模的快速性得到了工业界的一致认可,它为用户提供了一个直观的、统一的且独立于 CAD 和 CAE 求解器的工程环境。

7.1.1 ANSYS 软件

ANSYS 软件是融结构、流体、电场、磁场、声场分析于一体的大型通用有限元软件,由世界最大的有限元分析软件公司之一的美国 ANSYS 公司开发。它采用以 Parasolid 为核心的实体建模技术,能与多数 CAD 软件接口实现数据的共享和交换,具有较好的性价比,是现代产品设计中的高级 CAE 工具之一。ANSYS 软件的命令流操作非常方便,在结构循环优化方面比较有优势,但目前还只是局限于线性方面,非线性方面功能差而且基本没有。但在实际工程中,非线性是比线性远为普遍的自然现象,线性通常只是非线性的理想化假设。随着研究水平的提高和研究问题的深入,非线性问题必然成为工程师和研究人员面临的课题,并成为制约深入研究和精确设计的瓶颈。

7.1.2 ABAQUS 软件

ABAQUS 是一款功能强大的工程模拟的有限元软件,其解决问题的范围从相对简单的线性分析到许多复杂的非线性问题。ABAQUS 被广泛地认为是功能最强的有限元软件,可以分析复杂的固体力学结构力学系统,特别是能够驾驭非常庞大复杂的问题和模拟高度非线性问题。ABAQUS 软件的求解器是智能化的求解器,可以解决其他软件解决不了的不收敛的非线性问题,ABAQUS 软件的计算收敛速度较快,并更加容易操作和使用。ABAQUS 不但可以做单一零件的力学和多物理场的分析,同时还可以做系统级的分析和研究。ABAQUS 的系统级分析的特点相对于其他的分析软件来说是独一无二的。由于 ABAQUS 优秀的分析能力和模拟复杂系统的可靠性,使得 ABAQUS 在各国的工业和研究中被广泛采用。ABAQUS 软件在大量的高科技产品研究中都发挥着巨大的作用。

7.1.3 ADINA 软件

ADINA 出现于 1975 年,在 K. J. Bathe 博士的带领下,其研究小组共同开发出 ADINA 有限元分析软件,ADINA 是 Automatic Dynamic Incremental Nonlinear Analysis 的首字母缩写。这表达了软件开发者的最初目标,即 ADINA 除了能够求解线性问题外,还要具备分析非线性问题的强大功能——求解结构以及设计结构场之外的多场耦合问题。ADINA 在计算理论和求解问题的广泛性方面居全球领先的地位,尤其在结构非线性、流体、流/固耦合等复杂工程问题开发方面。经过 40 年的商业化开发,ADINA 已经成为近年来发展较快的有限元软件以及全球重要的非线性求解软件,被广泛应用于各个行业的工程仿真开发。ADINA 系统是一个单机系统的程序,用于进行固体、结构、流体以及结构相互作用的流体流动的复杂有限元分析。借助 ADINA 系统,用户无须使用一套有限元程序进行线性动态与静态的结构分析,而是可以用另外的程序进行非线性结构分析,再用其他基于流量的有限元程序进行流体流动分析。此外,ADINA 系统还是最主要的、用于结构相互作用的流体流动的完全耦合分析程序(多物理场)。

7.1.4 MSC 软件

MSC.Software 公司创建于 1963 年,是享誉全球的工程校验、有限元分析和计算机仿真预测软件供应商,也是世界最著名的大型通用结构有限元分析软件 MSC.Nastran 的开发者,其产品被广泛应用于各行业的工程仿真分析。

1. MSC.Nastran

MSC.Nastran 是世界上功能最全、应用最广泛的大型通用结构有限元分析软件。能够有效解决各类大型复杂结构的强度、刚度、屈曲、模态、动力学、热力学、非线性、(噪)声学、流体—结构耦合、气动弹性、惯性释放及结构优化问题。

2. MSC.Patran

MSC.Patran 是集几何访问、有限元建模、分析求解及数据可视化于一体的新一代框架式软件系统,通过其全新的"并行工程概念"和无可比拟的工程应用模块,将世界所有著名的 CAD/CAE/CAM/CAT(测试)软件系统及用户自编程序自然地融为一体。MSC.Patran 独有的 SGM(单一几何模型)技术可直接在几何模型一级访问各类 CAD 软件数据库系统,包括 UG、Pro/ENGINEER、CATIA、CADDS5、Euclid、SolidEdge、SolidWorks、AutoDesk MDT 及 I-DEAS 等任意 CAD/CAM 软件数据库。

3. MSC. MARC

MSC. MARC 是处理高度组合非线性结构场、热场及其他物理场和耦合场问题的高级有限元软件。MSC. MARC 具有超强的单元技术和网格自适应及重划分能力,广泛的材料模型,高效可靠的处理高度非线性问题的能力和基于求解器的极大开放性,被广泛应用于产品加工过程仿真、性能仿真和优化设计。此外,MSC. MARC 独有的基于区域分割的并行有限元技术,能够实现在共享式、分布式或网络多 CPU 环境下非线性有限元分析和准线性甚至超线性的并行性能扩展比。

除以上几个有限元分析软件,MSC 公司旗下还有 MSC. Fatigue、MSC. Dytran 等一众软件,应用在不同工程领域,均取得了极大成就。

7.1.5 HyperWorks 软件

Altair 公司的 HyperWorks 软件是计算机辅助工程(CAE)仿真平台,它集成设计与分析的所需各种工具,具有高性能以及高度的开放性、灵活性和友好的用户界面。HyperWorks 系列产品集成了开放性体系和可编程工作平台,可提供顶尖的 CAE 建模、可视化分析、优化分析以及健壮性分析、多体仿真、制造仿真以及过程自动化。HyperWorks 包括以下模块。

1. HyperMesh

HyperMesh 是一个高性能的有限元前后处理器,能让 CAE 分析工程师在高度交互及可视化环境下进行仿真分析工作。与其他的有限元前后处理器比较,HyperMesh 的图形用户界面易于学习,特别是它支持直接输入已有的三维 CAD 几何模型(UG,Pro/E,CATIA等)已有的有限元模型,并且导入的效率和模型质量都很高,可以大大减少很多重复性的工作,使得 CAE 分析工程师能够投入更多的精力和时间到分析计算工作上去。同样,HyperMesh 也具有先进的后处理功能,可以保证形象地表现各种各样的复杂的仿真结果。

在处理几何模型和有限元网格的效率和质量方面,HyperMesh 具有很好的速度、适应性和可定制性,并且模型规模没有软件限制。其他很多有限元前处理软件对于一些复杂的、大规模的模型在读取数据时需要很长时间,而且很多情况下并不能够成功导入模型,这样后续的 CAE 分析工作就无法进行;而如果采用 HyperMesh,其强大的几何处理能力使得 HyperMesh 可以很快地读取那些结构非常复杂、规模非常大的模型数据,从而大大提高了 CAE 分析工程师的工作效率,也使得很多应用其他前后处理软件很难或者不能解决的问题迎刃而解。

2. OptiStruct

OptiStruct 是世界领先的基于有限元的优化工具,使用拓扑优化方法进行概念设计。内含一个准确快速的有限元求解器,用于进行概念设计和细化设计。用户使用其中的标准单元库和各种边界条件类型,可以进行线性静态和自然频率优化分析。HyperMesh 与 OptiStruct 的图形接口十分完善,用户可以快速便捷地进行建模、参数设置、作业提交和后处理等一整套分析流程。它拥有强大、高效的概念优化和细化优化能力，优化方法多种多样，可以应用在设计的各个阶段，其优化过程可对静力、模态、屈曲、分析进行优化。有效的优化算法允许在大模型中存在上百个设计变量和响应。

3. RADIOSS

RADIOSS 是下一代的线性和非线性仿真有限元求解器。它可以用来模拟结构、流体、流固耦合、金属薄板冲压和机械系统。这一功能强大的、多学科的解决方案使制造商能够最大限度地提高设计的耐久性、噪声和振动性能、耐撞性、安全性和可制造性，以使新产品更快地投向市场。RADIOSS 一直是高速冲击仿真行业的主打产品，汽车和航空航天公司重视它在预测设计在复杂环境中表现的价值。在最近几年，通过增加隐式有限元求解能力，RADIOSS 已成为标准分析和线性动力学一个可行的选择。这种紧密集成于 HyperWorks 的环境使 RADIOSS 成为强大的设计工具。除了建模与可视化之外，RADIOSS 模型可适用于优化，转换到优化求解 OptiStruct 和 HyperStudy 很容易。

除以上几个有限元分析软件，Altair 公司的 Altair MotionView 通用多体系统动力学仿真及工程数据前后处理器，在一个直观的用户界面中结合了交互式三维动画和强大无比的曲线图绘制功能。Altair HyperGraph 强大的数据分析和图表绘制工具，具有多种流行的工程文件格式接口、强大的数据分析和图表绘制功能以及先进的定制能力和高质量的报告生成器。Altair HyperForm 集成 HyperMesh 强大的功能和金属成型单求解器，是一个使用逆向逼近方法的金属板材成型仿真有限元软件。Altair HyperOpt 是一种使用各种分析软件进行参数研究和模型调整的非线性优化工具。

7.1.6 其他有限元软件

除了 ANSYS、ADINA、ABAQUS、MSC、HyperWorks 等大型通用有限元产品，一些具有特殊功能的有限元分析软件也往往是汽车设计中优秀的工具。例如，SRAC 公司的 COSMOS 软件，它具有计算速度极快、解题时占用磁盘空间相当少、使用方便、分析功能全面、与其他 CAD/CAE 软件集成性好等优点；LSTC 公司的 LS-DYNA 软件是世界上最著名的通用显式动力分析程序，最重要的应用领域是碰撞性分析，它可以处理碰撞时必须考虑的大变形、复杂材料模型等问题。

基于知识的有限元分析系统可以充分利用以往经验，指导用户每一步的分析过程，降低使用有限元法的门槛，缩短设计分析时间和成本，加速产品的开发过程。用户选取合适的有限元软件作为汽车设计的工具，在概念阶段就可以实现汽车各性能参数的设计。随着计算机运算处理能力的不断提升，汽车设计终将实现全面智能化和集成化。

7.2 车身所受载荷

承载式车身结构，主要承受由于乘客、货物和车身自重带来的弯曲载荷；在不平路面上行驶时经轮胎、悬架传至车架上的扭转载荷；当加速或减速时沿车身前后方向的惯性载荷；

当转弯时沿行驶轨迹线法线的惯性离心载荷;当车辆受到来自各个方向碰撞时的冲击载荷等。其他载荷还有高速行驶时车身及外附件受到的空气阻力,路面摩擦阻力经轮胎、车轴、悬架传至车架的载荷。此外,车身所受载荷还存在运动中不可避免地由发动机和底盘系统传来的振动载荷,泊车时偶尔还会承受车轴与路边台阶的侧向冲击载荷;车辆故障无法行驶时承受前车拖拽载荷;开/关门时还会产生不同程度的冲击载荷等。

这些载荷有些属于正常的工作载荷,是不可避免的;有些属于意外情况下的特殊载荷;有些仅引起结构的弹性变形;有些可能因一次瞬时过载或长期疲劳导致结构塑性变形甚至开裂。

在车身结构分析中,上述载荷大部分为动态载荷,其大小随时间变化。概念设计阶段可以先采用静态分析,再乘以适当的动载系数和安全系数,进行结构的等效动态设计;详细设计阶段则需要对结构大变形过程或振动响应进行直接的动态分析。以下将对这些载荷逐一进行介绍。

7.2.1 弯曲载荷

弯曲载荷是由于车上零部件及人员、货物重量引起的指向地面的载荷,它使车身底部及车架零件发生弯曲变形。图 7-1 为 1:2 车身模型及弯曲载荷分布情况。

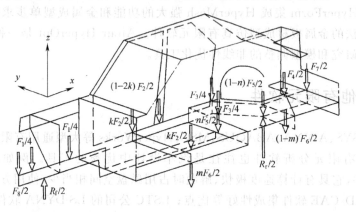

图 7-1 由车身自重、行李货架重量、乘员重量等引起的弯曲载荷(簧上载荷)

图中,$F_1 \sim F_8$ 分别为动力总成、前排座椅及乘员、后排座椅及乘员、备胎及行李、油箱、排气系统、后保险杠和前保险杠总成的纵梁等重量引起的垂向载荷;m、n、k 为各支撑点的重量分配系数,与实际结构支撑点距该部件重心位置有关。

对于弯曲载荷分析,根据结构及载荷的对称性,可利用 1:2 模型进行计算,但在对称面需施加对称约束。对非承载式车身,单独分析车身时,应在车身与车架连接点施加位移约束;单独分析车架或分析车身与车架总成时,应在车架与悬架的连接点施加相应的位移约束。对承载式车身,一般将车身与车架装配后建模分析。

7.2.2 弯扭载荷

由于重量和承载带来的弯曲载荷是不可避免的,因此,纯扭转的情况在实际中是不存在的。由路面不平引起的扭转载荷总是与弯曲载荷共同作用。最不利的弯扭联合作用情况是：将轴载较轻的轴一侧轮抬起，该轴所有轴载只由另一个轮子承担。这种工况可看成是纯弯曲和纯扭转工况的叠加。前者为对称模型，后者为反对称模型，如图 7-2 所示。由于当前计算机软硬件水平提高，静态分析可以用于整车模型，但为了清楚显示，图 7-3 只画了右面半个车身模型及载荷。

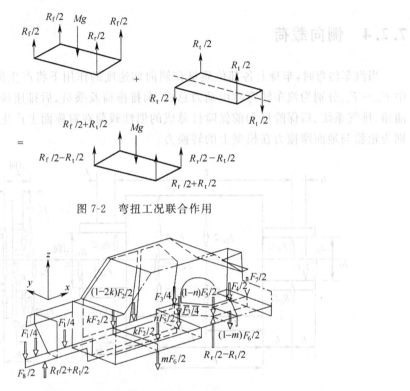

图 7-2 弯扭工况联合作用

图 7-3 由路面不平引起的扭转载荷

7.2.3 纵向载荷

当车辆加速、减速时，所有车身零件都将根据质量的大小产生不同的惯性载荷。图 7-4 显示了制动时主要惯性载荷，以及与之平衡的制动力和支反力。

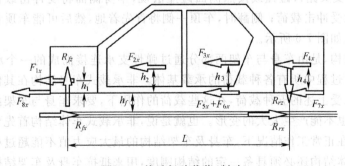

图 7-4 前后行驶载荷（制动）

图中 $F_{1x} \sim F_{8x}$ 分别为汽车制动时由动力总成、前排座椅及乘员、后排座椅及乘员、备胎及行李、油箱、排气系统、后保险杠和前保险杠总成的惯性载荷在对称面上产生的合力。R_{fx} 和 R_{rx} 分别为轮胎与地面摩擦力在模型上的转换力。R_{fz} 和 R_{rz} 为地面支撑力在模型上的转换力。

当汽车加速时,相应的惯性载荷与图 7-4 相反,其大小与各部件的质量、加速度有关。

7.2.4 侧向载荷

当汽车转弯时,车身上各部位质量在侧向加速度的作用下将产生侧向离心载荷。图 7-5 中 $F_{1y} \sim F_{8y}$ 分别为汽车转弯时由动力总成、前排座椅及乘员、后排座椅及乘员、备胎及行李、油箱、排气系统、后保险杠和前保险杠总成的惯性载荷在对称面上产生的合力。R_{fy} 和 R_{ry} 分别为轮胎与地面摩擦力在模型上的转换力。

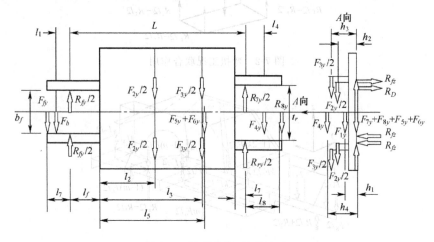

图 7-5 侧面载荷(转弯关系)

7.2.5 碰撞载荷

当汽车与其他车辆或物体发生碰撞时,车身也将承受各种冲击载荷。例如,两车正面碰撞或按照正面碰撞法规与刚性墙碰撞时,车身正面将承受冲击载荷,直接作用在前保险杠上;两车在平面交叉路口碰撞或按照侧面碰撞法规,车身侧面将受冲击载荷;追尾时后面局部或全部将承受冲击载荷;侧翻时,车顶一侧将首先着地,然后可能车顶着地。各种载荷位置及方向示意如图 7-6 所示。

非承载式结构,是由车身与车架两部分通过弹性支承连接而成的一个承载系统。该系统就是汽车使用过程中所有各种载荷的承载基体。非承载式车身结构在其使用过程中要作为一个系统来承受上述的五种载荷,在这些载荷的作用下,要求车身与车架的结构既不能产生裂纹和损坏,也不能产生太大的变形。也就是说,非承载式车体结构首先要保证其强度使用要求,即汽车在正常工作情况下,车身及车架结构的最大应力值不能超过材料的许用应力极限。其次,车体结构还必须具备一定的结构刚度,用来抵抗车身及车架结构在使用过程中产生的弯曲及扭转变形。

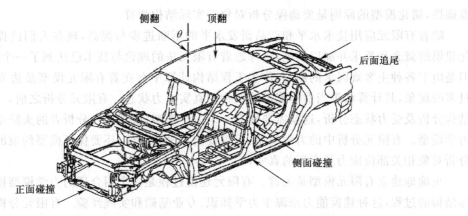

图 7-6 正面、侧面、后面碰撞或翻车产生的冲击载荷

7.2.6 局部的集中载荷

在车身上还作用有由于各总成和部件工作时所产生的附加载荷(如发动机、传动系的反转矩,转向器及减振器传来的力等)以及由于集中载荷作用线不通过杆件的弯曲中心(如悬架或车身附件的载荷)而使结构产生的局部扭转。上述各种载荷中,对于车身影响较大的载荷有对称垂直动载荷、斜对称垂直动载荷以及它们之间的组合。若按力的叠加原理进行考虑,就能对车身的总强度得出较为全面的结论。纵向载荷和横向载荷通常产生于结构上承受大集中力的地方,如悬架装置点区域等,这些区域的强度应该加强。

7.2.7 安全系数

安全系数的选取应该使车身结构在上述组合载荷作用下不产生永久变形或损坏为原则。车身结构的许用应力应以材料的屈服点为依据,一般取安全系数 $n=1.4\sim1.6$。在靠近悬架装置点和发动机变速器安装点等载荷集中区域, $n=1.5\sim2.0$。

7.3 车身结构分析和模型建立

现代汽车设计技术的发展已经全面进入 CAD/CAE/CAT 的综合应用阶段,进入到虚拟产品开发阶段,在现代汽车设计的各个阶段都广泛采用了有限元分析和计算机仿真 CAE 软件,从而缩短了研发流程,降低了开发费用,提高了设计质量。

结构分析可能是有限元法中应用最广泛的一个方面,可以解决汽车结构方面的种种问题。就结构分析类型而言,它包括静态分析、模态分析、瞬态分析、谱分析、屈曲分析等,其他还有断裂力学分析、复合材料结构分析、振动噪声分析、疲劳分析等。结构是用来承受和传递载荷的,结构在一定的外力作用下要发生变形。在对某种实际结构进行力学性能分析时,首先要对其进行合理的简化,使之成为既反映实际结构的受力状态与特点,又便于计算的几何图形,其可以称为该结构的力学模型。有限元分析结果的准确性主要取决于计算模型的准确性,简化模型的原则是要确保分析对象与实际结构相符。

随着有限元应用技术水平和产品研发水平的不断进步与提高,现在人们已提出了精细化建模的概念和要求并加以实施,这标志着有限元法的理论与技术已达到了一个新的阶段。但是由于各种主客观因素的制约,许多工程结构计算中存在着有限元模型及边界条件简化过多的现象,其计算结果当然不能反映结构的真实应力状态。有限元分析之前,一般要进行结构分析及受力状态分析,这就需要建立一个力学模型,或者说在分析者的头脑中要有一个力学模型。有限元分析中的力学模型,不仅要满足平衡条件,还要保证模型约束的完整性和分析对象相关部位应力及变形的真实性。

正确地建立有限元模型是关键。有限元建模过程是一个用合理的力学模型模拟一个实际结构的过程,这种建模能力来源于力学知识、专业基础和实践经验。有限元分析的技巧来源于对工程实际问题的力学性能和单元属性的认识能力,而这种技巧是在实践中反复试算、修改、评价中不断积累的。基本概念、基础知识、经典理论是理解问题的关键,程序使用、单元性能、分析评价是掌握问题的必然。目前的有限元分析已经建立了一套标准分析流程,例如图 7-7 所示的汽车结构有限元分析的标准分析流程。

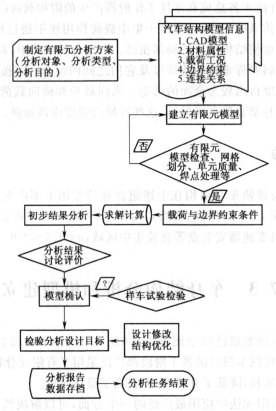

图 7-7 汽车 CAE 结构分析标准流程

另外,在运用有限元程序进行计算时,要清楚软件仅仅是一种运算工具。尽管现在的程序功能已很强大,智能化程度也大大提高,但使用者的判断力才是最根本的。因此要结合材料力学、弹性力学、有限元分析、汽车构造等基础与专业知识,以汽车设计及相关汽车设计标准规范为指导,不能只会使用程序,划分网格,而忘了分析设计的根本。

7.3.1 车身有限元模型建立

1. 模型简化与几何建立

有限元模型的简化方法与分析目的有关,不能一概而论。对于静应力分析,由于计算量不大,应尽量保留大部分特征,特别是应力集中区。对于模态分析,只要保证质量和刚度分布,可以采用较少的网格数进行大幅度简化。对于车内声学分析,单元尺寸与波长(由波速和频率决定)有关,因为要保证每个波长内有足够数量的单元。对于碰撞分析,变形区的网格应尽量保持初始几何形态,网格尺寸与迭代步长和波速(由材料密度和模量决定)有关。其他非重点考察区域则可以采用简化模型,甚至刚体建模。车身零件简化原则见表7-1。

表7-1 车身零件简化原则

几何特征描述	简 化 方 法	举 例
小圆角结构	简化成尖角	车门内板或底部模态和刚度分析时
螺栓连接	忽略	连接车体骨架结构间的非承载结构或非焊接小零件时进行整车分析
数量多且尺寸小的工艺孔洞	忽略	地板上为了安装座椅而设置的孔
尺寸较大的孔洞	以直代曲	为了安装某种零部件而设置的孔
加强筋结构	以梁单元代替	概念设计阶段为大致了解整车的刚度、强度等性能;求解整车的固有频率和固有振型问题
	建实体或板单元模型	研究整车局部变形及应力水平分布
翻边结构	以长方形壳单元代替	对车身构件局部的刚度有加强作用的翻边结构
	忽略	出于工艺需求,不影响结构刚度和强度的翻边结构
	直接连接,重叠部分按单层处理	两构件以搭接形式连接而形成的翻边结构(整车碰撞分析除外)
曲杆	简化成直杆	顶盖横梁、前风窗下横梁等杆件
非承载构件	略去或减少单元个数	风窗玻璃的鼻梁、前后保险杠外罩等
承载能力较弱的部件	忽略	铆接的车身蒙皮在车身静强度分析时可忽略
质量较大的物体	简化为集中质量	发动机重力对车架的作用
点焊	简化成刚性小短梁模拟	两个零件相应节点处的点焊
	简化成共节点	在连接处,两个零件具有各自的单元
焊缝	将焊接部分所有节点设置成两部件	角焊
	在其中一个零件上将连接部分的单元厚度设为两件厚度之和	搭接焊
粘接	简化成弹簧单元或梁单元模拟	层合板结构
螺栓连接及铆接	简化成刚性小短梁	研究铆接位置及数目优化设计

有限元前处理软件中的几何模型一般多从CATIA、Pro/E、UG等三维CAD软件导入。在导入CAD模型进行有限元分析时，要考虑有限元分析对几何模型的要求与CAD的不同之处。CAD模型需要精确的几何表述，通常会包含某些细微特征，如倒角、小孔；而进行有限元分析时，如果要准确模拟这些特征，需要用到很多小单元，不但会导致求解时间延长，而且可能出现质量较差的单元，如细长、尖锐的单元，反而影响结果的准确性。有限元分析只需要简化的几何模型，因此需要对模型部件的一些细节信息进行简化，以便于网格划分和分析。此外，模型的一些几何信息在导入时可能出错，如导入曲面数据时可能会存在缝隙、重叠、边界错位等缺陷，导致单元质量不高，求解精度差。

因此，在CAD模型导入后，进行网格划分之前需先进行必要的几何清理工作。通过消除错位和小孔，压缩相邻曲面之间的边界，修补缺失曲面，改正模型在导入时出现的错误，消除不必要的细节，产生一个简化的部件模型，以便于网格划分和分析，确保网格间正确连接，获得满意的网格样式和质量，从而提高整个网格划分的速度和质量，提高计算精度。

2. 单元类型选择及网格划分标准

一般大型通用程序都具备丰富的单元类型，构成了单元库。这些单元类型包括一维杆元、二维平面（轴对称）元、三维实体元、三维梁元、板壳元、二维流体元、三维流体元等。此外，通用程序一般还留有接口，可用于增加新单元类型。

单元类型的选用对于分析精度有着重要的影响，单元的选用要根据结构计算模型来定，不同结构形式、不同受力状态、不同分析级别、不同分析类型都可能选用不同类型单元，单元的选用因分析对象、分析精度、分析目的而定。对于结构形式比较明确的问题，选用常规的杆、梁、板壳及块体单元。例如，车身结构可以采用梁单元、板壳单元进行分析，以得到车身主要结构部件的分析精度都能达到适合的工程精度要求的结果。

表7-2给出一些常用单元的汇总简图和单元类型描述。利用这些单元可以进行线性分析、非线性分析（材料非线性分析、几何非线性分析）、接触分析以及耦合问题的分析等。在学习有限元软件时，要注意了解单元类型属性，了解其适用范围，了解输入/输出要求等。车身建模常用单元类型如表7-3所示。

网格过细则占用内存大，花费时间长，网格过粗则分析精度降低，所以说适度就是最好。没有一种可以符合所有情况的网格密度标准，例如，对于模态分析、屈曲分析时，网格就可以粗一些，但应力分析时则希望网格密一些。

至于单元划分的大小需要根据具体单元类型分别处理。如杆单元，由于单元内部应力是一样的，即使分得再细也不会改变精度；如梁单元，即使构件中间没有节点，也能反映弯曲变形，可以不太考虑单元划分，只要在相交点、固定点、载荷点、分布载荷的两端、截面形状、材料特性改变的位置等处设置节点即可。另外，注意调整单元各边的长度，使其单元的尺寸尽量一致。对曲线构件，可以用直线来划分。对于板单元，单元划分需要由结构的大小或截面尺寸决定，同时与应力分布的状态也有关系。一种说法是取板厚的5倍作为单元尺寸，有时取10～20倍也是可行的。但对截面变化部分，则要把单元划分得密一点。

表 7-2 部分结构单元简图预览

单元类型描述	单元简图	单元类型描述	单元简图
2 节点二维梁单元 3 自由度:UX、UY、ROTZ		3 节点二维平面单元 2 自由度:UX、UY	
2 节点三维梁单元 6 自由度:UX、UY、UZ、ROTX、ROTY、ROTZ		6 节点二维平面单元 3 自由度:UX、UY	
3 节点三维梁单元 6 自由度:UX、UY、UZ、ROTX、ROTY、ROTZ		4 节点二维平面单元 2 自由度:UX、UY	
2 节点二维杆单元 2 自由度:UX、UY		8 节点二维平面单元 2 自由度:UX、UY	
2 节点三维杆单元 3 自由度:UX、UY、UZ		8 节点三维空间单元 3 自由度:UX、UY、UZ	
1 节点三维质量单元 6 自由度:UX、UY、UZ、ROTX、ROTY、ROTZ		10 节点三维空间单元 3 自由度:UX、UY、UZ	
2 节点三维弹簧单元 6 自由度:UX、UY、UZ、ROTX、ROTY、ROTZ		20 节点三维空间单元 3 自由度:UX、UY、UZ	
2 节点三维多点约束单元 6 自由度:UX、UY、UZ、ROTX、ROTY、ROTZ		4 节点三维壳单元 6 自由度:UX、UY、UZ、ROTX、ROTY、ROTZ	
2 节点二维、三维点对点、线对线、面对面、点对面接触单元		8 节点三维壳单元 6 自由度:UX、UY、UZ、ROTX、ROTY、ROTZ	

表 7-3 车身建模常用单元类型

单元类型	在车身上的应用举例
质量单元(mass)	被省略部分的重量(发动机、行李、乘员、座椅等)
梁(beam)	承受完全载荷的细长结构,如底板下横梁、车架梁等,点焊、复合材料板的加强筋
弹簧(spring)	模拟悬架或发动机支持的刚度特性
杆(bar)	承受拉伸载荷的细长结构,如某些限位约束可简化为刚性杆
壳单元(shell)	车身冲压件
体单元(solid)	螺栓,发动机

单元网格的急剧变化,会造成在其附近应力分布的分析精度变差,所以单元网格密度要渐变过渡。为了得到精度较好的应力分析结果,应尽可能把四边形单元作成正方形,三角形单元作成正三角形,这是最理想的情况。用同样大小单元相比,四边形(六面体)单元比三角形(四面体)单元精度要高。一般板单元的长宽比越大,分析误差也越大。在需要重点了解应力分布的区域里,单元长宽比的推荐范围为 1:1~1:2;在该区域以外推荐范围可放宽到 1:3;一般控制在 1:5 以内;在应力分布几乎没有变化的区域里所采用的单元,长宽比 1:10 也是可行的。从这一点上说,单元网格划分准则处在一个相对较宽泛的范围,需要不断积累经验,总结提高。翘曲的单元会导致计算不准,不过其影响一般是局部的。采用翘曲角作为平板翘曲程度的检验标准,翘曲角的采用严格来说取小于 5°,可以放宽到小于 7°,一般控制在 10°以下。翘曲角是四边形表面与平面的偏差的一种度量标准。对于完全平的单元,翘曲角为零。雅可比行列式表示由于坐标轴的改变而引起的无穷小体积变化,雅可比为零通常表示单元质量较差。壳单元中要控制三角形单元所占的比例。

在使用网格自动划分功能时要将实际结构适当划分成若干个区域,否则当结构中的细小部分混在一起时,节点数将会过多,以至于不能分析。这种对原几何结构的人为划分是非常必要的,它可以保证在各个区域网格的精度要求。

前面讨论过单元质量评价的几个指标,如单元细长比、单元最小夹角、雅可比行列式、单元翘曲角等。网格质量影响计算的精度,网格扭曲严重时会影响计算的收敛,甚至影响计算的进程。所以在网格划分之前,一般都预先设定好网格形状检查标准。超过相应网格控制指标时则标出网格不佳位置并提出警告或修改要求,通过局部调整网格形状,使其达到网格指标要求。网格划分时首先要进行网格规整化,控制单元尺寸,并尽量减少三角形单元比例;其次要处理各几何形状变化部位的网格过渡;另外,对初步试算应力较大区域的模型网格可以进行细化,以及模型各部件的连接处理等。网格质量控制并非一次完成,往往需要多次模型修正。前期主要从单元尺寸、网格密度和网格质量上着手。要充分利用好程序中所带有的网格检查工具。表 7-4 给出某轿车白车身网格划分的单元质量检查标准。需要指出的是,表 7-4 的参数指标是比较严格的,仅供参考。不同结构问题、不同计算阶段、不同分析层次,网格划分标准是不一样的,可以自行调整设置这些指标参数,了解其对网格形状及计算精度的影响,参考工业界一般建议标准,积累分析经验,完善指标参数设置。

表 7-4 车身网格划分质量标准

长宽比	<5	最小四边形内角	>30°
翘曲角度	<7°	最大三角形内角	<105°
雅可比	>0.6	最小三角形内角	>15°
最大四边形内角	<135°	最大三角形单元比例	<10%

例如,汽车车身几何形状复杂,建立好车身有限元模型,有利于提高车身设计和数值模拟的精度和效率。车身可选单元主要有梁单元(概念设计阶段)、壳单元和块单元三种类型。实体块单元,考虑了弯曲效应和剪切效应,但是对于厚度较薄的车身部件,在板厚尺寸很小的情况下,容易引起刚度矩阵奇异。同时,采用实体单元的情况下,其网格数量和密度要求很高,计算时间长,内存需求大。而壳单元既能处理弯曲和剪切效应,同时不需要实体单元所要求的网格数量、计算时间和内存空间,因此壳单元最适于车身结构建模。在车身有限元

网格划分中,对变化剧烈、圆角过渡和拐角处,要求单元尺寸小、网格密度大;对于变化平滑区域则可采用单元尺寸大、网格密度小的策略,尽量不要整个车身采用一种网格尺寸。计算精度和计算效率要做到平衡,为提高计算精度而增加单元数量往往导致计算效率下降;相反,为提高效率而未能顾及网格密度又导致精度下降。需要采取相应的策略将模型划分为相关的单元和适当数量的网格。对于复杂形状的有限元分析,网格划分所占的工作量往往比较大。网格划分定量判断的方法可以采用将单元的尺寸减小1/2,或者把一阶单元换成二阶单元再计算。对同一位置的两次计算应力值进行比较,如果应力值相差达50%,说明原来的网格划分可能有50%的不合格。

3. 模型的装配

车身钣金件主要通过点焊及缝焊的形式连接起来。点焊因其质量轻、可靠性好、操作简单、易于实现机械自动化生产而广泛应用于车身制造工业中。

车身建模中的难点就是焊点的处理。车身连接处存在几千个焊点,需要有规模化、规范化的处理方法,才能易于在建模中使用。在有限元方法中,一般对焊点的模拟有以下几种方法:

1) 无质量刚性梁模拟

无质量刚性梁模拟法就是在焊点所在位置使用刚性梁单元连接两侧壳单元上的相应两个节点,使两节点的自由度耦合,从而达到连接的目的,如图7-8所示。此种点焊建模方法要求在网格划分时两侧焊接壳单元部分的节点对齐,使梁单元垂直于壳单元。虽然此种建模方法简单,不需要对单元附材料属性与单元属性,但是由于缺少对焊点各方向刚度的模拟,所以仿真精度偏低,并且无法模拟焊点失效。另外,由于车身有较多结构复杂的零件存在,也使网格划分工作难度增加,从而导致整体建模时间增加。

2) Beam 单元模拟

Beam 单元模拟法是通过在焊点位置用 Beam 梁单元连接两侧壳单元,如图7-9所示。通过设置梁单元的各项刚度实现力的传递,另外可以通过设置梁单元的材料属性来模拟焊点的应力应变特性,还可以模拟焊点的失效。梁单元两端节点是通过接触与两侧壳单元实现连接,所以此种模拟方法不需要两侧壳单元节点对齐,建模比较简单。另外,其力是通过面单元传递而不通过节点,所以能较准确地模拟焊点的实际受力情况。这种焊点模拟方法也是工程应用中最常见、最广泛的。

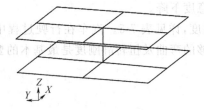
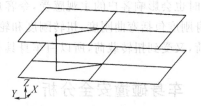

图7-8 无质量刚性梁模拟焊点　　图7-9 Beam 单元模拟焊点

3) 体单元模拟

体单元模拟法是用实体单元连接两侧壳单元,使实体单元的节点与壳单元的节点融合,如图7-10所示。力和力矩都通过实体单元传递,从三维的角度尽可能真实地模拟焊点特性。同样,由于此种方法要求上下两侧壳单元四个节点对齐,对网格划分提出了非常高的要求。在车身建模中由于复杂零件的存在,该焊点模拟方法基本上很难实现。

另外,在白车身结构中,螺栓连接也是一种常见的连接方式,可采用 RBE2 单元来模拟螺栓连接。RBE2 单元由一组多点约束单元组成,其约束理论基础为拉格朗日算法,可用于模拟两个变形体之间的刚性约束,以保证力和位移的正确传递,被广泛运用在工程实际中来模拟传递力和力矩的刚性组件。

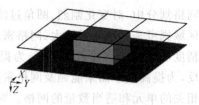

图 7-10 体单元模拟焊点

7.3.2 车身强度分析

对车身而言,直接关系到车身结构强度的主要是弯曲和满载扭转(弯扭)两种工况。

(1) 弯曲工况:在满载情况下,研究车身的抗弯强度。

(2) 弯扭工况:车身遭受最剧烈的扭转工况,一般是当汽车以低速通过崎岖不平路面时发生的。此种扭转工况下的动载,在时间上变化得很慢,惯性载荷很小,其扭转特性可以近似地看作是静态的。因此,在满载情况下,一个前(后)轮悬空而另一个前(后)轮抬高时施加在前(后)桥上的力矩的作用,应认为是最严重的扭转工况。在分析车身强度时,应先利用车身有限元分析模型,设定边界条件及载荷情况,参照车身的基本负荷,通过整体刚度方程 $Ka=P$,即可得车身结构模型各节点位移,进而求得车身结构应力分布。此时要注意车身附件、悬架系统和发动机等与车身连接处的局部高应力区的强度问题。

7.3.3 车身刚度分析

现代汽车车身结构基本上都是采用薄壁金属板,通过焊接、铆接、粘接等工艺连接而成。因此,材料的弹性模量、车身结构的截面、连接关系及采用的板料厚度是影响车身刚度的主要因素。

良好的刚度设计对于提高车身结构性能有着重大意义。车身刚度不足,会带来车门关不上、风窗开裂等问题,甚至会影响到安装在车身上的总成的定位精度,从而影响到汽车的行驶平顺性及操纵稳定性。局部刚度不足,会造成零部件运动干涉,甚至会影响到零部件的性能,同时也会影响客户的主观感受,令客户满意度下降。

车身刚度包括弯曲刚度、扭转刚度和轮罩刚度,详见表 7-5。汽车在行驶过程中既受到弯曲载荷,又受到扭转载荷,所以白车身具有足够的弯曲及扭转静刚度是最基本的要求。

7.3.4 车身碰撞安全分析

如何提高车身的抗碰撞能力是汽车被动安全性中需要解决的问题之一。早期汽车碰撞研究主要是在经验的指导下进行包括实车碰撞和模拟碰撞的试验。通过碰撞试验获得的数据来对新车进行设计或对已有车型进行改进,以便达到相关法规的要求和满足社会公众的需求。汽车碰撞试验主要是通过模拟或再现汽车碰撞事故中的一些典型和重要的碰撞过程来获取不同结构相应的受力模式,然后以此为依据来改进或检验汽车零部件在汽车碰撞中的安全性,并对汽车碰撞损伤情况进行预估。该方法对汽车安全性的评估准确率和改进能力的影响程度取决于试验手段的先进性和测量装置的准确性。涉及的零件越多、受力情况越复杂,测得结果误差越大,所需的试验测量设备则越先进,试制和试验所需周期越长,经费越庞大。

为了解决这个问题,国内外汽车公司普遍采用有限元法进行汽车碰撞过程的模拟计算,以节省昂贵的实车碰撞试验经费。目前已能够应用有限元技术对汽车正面、侧面、后面在各种碰撞情况下的变形和人体在冲撞时的二次碰撞进行分析。汽车碰撞过程涉及材料非线性、结构大变形以及动态接触摩擦等问题,是一个难度较大的工程计算问题。目前模拟分析较常用的软件有 LS—DYNA、PAM—CRASH 等,它们在分析和研究结构动态大变形方面具有较强的功能,特别是在汽车被动安全领域的研究十分成功。

对于典型的由发动机舱、驾驶舱、行李舱组成的三厢结构,要保护车内乘员及行人的安全,车身结构必须满足以下条件:

(1) 碰撞过程中保持驾驶舱的完整性,保证生存空间;

(2) 发动机舱及行李舱等吸能区的结构以可控制的方式发生弹塑性变形,即具有正确的力传递路径,金属吸能管不发生失稳,可进行规则叠缩变形吸能;

(3) 为防止车内乘员与内饰件发生二次碰撞,外部结构应使变形能与冲击动能平衡,使乘员减速度最小;

(4) 保证车身刚度,防止因门框变形导致碰撞后车门无法打开,尽量防止因车窗变形使玻璃破碎伤害乘员。

表 7-5 弯曲刚度、扭转刚度、轮罩刚度标准

		约 束 点	施加载荷点	后 处 理
弯曲刚度	前弯曲刚度	前悬置点 SPC=3;后悬置点 RBE2 单元中心处 SPC=1、2、3,外围节点 SPC=3	前门左右门框中都用 RBE2 单元连接 9 个单元,F 施加于 RBE2 单元主节点	作出弯曲变形曲线;计算大梁刚度值;测量开口对角线变形量 δ,开口包括前后风窗、侧门框
	后弯曲刚度	前悬置点 SPC=3;后悬置点 RBE2 单元中心处 SPC=1、2、3,外围节点 SPC=3	后门左右门框中都用 RBE2 单元连接 9 个单元,F 施加于 RBE2 单元主节点	作出弯曲变形曲线;计算大梁刚度值;测量开口对角线变形量 δ,开口包括前后风窗、侧门框
扭转刚度		左右前悬置点用一个 RBE2 单元连接,主节点约束 SPC=1、2、3、5、6,后悬置点弹簧座中心处 SPC=1、2、3,外围节点 SPC=3	在后悬置中点处施加强制扭转	作出扭转变形曲线;计算大梁刚度值;$K=M/\theta$;测量开口对角线变形量 δ,开口包括前后风窗、侧门框
轮罩刚度		前门槛约束 SPC=3,距离圆角约 100mm;后悬置点弹簧座中心处 SPC=1、2、3,外围节点 SPC=3	前悬置点	计算轮罩刚度 $K_z=F_z/\delta_z$,δ_z 为轮罩上加载点 Z 向变形量与加载点 X 坐标对应的大梁位置的 Z 向变形量之差。$K_Y=F_Y/\delta_Y$,δ_Y 为轮罩上加载点 Y 向变形量与加载点 X 坐标对应的大梁位置的 Y 向变形量之差

为了降低汽车事故中人员和财产的损失,各国早在20世纪30年代就开始制定相关法规,由于碰撞事故千差万别,制定的法规不能涵盖所有情况,必须针对发生概率大、伤害程度较严重的情况进行强制性检验。随着车辆安全相关法规的制定、改进和完善,目前已经形成了美国联邦法规(FMVSS)系列、欧洲成员国强制性法规(EEC)以及任选法规(ECE)系列为代表的两大车辆安全法规体系。我国被动安全法规目前有24项,整车被动安全标准见表7-6。

表7-6 中国整车碰撞安全标准

序号	标准编号	标准名称	实施日期
1	GB 11551—2014	乘用车正面碰撞的乘员保护	2015.1.1
2	GB/T 20913—2007	乘用车正面偏置碰撞的乘员保护	2007.12.1
3	GB 20071—2006	汽车侧面碰撞的乘员保护	2006.7.1
4	GB 20072—2006	乘用车后碰撞燃油系统安全要求	2006.7.1
5	GB/T 17578—2013	客车上部结构强度的规定	2014.7.1
6	GB/T 24550—2009	汽车对行人的碰撞保护	2010.7.1
7	GB 26134—2010	乘用车顶部抗压强度	2012.1.1
8	GB 26512—2011	商用车驾驶室乘员保护	2012.1.1
9	GB 24407—2012	专用校车安全技术条件	2012.5.1

7.4 车身有限元分析实例

7.4.1 车身强度分析实例

利用Hypermesh和Nastran软件对某轻型卡车驾驶室进行强度分析。驾驶室有限元建模时,分别使用壳单元划分车身钣金件、实体acm单元模拟焊点、rbe2单元模拟螺栓连接和梁单元模拟试验台架支撑。最终单元总数为311105,其中三角形单元数量为6965,所占比例为2.2%,驾驶室焊点数量为2933,约束前后悬置点处X,Y,Z所有自由度,在左右座椅H点处使用rbe2单元连接底板上座椅安装点,并在H点施加Z向作用力$F_z=k \cdot m_z g$,其中m_z为座椅与成员质量90kg,k为动载系数,取1.6,F_z为1411.2N,最终有限元模型如图7-11所示。

因为使用rbe2单元连接,会产生应力集中,所以在考虑最大应力时,不考虑与rbe2从点直接连接的单元。在本例中,不考虑座椅安装螺栓孔与rbe2相连的单元,故从最终应力云图7-12可以看出,车身在跳动工况中受到乘员与座椅重量载荷时最大应力为169.22MPa,而车身底板所用的材料为冷轧低碳钢DC04,其屈服强度为181MPa,故车身在跳动工况满足强度要求。

图7-11 车身强度分析有限元模型

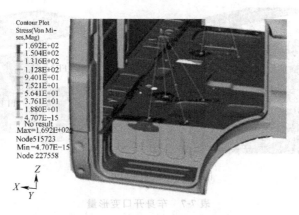

图 7-12　车身强度分析应力云图

7.4.2　车身刚度分析实例

利用 HyperMesh 和 Nastran 软件对某轻型卡车驾驶室进行扭转刚度分析，根据分析要求建立驾驶室有限元模型，使用壳单元划分车身钣金件，使用实体 acm 单元模拟焊点，使用 rbe2 单元模拟螺栓连接，使用梁单元模拟试验台架支撑。最终单元总数为 311105，其中三角形单元数量为 6965，所占比例为 2.2%，驾驶室焊点数量为 2933，约束前悬置点处 X,Y,Z 所有自由度，约束后悬置中点处 X,Y,Z 三向平动自由度，在后悬置中点处加载强制 X 向转动 1°扭转，最终有限元模型如图 7-13 所示。

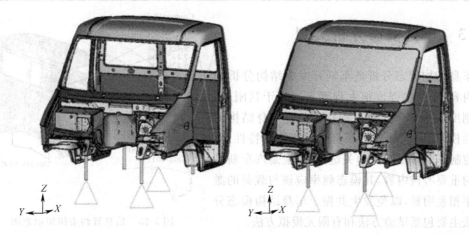

图 7-13　车身扭转刚度分析有限元模型

在车身底部，从前悬置点至后悬置点间隔 150mm 左右两侧各建立一个测量点，读取其 Z 向坐标变化，绘制底板扭角变化曲线。

在 HyperView 中查看扭转工况求解结果，测得风窗及车门开口的变形量，各符号对应的开口位置如图 7-14 所示，变形量如表 7-7 所示。

从图 7-15 中读取后悬置处的约束扭矩为 $M=9639.08\text{N}\cdot\text{m}$，且强制扭转角为 $\theta=1°$，根据 $K=M/\theta$ 求得 $K=9639.08\text{N}\cdot\text{m}/(°)$。

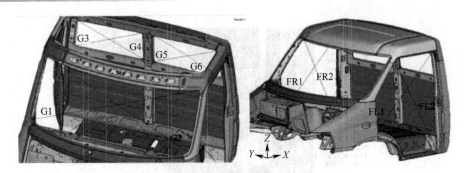

图 7-14 车身开口示意图

表 7-7 车身开口变形量

		原始尺寸/mm	加载后尺寸/mm	变形量/mm
前风窗	G1	1797.70	1810.10	12.40
	G2	1811.01	1799.23	−11.78
左侧门	FL1	1327.42	1325.46	−1.96
	FL2	1549.62	1552.75	3.13
右侧门	FR1	1329.10	1331.61	2.51
	FR2	1555.50	1552.51	−2.99
后风窗	G3	797.47	797.05	−0.42
	G4	771.05	771.61	0.56
	G5	771.05	770.61	−0.44
	G6	796.71	797.26	0.55

7.4.3 车身模态分析实例

车身结构模态分析是车辆开发中结构分析的重要内容,车身的强度很大程度上取决于其刚度,而动刚度大小又与其动态特性相关。车身结构的低弹性模态,不仅反映了车身的整体刚度特性,而且是控制车辆常规振动的关键指标,也是汽车新品开发的重要考核内容,其模态频率应该与载荷的激振频率相差明显,以免发生共振。车身结构模态分析方法主要包括试验方法和有限元模拟方法。

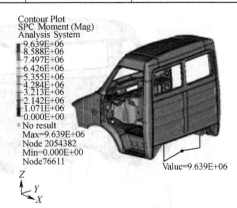

图 7-15 后悬置约束扭矩示意图

进行模态分析时必须要把握从整体角度去研究一个结构的动态特性的思想。因此,在建模过程中,应省去不必要的局部细节,否则会产生许多不真实的局部模态。为了提高计算精度,降低求解规模,应当采用壳单元中的四边形单元为主,在结构变化陡峭及过渡区域可以采用少量三角形单元。单元尺寸也不宜过小,否则一方面增加计算规模,另一方面使有限元模型整体刚度低于实际车身结构。

利用 Nastran 软件对车身进行模态分析,采用 Lanczos 法,既可以精确计算特征值和特征向量,又能获得较高的效率,适用于驾驶室这样大型且自由度较多的模型。前两阶固有模态频率值如表 7-8 所示,振型如图 7-16 至图 7-18 所示。

表 7-8 车身一、二阶模态频率

阶次	试验频率/Hz	仿真频率/Hz	驾驶室振型	误差
1	24.85	23.27	一阶扭转	6.36%
2	28.46	28.83	顶部一横梁局部模态	1.30%
3	32.91	34.54	驾驶室顶盖局部模态	4.95%
4	36.00	38.11	驾驶室后围局部模态	5.86%
5	41.60	43.33	驾驶室整体 Y 向弯曲模态	4.16%
6	46.25	46.98	驾驶室整体 X 向扭转模态	1.58%

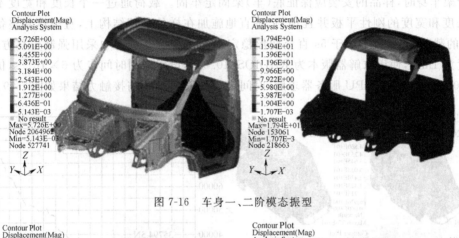

图 7-16 车身一、二阶模态振型

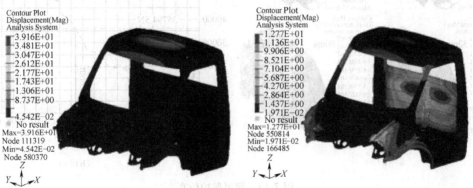

图 7-17 车身三、四阶模态振型

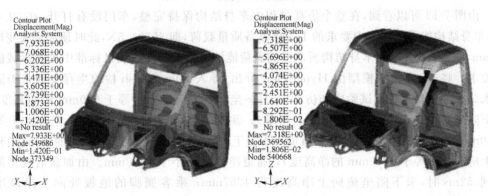

图 7-18 车身五、六阶模态振型

7.4.4 车身碰撞安全分析实例

1. 校车翻滚保护仿真

校车翻滚保护试验样品为整车,或按实车结构焊装在底架上并包含有车门和地板的车身骨架(可不装内外蒙皮、附件等)。试验样品为整车时,应通过多处刚性支撑车辆底(车)架下平面的方式消除悬架和轮胎的变形,试验车辆的安装应保证底(车)架固定牢固;试验样品为骨架车身时,样品的安装应保证底(车)架固定牢固。载荷通过一个长度和宽度不小于车身长度和宽度的刚性平板并且均匀、垂直地施加在样品顶部结构上,直至达到整备质量1.5倍的载荷,并保持不少于5s直至变形稳定为止。在仿真过程中采用强制位移方法,加载速度为1m/s,使用求解器版本为RADIOSS10.0.5,设置强制时间步为6×10^{-7}s,仿真时间为90ms,利用8核CPU服务器求解,时间为26h,顶部变形与接触力结果如图7-19所示。

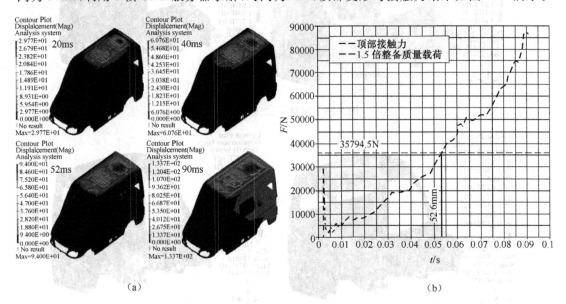

图 7-19 翻滚保护仿真
(a) 顶部变形;(b) 顶部接触力

由图 7-19 可以看到,在整个仿真过程中车身结构保持完整,车门没有打开,在 52.6ms 时,车身结构能承受标准中要求的 1.5 倍整备质量载荷,即 35794.5N,此时顶部最大变形为 94mm,并且在 90ms 时车身结构所承受的载荷能够达到 88100N,满足标准中关于承载能力的要求。将 52ms 时的模型由 HyperView 导出,导入 HyperMesh 检验生存空间是否满足要求。标准中要求仿真试验中和仿真后,每一坐垫上方应有大于等于 900mm 的净高度(从未下陷坐垫的最高点所在平面向上测量);就座乘客搁脚的地板处向上应有大于等于 1350mm 的净高度(对于轮罩处和质量小于等于 3.5t 和座位数小于等于 12 的校车,地板处向上应有大于等于 1200mm 的净高度);通道净高度不小于 1650mm。由加载后模型测量得到,52ms 时,未下陷坐垫向上净高度为 1287mm;乘客搁脚的地板处向上净高度为 1707mm。轮罩处向上净高度为 1496mm。通道处向上净高度为 1675mm。故对照标准可以得出该车生存空间要求中除通道净高度余量较少外,其他三项指标均满足要求。

2. 顶部抗压强度仿真

《乘用车顶部抗压强度》要求将车辆刚性地固定在刚性水平面上,关闭所有车窗,关闭并锁死所有车门。将活动车顶或可拆卸车顶固定在乘员舱顶部,拆除车顶行李架或其他不属于车顶结构的部件。

试验设备的加载装置为刚性块,其下表面为1829mm×762mm的平整矩形表面。施加载荷时前缘中点距车顶最前点为254mm,使其纵轴前倾角为水平面向下5°(侧视),并且纵轴平行于穿过车辆纵向中心线的垂直面;横轴外倾角为水平面向下25°(正视),并沿着垂直于加载装置下表面的方向向下加载,如图7-20所示。

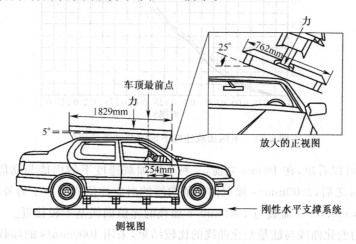

图7-20 《乘用车顶部抗压强度》试验要求

标准对车顶抗压强度要求在向车顶前部边缘的任一侧施加载荷时,加载装置下表面的移动量不得超过127mm。载荷的大小为车辆整备质量的1.5倍,但不得超过22240N。车顶结构的左前部和右前部都应满足要求。对于车身结构对称的车辆,在一侧进行测试后,另一侧不必再进行测试。

顶盖强度试验为准静态问题,在用有限元法分析大变形非线性的准静态问题时,用隐式方法来求解并不理想,多是采用显式积分方法。静态问题的动力学方程如式(7-1)所示:

$$M\ddot{u} + C\dot{u} + f_{int} = f \tag{7-1}$$

式中,f_{int}为内力向量;f为外力向量;$\ddot{u}$和$\dot{u}$为节点的加速度和速度向量;M和C分别为质量矩阵和阻尼矩阵。

因为标准中要求顶盖强度试验为准静态,但是加载时间一般需要十几秒甚至几十秒,这对于运用显示积分方法求解所使用的时间步来说过于庞大,虽然在求解时使用了强制时间步,但是为了控制模型质量变化,保证求解的精确稳定性,设定的时间步不能太大,从而导致计算时间步相对静态加载时间仍然过小。所以为了节省计算时间,将装置加载速度提升,但是这样使加载装置与驾驶室间作用又附加了动力效应。从式(7-1)可以看出加载速度提升后,为保证求解结果的准确性,需要使惯性力和阻尼力的变化与内力相比要忽略不计。从能量角度看,必须使系统动能与内能相比保持在一个较小的值。

为得出加载速度对仿真结果的影响,分别试验 500mm/s,1000mm/s 以及 2000mm/s 三种加载速度下接触力变化曲线与能量变化并分别绘制曲线,如图 7-21 所示,以确定效率高、结果较准确的加载速度。

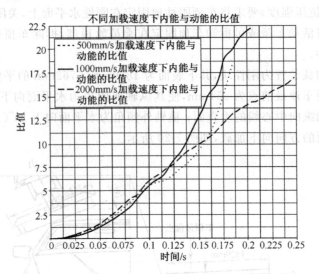

图 7-21　不同加载速度下内能与动能的比值

从图 7-21 可以看出,在 100ms 之前,三种不同加载速度下的内能与动能的比值比较接近;而在 160ms 之后,2000mm/s 加载的比值曲线的对应比值明显小于另外两种加载速度;在 200ms 之前,500mm/s 加载与 1000mm/s 加载的比值曲线基本较接近。

综合接触力变化曲线与能量变化曲线的比较结果,采用 1000mm/s 的加载速度,既保证计算精度又获得了较高的计算效率。同样在后围强度试验仿真中也使用 1000mm/s 的加载速度。

在仿真过程中采用强制位移法,加载速度为 1m/s,设置强制时间步为 8×10^{-7} s,仿真时间为 110ms,求解时间为 17h,顶部变形与接触力结果如图 7-22 所示。

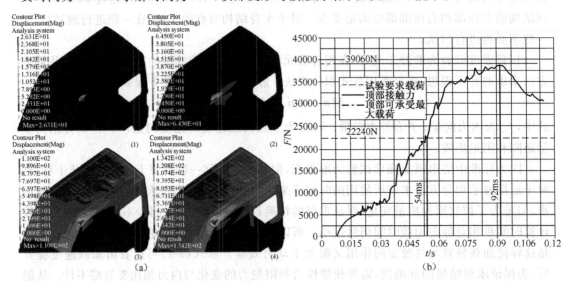

图 7-22　顶部抗压强度仿真
(a) 顶部变形;(b) 顶部接触力

由图7-22可以看出,在54ms时顶部接触力达到了标准要求的承受载荷22240N,根据施力板加载速度1m/s,除去施力板空行程段8mm,实际施力板下表面侵入量为46mm,满足标准中侵入量小于127mm的要求,此时顶部最大变形量为64.5mm;在92ms时顶部被压溃,可承受最大载荷为39060N,超出标准要求,但此时前风窗玻璃发生碎裂;此时的实际施力板侵入量为84mm。虽然挡风玻璃不是一个吸能件,但是它对于保持由两侧A柱、顶棚第一横梁以及刮水器横梁组成的四边形的稳定性有一定的作用,同时提高了顶部抗压的承载能力。

3. 轻型卡车正面碰撞仿真

根据《乘用车正面碰撞的乘员保护》标准的要求,在车厢质心位置添加集中质量(图7-23),使模型质量达到试验时该车的整备质量1935kg,并利用四边形单元模拟刚性墙与地面,分别设置刚性墙对车、地面对车点面接触以及整车自接触,并对整车附加50km/h,即13.89m/s的 X 向初速度,车辆与刚性墙的碰撞角为0°,对地面及刚性墙单元的所有节点进行全约束。

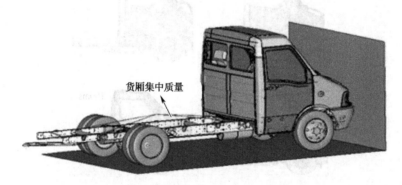

图7-23 100%正面碰撞有限元模型

提交RADIOSS求解,设置强制时间步为 6×10^{-7}s,仿真时间100ms,求解时间32h,最终质量变化为1.26%,能量变化10.2%,下面分别从整体能量变化、整车变形、车门变形部件吸能、加速度变化以及生存空间等方面进行分析。

由图7-24可以看出,在正面碰撞进行到60ms时,动能、内能以及接触能基本达到平衡,而且最终内能与接触能的和基本等于初始动能,所以在这个碰撞过程中沙漏能的比例是非常少的。另外,质量变化小于5%,所以整个计算结果是稳定可靠的。整车碰撞结果如图7-25所示。

由于最终整车内能为166472J,由表7-9可以看出,车架对内能的吸收作用最大,占总内能比为36.77%;其次是保险杠,占总内能比为16.83%;另外,发动机舱内冷凝器对能量的吸收也起到了较大的作用,其吸能比达到了9.67%。从所吸收的内能可以看出,虽然发动机舱盖板与翼子板的变形比较大,实际这两个部件对能量的吸收比较少,对碰撞缓冲的贡献比较小,另外地板纵梁基本没有吸收能量,这也反映出正碰过程对驾驶室乘员空间的影响较小。

由图7-25可以看出,在5ms时图像已输入力已回下降,在此时大约在22307,根据能量相等的原则,可应低速度为16.2%,从动能变化曲线看,在72ms时大约也变化很大,可应该表明矣,这是碰撞的主要发生时刻,由外部的开始移动长达大概60mm,这时可以看到车身发生了明显的A柱、B柱的变形,且在翼子板与机舱盖板之间发生了相对的变形,加上前后的位移,说明车身结构形成了良好的吸能效果。

3. 接座卡车正面碰撞结果分析

根据车体上不同的限定位置区分不同区域,并在不同的位置布置中间量(图7-23)。
将速度曲线以位移曲线的点表进行比较,可利用图可以看见引擎结构与地板,引擎本身轮轴以下,起到引子板的限制住,若干支撑,并不是平的,0km h,18.8km/s距以上限度,在制动测试使的前方,不会碰撞面的限制地上的加上面的加速度。
作为参考。

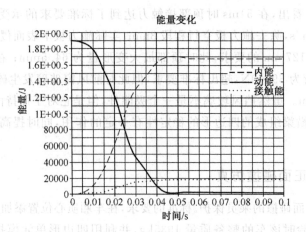

图7-24 正面碰撞能量变化图

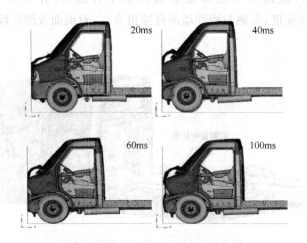

图7-25 正面碰撞整车变形图

表7-9 60ms时各部件所吸收的内能比例

部件名称	内能/J	所占比例/%
发动机舱盖板	2963.6	1.78
翼子板	5140.1	3.09
大灯支架	11733.7	7.05
发动机舱盖板支架	1000.1	0.60
轮罩	855.4	0.51
保险杠	28019.9	16.83
车架	61225.4	36.77
地板纵梁	52.0	0.03
冷凝器	16113.8	9.67

从图7-26可以看到,在41ms时A柱的X向减速度达到最大为55.8g;在49ms时B柱的X向减速度达到最大为66.9g;在62ms时,B柱加速度为零,与B柱位移变形图相吻

合。其中对加速度曲线滤波使用的滤波器为 SAE(J211)ISO6487,CFC 参数为 60。车架与 A 柱截面位置如图 7-27 所示。

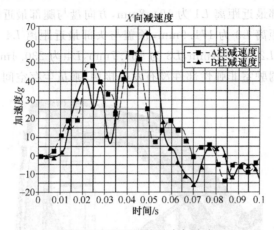

图 7-26　正面碰撞整车加速度

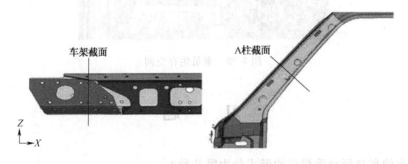

图 7-27　车架与 A 柱截面位置

从图 7-28 可以看出在 12.3ms 时,车架法向截面力达到最大,为 347702N,而 A 柱法向截面力在 19.7ms 时最大为 9917N,根据两者的比较可以看出,在正面碰撞过程中,碰撞力主要通过车架向上传递,而通过 A 柱向顶盖传递的比例比较小,这样的传递路径也保证了乘员生存空间的完整性。

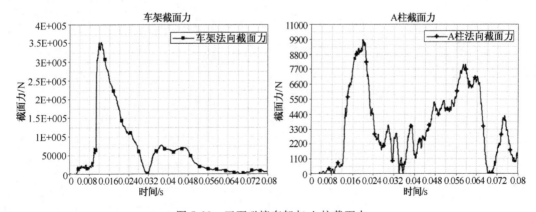

图 7-28　正面碰撞车架与 A 柱截面力

从能量变化图可以看出,在 46ms 时,整车变形最大,将 50 百分位男性假人模型导入此时刻整车碰撞模型检验生存空间,如图 7-29 所示,其中 R 点初始坐标为 $(801,-455,670)$,测得方向盘与假人胸部最近距离 $L1$ 为 194.8mm,方向盘与腿部最近距离 $L2$ 为 133.7mm,转向管柱与膝盖最近距离 $L3$ 为 171.9mm,顶盖与头部最近距离 $L4$ 为 257.6mm。初始状态时 $L1$ 为 201.9mm,$L2$ 为 99.1mm,$L3$ 为 165.7mm,$L4$ 为 230.4mm。可以看出,正面碰撞试验后假人模型与驾驶室非弹性部件没有发生接触,乘员生存空间满足要求。

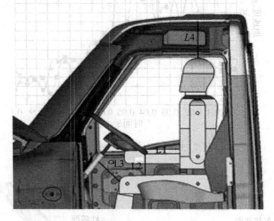

图 7-29 乘员生存空间

习　题

1. 汽车的车身所承受载荷的形式分为哪几种?
2. 车身有限元分析的具体流程是什么?

第 8 章

车身 NVH 特性研究

NVH 是指 Noise(噪声)、Vibration(振动)和 Harshness(声振粗糙感),它是衡量汽车设计及制造质量的一个重要指标。由于它们在汽车等机械中是同时出现且密不可分的,因此常把它们放在一起进行研究。汽车 NVH 特性是指在车室振动、噪声的作用下,乘员舒适性主观感受的变化特性。汽车 NVH 研究的范围很广,不仅包括乘员在汽车中的一切触觉和听觉感受,还包括汽车零部件由于振动引起的强度和寿命等问题。NVH 特性是人的感受的综合体现,包括人体触觉、听觉以及视觉等方面,可以用振动、噪声等性能的客观物理量加以衡量。

噪声是 NVH 特性研究的核心内容。因此,本章研究的主要内容就是阐述噪声产生的机理、分析噪声的方法、降低噪声的措施以及 NVH 特性研究的试验方法。

8.1 汽车 NVH 特性

8.1.1 概述

汽车上的振动是汽车 NVH 研究的主要内容之一,车身振动包括车身的垂直振动、纵向角振动和侧倾振动、发动机振动、座椅振动等。这些振动都是随机振动,通常用振动量(如位移、速度和加速度)的均方根值来衡量,并且按照频率加权计算。一般来说,对人体舒适性影响较大的振动,主要表现为座椅、地板对人体输入的低频振动,其频率范围在 1~80Hz。此外,转向盘、仪表盘等部件的抖动还会对驾驶员舒适性产生较大的影响。国内外对汽车车身振动特性的研究起步较早,在理论研究方面已取得较大进展,试验研究也较为成熟。目前对汽车车身振动特性的研究,主要是针对改善汽车的行驶平顺性而进行的,根据研究目的的不同,可将实际车辆系统进行不同程度的简化,然后建立相应的模型,分析研究汽车车身振动特性。

噪声是 NVH 问题中最主要的部分,也是本章重点介绍的内容。汽车噪声分为车外噪声和车内噪声,车外噪声主要包括车身壁板振动产生的噪声、空气冲击摩擦车身形成的噪声以及外界噪声源(如发动机、轮胎和制动器等)传入的噪声。车外噪声极大地影响着城市的环境,因此,我国对汽车车外噪声进行了一些规定。例如,GB 1496—2002 规定:汽车加速行驶时车外噪声要小于 80dB,M1 类汽车应小于 77dB。车内噪声对乘员也有着很多不利的影响,如语言交流困难、损害乘员的听力等。在限制车内噪声方面,美国走在世界的前列,早在 1985 年美国就规定公共汽车的车内噪声不得超过 80dB。相比而言,我国对车内噪声的要求起步较晚,目前也只有一些推荐性的要求。

声振粗糙感指的是振动和噪声的品质,它并不是一个与振动、噪声相并列的物理概念,它描述的是人体对振动和噪声的主观感觉。对声音品质的评价只能通过多次主观评价来实现。因为汽车的乘坐舒适性最终要表现为人体的感觉,所以声振粗糙感在 NVH 特性研究中占有十分重要的地位。虽然现在很多研究人员提出了许多心理学和声学指标,但到目前为止,只有少数的心理学和声学指标称为标准。因此,世界各大汽车公司坚持采用专家实际乘坐汽车的方式来最终评价汽车 NVH 特性。

由于声振粗糙感描述的是振动和噪声使人不舒适的感觉,因此又称之为"不平顺性"的;又因为它经常用来描述冲击激励(如道路的接缝或凸起)产生的使人极不舒适的瞬态响应,因此也有称之为"冲击"的。总的来说,声振粗糙感描述的是振动和噪声共同产生的使人感到极度疲劳的感觉。为了更好地了解和研究车内噪声,下面对声学的基础理论作简要的介绍。

8.1.2 声学基础理论

任意三维空间的声场可以用声压 p 来描述。声压 p 是指流体媒质受到扰动后的压力变量,声压可以通过质点速度和密度的变化量来表示。为了使问题简化,必须对媒质和声波方程做出一些假设,例如:

(1) 媒质为理想流体,不存在黏滞性,声波在这种理想媒质中传播没有能量耗损;
(2) 媒质是均匀的,没有声扰动时,媒质中静态压力 P_0、静态密度 ρ_0 都是常数;
(3) 媒质中传播的声波都是小振幅的振动,其空间中传播的声波满足波动方程

$$\frac{\partial^2 p}{\partial t^2} = c^2 \nabla^2 P \tag{8-1}$$

式中,$\nabla^2 = \frac{\partial^2}{\partial x^2} + \frac{\partial^2}{\partial y^2} + \frac{\partial^2}{\partial z^2}$。

1. 声压级

人耳可听到的声压范围为 $10^{-5} \sim 10^2$ Pa,相差上百万倍,如果使用声压来衡量一个声音的大小将产生很大的数量级变化,因而很难客观表达一个声音的大小,而且人耳对声音的感受与这些物理量的大小并不成线性关系,而是与它们的对数值大小成正比,因此噪声的大小通常采用其对数形式来表示,称为声压级,单位是分贝(dB)。常用的声压级为

$$\text{SPL} = 20\lg\frac{p}{p_0} \tag{8-2}$$

式中,p 为待测声压;p_0 为参考声压,即人耳刚刚能听到的 1000Hz 纯音的声压。参考声压的值是 2×10^{-5} Pa。

2. 声强与声强级

声强是在传播方向上,单位时间内通过单位面积的声能量,记为 I,单位为瓦/米^2(W/m^2)。声强的大小与离开声源的距离有关。单位时间内,声源辐射的声能是一定的,离声源越远,声波辐射声能的面积越大,因此通过单位面积的能量越小,声强越小。一般来说,距声源不同距离的声强与两点距离的平方成反比。

声强级表示声强与参考声强 I_0（取 $I_0 = 10^{-12}\,\text{W/m}^2$）的相对关系，记为 L_I，即

$$L_I = 10\lg \frac{I}{I_0} \tag{8-3}$$

3. 声功率与声功率级

声功率是声源在单位时间内发射出的总能量，用 W 表示，单位为瓦（W）。一般声功率不能直接测量，而要根据测量的声压级来换算。声功率级表示声功率 W 与参考基准声功率 W_0（$W_0 = 10^{-12}\,\text{W}$）的相对关系，记为 L_W，即

$$L_W = 10\lg \frac{W}{W_0}\,(\text{dB}) \tag{8-4}$$

4. 响度与响度级

前面所提到的概念都是声音的物理概念，而响度是人耳对声音强弱的主观感受。响度的量化单位是 Sone（宋），并定义 1kHz 纯音在 40dB 声压级时的响度为 1 宋。响度的相对量称为响度级，它表示的是某响度与基准响度比值的对数值，单位为 Phon（方）。1kHz 纯音的声压级为 0dB，响度级定为 0Phon，声压级 40dB 定为 40Phon，其他频率的声音响度与 1kHz 纯音响度相同，则把 1kHz 的响度级当作该频率的响度级。

5. 等响曲线

人耳对噪声的主观感受不但与声音的强弱有关，还与频率有关。把不同频率、相同响度级的点连成的曲线称为等响曲线或等响特性。等响曲线又叫 Fletcher-Munson 曲线。如图 8-1 所示为等响曲线，它表达了典型听者认为响度相同的纯音的声压级同频率的关系，图中纵坐标是声压级，横坐标是频率，二者是声音的客观物理量。因为频率不同时，人耳的主观感觉不同，所以对应每个频率都有各自的听阈声压级和痛阈声压级，把它们连接起来就得到听阈线。两线之间按响度不同又分为 13 个响度级，单位为方。听阈线为零方响度线，痛阈线为 120 方响度线。凡在同一条曲线上的点，虽然它们代表着不同频率和声压级，但其响

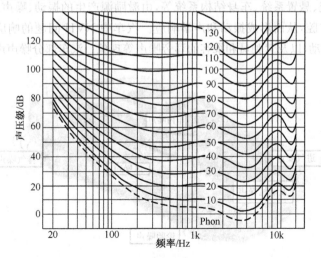

图 8-1　等响曲线示意图

度是相同的,故称等响曲线。

在测量噪声时,由于人耳对 1～5kHz 的灵敏度最高,对低频分量不敏感,从听觉上评价噪声大小时,必须对音频频谱的各部分进行计权,即在测量噪声时需要使其通过一个与听觉频率特性等效的滤波器,以反映人耳在 3000Hz 附近敏锐的灵敏度、60Hz 时较差的灵敏度,这就是计权。由于人耳的频率响应随声音的响度而变,故对不同的响度或声压级的声音使用不同的计权曲线。计权一般有 A、B、C 三种。A 计权声级是模拟人耳对 55dB 以下低强度噪声的频率特性,B 计权声级是模拟 55～85dB 的中等强度噪声的频率特性,C 计权声级是模拟高强度噪声的频率特性。三者的主要差别是对噪声低频成分的衰减程度,A 衰减最多,B 次之,C 最少。A 计权声级由于其特性曲线接近于人耳的听感特性,因此是目前世界上噪声测量中应用最广泛的一种。B、C、D 计权声级:一般情况下可用 A 计权声级来估算,dBB=dBA+5.4,dBC=dBA+4,dBD=dBA+6,计权声压示意图见图 8-2。

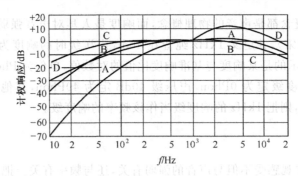

图 8-2 计权声压示意图

8.1.3 汽车中的 NVH 现象

从 NVH 的角度来看一辆汽车,它是一个由激励源、传递器和响应器组成的系统。激励源包括很多方面,发动机、传动系统、车轮和轮胎、不平路面和风等都可以称作激励源。传递器一般认为是悬架系统、悬置系统、车身结构系统等,由激励源产生的振动、噪声通过传递器的作用传入车身和车室空腔,从而形成振动和声学响应。汽车中 NVH 问题的响应最终表现为座椅、地板和转向盘的振动,以及驾驶员和乘客的耳旁噪声等现象。汽车部分噪声声源如图 8-3 所示。

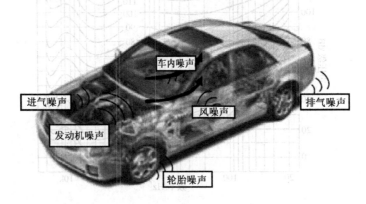

图 8-3 汽车部分噪声声源

汽车上的 NVH 现象描述的是乘员的主观感受,这些主观感受可以详细地划分为振动、噪声等。把乘员的主观感受与客观的描述联系起来,便可以用于对汽车 NVH 特性的评价与诊断。表 8-1 列出了汽车上重要的声学 NVH 现象及其声学描述。

表 8-1 汽车中 NVH 现象的声学描述

NVH 现象	声 学 描 述	NVH 现象	声 学 描 述
轰隆声(boom)	低频宽带噪声(20~100Hz)	鸣鸣声(whine)	中、高频纯音(200Hz 以上)
咆哮声(growl)	中频宽带噪声(100~1000Hz)	咔嗒声(rattle)	瞬态的低频噪声
嗡嗡声(drone)	低频纯音(100Hz 以下)	尖叫声(squeal)	瞬态的高频噪声

不同的工况下,汽车的 NVH 现象也不同。例如,长的尖叫声一般只在制动工况下才产生;而在匀速行驶工况,总是路面产生的低频振动、噪声和发动机噪声占据主要地位。因此,可以得出汽车中的 NVH 现象与它的使用工况有着密切联系的结论。

8.1.4 车身的 NVH 特性

车身是整车 NVH 系统的一个非常重要的响应器,整车的 NVH 特性与车身系统的振动有着很密切的关系。由于车身系统为振动、噪声传递途径中的重要环节,它的声学传递特性也对车内的噪声水平有很重要的影响。

车内噪声包括结构噪声和空气噪声。外界激励引起车身壁板振动产生的噪声是结构噪声,而空气噪声主要由车室外通过车身孔隙进入车内产生的。

车身壁板在路面、发动机等激励源的作用下产生振动并向车内辐射噪声,其本身的刚度、阻尼特性会直接影响噪声的大小。为了降低车内噪声水平,可以加强车身的刚度,改善动能量在车身结构中的传递与分布。

车身结构上留有许多孔隙,发动机等激励源产生的空气噪声经由这些孔隙进入车室,虽然可以实现车内通风以及布置操纵机构的需要,但提高了车内的噪声水平。为了降低车内的噪声水平,可以采用合理的结构和材料对其进行有效的隔声。

由于车室空腔是个封闭的声学系统,它的形状与大小直接影响车内声场的声学特性;车室的形状以及座椅的布置位置都将影响车内声压的分布以及声学共振特性。车内声场是典型的混响场,各种声波在空腔内反复反射,形成复杂的声学环境。这样,汽车内饰吸声能力的大小对车内噪声水平有着重要影响。采用良好吸声能力的材料可以有效地降低车内噪声水平。

综上所述,车身系统既是响应器,又是传递振动、噪声的重要环节,同时车内声场也由车室空腔决定。因此,车身系统的吸声与隔声特性不仅对减少车内噪声有重要的意义,也在整个 NVH 特性的研究中占有重要的地位。

8.2 NVH 特性设计方法

汽车的 NVH 特性设计方法是建立在计算机辅助工程(CAE)基础之上的,其目标是改善汽车 NVH 特性;而以降低车内总体噪声水平为目的的声学设计方法,则是它的主要内容。与安全性设计、可靠性设计相类似,NVH 特性设计方法贯穿于新车型的整个研发过程。另外,它也可以在现有车型的改进设计中起到重要作用。

在整车研发过程中,NVH 特性的研究可以分为四个阶段,如图 8-4 所示。

8.2.1 整车 NVH 目标的确定

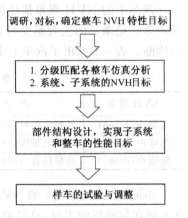

图 8-4 NVH 特性研究流程

一般来讲,公司在推出新车型之前必须明确其市场定位,整车水平的 NVH 目标(如车内噪声等)也必须在项目早期制定出来,而且要确保这些目标在市场定位上可以实现同时在性能上具有市场竞争力。下面介绍整车 NVH 目标设定的主要步骤。

(1) 必须明确新产品的目标人群(focus groups),然后根据这些目标人群的特点和顾客的驾驶评价,得出顾客的需求所在,从而明确与汽车 NVH 相关的重要项目,更好地提高市场竞争力。

(2) 选择新车型的"对标"车型,即选择同级别中最好的(Best-In-Class, BIC)汽车作为"对标"汽车,根据顾客和专家的驾驶评价以及对新车型的未来规划,制定出相应的主观 NVH 目标,如车内的噪声水平、振动感受等。

(3) 将主观 NVH 目标转化为客观的整车 NVH 目标(如驾驶员耳旁声压级、敏感点加速度响应以及车身振动模态频率等),为实现这一目标,必须对"对标"汽车进行大量的试验以确定其客观性能。

所有主要的 NVH 特性项目都要确定出整车水平的 NVH 目标,包括:与不平路面有关的前座椅振动、转向盘抖动;与风噪声有关的高速时的前座椅处的噪声水平;与动力总成有关的起动时的抖动、怠速期间驾驶员右耳处的噪声和踏板振动水平等。此外,还包括汽车各系统模态频率的分配。

8.2.2 NVH 目标的分级

为了更好地实现整车 NVH 目标,必须结合试验和 CAE 方法将整车 NVH 目标往下逐级进行分派,即分级,从而为部件的设计提供准则。所谓"分级",指的是将整车目标水平通过 CAE 分析转化为车身结构、动力总成悬置等系统和部件目标水平的过程。系统的 NVH 特性目标包括很多方面,主要有系统弯曲与扭转刚度、模态特性、声学振动灵敏度、噪声的衰减性以及动力总成的振动及其辐射的噪声、底盘悬架系统的动态特性等。

在车轮在路面上滚动的过程中,车身结构和空腔以及前、后悬架的动态特性对车室噪声起到关键作用。我们可以通过数学模型来描述它们相互之间复杂的动态关系,这就要建立整车的 CAE 模型并进行仿真研究。如图 8-5 所示,利用由系统设计变量构成的悬架频响函数等形成整车模型。将仿真分析的结果与整车目标比较,如果合格则说明构成整车模型的各系统目标(悬架频响函数)是合理的,否则需要进行调整,直到满足整车目标为止。这样就得到各系统的目标,为进一步的分解提供了依据。

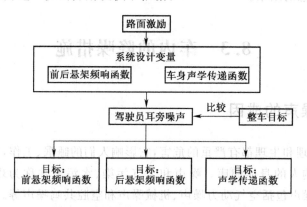

图 8-5 各子系统 NVH 目标水平的确定

一般来说,新开发汽车的分级过程是根据 BIC 汽车的基本数据实现的。通过对 BIC 汽车进行一系列试验,把主观 NVH 水平转化为客观 NVH 水平,并将测量得到的系统和部件 NVH 特性水平(可以测量得到)作为初始的设计目标,然后根据经验并结合实际情况对其进行修改,作为早期的设计准则(即系统和部件的 NVH 目标),这就是"对标"的过程。

在生产出样车后,还要对设计过程进行改进,这时要结合样车试验和 CAE 仿真。

8.2.3 NVH 设计中的 CAE 方法介绍

随着电子计算机的发展,CAE 分析和仿真计算在 NVH 设计过程中起着越来越重要的作用,在系统与子系统的 NVH 目标分级匹配的过程中作用尤为明显。下面简要介绍在 NVH 设计中经常使用的 CAE 方法。

将系统内各部件抽象为刚体建立模型并进行仿真分析的方法称为多刚体系统动力学方法。试验表明,利用多刚体系统动力学整车模型对 40Hz 以下 NVH 特性的模拟非常准确,比如对于悬架、转向系等进行大范围空间运动的系统,在研究其低频范围的动力学特性时,一般采用多刚体系统动力学。

当汽车中刚度较小的系统(如车身系统)采用刚体建模时,利用多刚体系统动力学方法计算就会产生较大的误差。因此,对于这些刚度较小的系统,就要建立弹性体(或称为柔体)模型,然后再结合多刚体系统模型,便得到整车的刚弹耦合(Rigid Elastic Coupling,REC)模型,可以大大提高仿真计算的准确度,适用的频率范围也提高到 200Hz 以上。

将车内空腔划分网格,建立有限元模型,再与车身结构的有限元模型相耦合,通过流体(空气)与结构之间的相互作用(Fluid Structure Interaction,FSI),将结构振动与空腔声场联系起来,建立 FSI 模型(也称声固耦合模型),利用 FSI 模型可以计算车室空腔的声学特性以及由结构振动产生的车内噪声响应。

有限元方法一般适用于车内低频噪声的计算,但对于中高频(300Hz 以上)NVH 特性的仿真分析,如果仍然采用有限元方法建立模型,不仅工作量大大增加,而且不能得出准确的结果。这时就应该采用建立在空间声学和统计力学基础上的统计能量分析(Statistical Energy Analysis,SEA)方法。实践证明,利用 SEA 模型分析汽车在 250Hz 以上的 NVH 特性能够得到令人满意的结果。

8.3 车内的降噪措施

8.3.1 车内噪声的成因

噪声对人的心理和生理都有严重的危害,它影响人们的睡眠、工作,干扰人们的语言、思考和听力,甚至影响人的身体健康。噪声和大气污染、水污染并称为现代社会的"三大公害"。汽车车身内噪声包括空气动力噪声、机械噪声和空腔共鸣噪声等。

空气动力噪声是由外部环境噪声、发动机噪声、传动系及行走系噪声通过地板、前围等处传入室内的噪声,同时还包括汽车高速行驶时 2000Hz 以上的风噪声。这些噪声大都由气体振动产生。

机械噪声大都由于车身壳体受到激励振动或者受到撞击、摩擦使室内设备振动而产生。

空腔共鸣噪声是由于车身振动而向车内辐射的声波,在遇到车壁后一部分被吸收,一部分被反射回来,如与原来的声波频率相同,则声波被加强,且成为一种激励,加剧车身结构的振动。此时作为空腔的车身,其内部噪声级明显增大,称为车厢(空腔)共鸣。有时车身各部振动级并不大,但是噪声级偏大。

轿车的共鸣箱有两个:一个是车厢,另一个是行李厢,而且两者互相影响。空腔共鸣频率可用有限元方法计算或者通过试验确定。

有关资料表明,对于轿车,一阶共鸣频率常在 70~90Hz,二阶共鸣频率常在 130~160Hz;车室的前、后方向是 70~90Hz,上、下方向是 120~130Hz。一般情况下,后座声级较前座大,四壁的声级较中央大。前风窗的玻璃倾角、车室内饰材料都对频率和声级有较明显的影响。

另外,车辆行驶时所产生的空气涡流与开窗的窗框相冲突产生的边缘噪声,也会引起空气压力的变化;当达到某一频率作用于开窗部位时,也可能引起车身空腔共振。

8.3.2 隔声与吸声

车内噪声产生的机理十分复杂,但都是由激励源、传递途径和声学响应这几个环节组成的。因此,要想控制噪声,应该从减小声源、隔断噪声的传递途径和声场内消声等几个方面入手。为了减小声源,对于发声的部件采用消声器,对于振动的部件采用减振器,结构设计时要使固有频率相互错开并避开激励频率;为了抑制风噪声,有效的办法是消除泄漏气流的间隙或采取改进密封元件、增加密封压力等措施将缝隙堵塞;为了避免空腔共鸣,可以通过修改车室形状和尺寸的方法,改变空腔的共振频率,以避开常见激励的频率。

然而,在实际当中直接从声源上治理噪声往往受到限制,还需要采取防振、隔振、吸声和阻尼等方法来补充,这在车身设计时不可忽视。下面简要介绍隔声、吸声与阻尼的机理及应用。

1. 隔声

对于发动机的噪声和车外噪声,可采用各种结构措施并选择合理的隔声材料来隔离。隔声效果用透射损失 $TL(\text{dB})$ 评价,其定义为

$$TL = 10\lg\frac{W_i}{W_t} \tag{8-5}$$

式中,W_i 为射到隔声壁的声功率;W_t 为透过隔声壁的声功率。

对于垂直入射的声波,单层隔声壁的透射损失 TL_0 可按以下近似公式计算:

$$TL_0 \approx 20\lg mf - 47.5 \tag{8-6}$$

式中,m 为隔声壁单位面积的质量(kg/m^2);f 为声频率(Hz)。

式(8-6)称作单层壁的质量定律。可见,隔声壁面密度越大,声频率越高,则隔声效果越好。

前置发动机的工作噪声对车内噪声影响最大,它主要是通过前围挡板传入车内。但由质量定律可知,单位面积质量或频率增大 1 倍,隔声量仅增加 6dB。发动机最大转速时的噪声可达 110dB 左右,如果希望 TL_0 为 40~50dB,则前围挡板的质量要相当大。

由于在汽车上增加质量受到限制,加之隔声壁本身的振动还会增加透过声能,所以采用单层隔声壁的隔声效果往往不好。在结构工艺允许时,用双层隔壁会显著提高隔声效果。

实际上,像汽车的前围板、地板,由于其上有许多穿线孔、安装孔等,既能引起风啸声,又会大大降低透射损失,所以应努力给予密封。图 8-6 给出了三种穿线胶套的隔声效果比较实例。

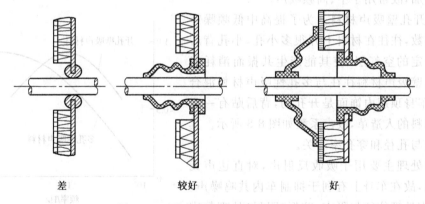

差　　　　　较好　　　　　好

图 8-6　三种穿线胶套的隔声效果比较

如果汽车的发动机罩位于车厢内,最好设计成双层结构,内层表面涂阻尼材料,两层之间填充吸声隔热材料,四周密封性要好。

由质量定律可知,大多数隔声结构对高频噪声的隔声效果较好,而对低频噪声较差。图 8-7 是某货车的发动机噪声与由其引起的驾驶室内噪声的比较。由图可见,要进一步降低驾驶室内噪声,应研究提高隔声壁在 250Hz 以下的透射损失。

2. 吸声

对传入车内的噪声,常辅以吸声处理。即利用吸声材料作内饰,吸收入射到其上的声

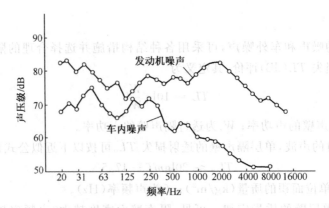

图 8-7 驾驶室内噪声与发动机噪声的比较

能,减弱反射的声能,从而降低车内噪声。吸声效果可用吸声系数 α 表示,即

$$\alpha = \frac{E_X}{E_R} = 1 - \frac{E_F}{E_R} \tag{8-7}$$

式中,E_R、E_x、E_F 分别为吸声材料接受入射的声能、吸收的声能和反射的声能。

在汽车上使用的吸声材料有如下几类:

(1) 多孔性吸声材料。其机理是当声波进入材料表面的空隙,引起空隙中空气和材料微小纤维的振动,由于内摩擦和黏滞阻力,使相当一部分声能转化为热能。汽车上常用的这类吸声材料有玻璃棉、毛毯及聚氨酯泡沫塑料等。它们的吸声系数如图 8-8 所示,α 随频率增加而增加,故常用于中、高频吸声。

(2) 开孔壁吸声材料。为了提高中低频噪声的吸声系数,往往在材料上开很多小孔,小孔背后保存有一定的空气层,使其能产生共振而消耗能量。开孔壁吸声材料往往与多孔性吸声材料混合使用,如车身顶篷内饰面是开孔的,背后贴有一层薄泡沫塑料的人造革,吸声系数如图 8-8 所示。其吸声性能与孔径和穿孔率有关。

吸声处理主要用于吸收反射声,对直达声无明显效果,故在车身上有利于抑制车内共鸣噪声。同时,吸声处理往往与隔声、防振(阻尼)处理等措施一起采用。

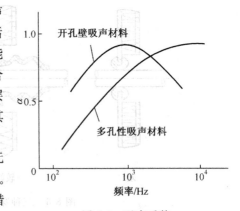

图 8-8 吸声系数

3. 衰减处理

阻尼材料能将固体机械振动能转换为热能,可以用于振动和噪声处理。材料阻尼性能可根据耗散振动能的能力来衡量,评价阻尼大小的标准是阻尼系数。

在一些容易引起振动的钣金件上,如地板、顶盖和前围挡板等,应涂以防振阻尼材料来减少噪声辐射,即进行衰减处理。阻尼材料是一种内损耗大的材料,如沥青基物质和其他高分子涂料(橡胶、树脂等)。进行衰减处理后,板和阻尼材料的综合损耗系数 η 可由下式近似求出:

$$\eta_1 \propto \left(\frac{\eta_2 E_2}{E_1}\right)\left(\frac{t_2}{t_1}\right)^2 \tag{8-8}$$

式中，η_2 为阻尼材料的损耗系数；E_1 为板的弹性模量；E_2 为阻尼材料的弹性模量；t_1 为板厚；t_2 为阻尼材料的厚度。

由式(8-8)可知，t_2/t_1 对衰减特性有很大影响，一般涂料厚度应为金属板料厚度的 2～3 倍，而且必须黏附紧密才有效。

图 8-9 是隔声、吸声和阻尼材料综合运用的实例。

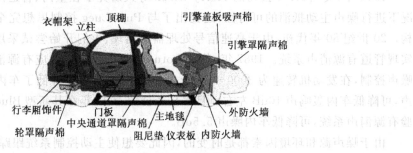

图 8-9　汽车身各部位隔声吸声的运用

8.3.3　车内噪声的主动控制

噪声的主动控制(Active Noise Control, ANC)也称为有源消声，是根据两个声波相消性干涉或声辐射抑制的原理，通过抵消声源(次级声源)产生与被抵消声源(初级声源)的声波大小相等、相位相反的声波辐射，相互抵消，从而达到降低噪声的目的。其理论基础是声波的杨氏干涉理论。与传统的降噪技术相比，有源消声技术具有控制低频噪声效果好、控制系统体积小、质量轻、噪声控制更具有针对性、对汽车结构及工作特性的影响小等优点。ANC 系统仿真模型如图 8-10 所示。

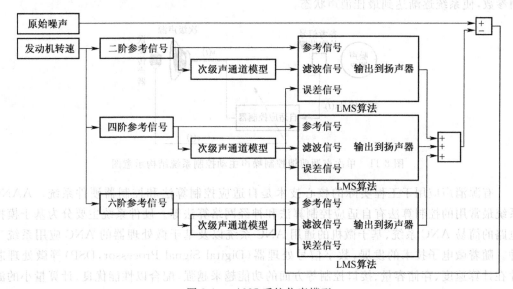

图 8-10　ANC 系统仿真模型

有源消声的概念是由德国人 Pual Lueg 提出的，1934 年申请专利，1936 年撰文阐明其基本原理。通过在管道上游采用前置传声器拾取噪声信号，经电信号处理后，馈送给管道下游的次级声源（扬声器）；调整次级声源的输出，使其与上游源噪声信号的幅值相等、相位相反，从而达到噪声抵消的目的。但由于没有考虑声反馈等制约因素，直接按照其设想设计出来的系统无法正常工作。但作为最早的前馈有源消声系统，其方法为有源消声技术的发展奠定了理论基础。

1953 年，美国 RCA 公司的 Harry Olson 等人研究了在室内、管道内和耳机内等不同情况下进行噪声主动抵消的可行性，还提出了与 Pual Lueg 控制思想完全不同的反馈控制结构。20 世纪 80 年代初，由于高速信号处理器的出现，人们开始尝试采用自适应滤波方法来实现管道有源消声系统。1987 年，英国 Lotus 汽车公司将自适应有源消声技术应用于轿车噪声控制，在发动机转速为 3000～5000r/min 范围内明显地降低了车内低频发动机谐振噪声，可降低车内轰鸣声 10dB 左右。日本日产公司 1991 年在其新型 Blue Bird 轿车上开始试验有源消声系统，可降低车内噪声 5.5dB。

由于噪声源和环境因素都是时变的，因此要想使主动控制系统跟踪它们的变化，实时调节次级声源信号，以达到降噪目的并不容易。目前最常见的就是使用自适应滤波技术。

自适应滤波技术，就是滤波器通过自适应算法自动调节自身的传递函数，以使系统的目标函数（残余噪声信号）达到极小值。自适应滤波技术能够使噪声控制系统连续不断地跟踪噪声源及环境参数的变化，自动调整控制器参数，从而保持系统在最佳工作状态下工作。由此构成的自适应噪声主动控制（Adaptive Active Noise Control，AANC）系统，能够自动调节次级声源发出的信号至最新状态，因此得到广泛的应用。

单次级声源前馈控制有源消声系统的结构如图 8-11 所示。由参考信号拾取装置（传声器）测得参考信号 $x(t)$，输入自适应控制器，再由控制器对参考信号进行滤波、移相和放大等处理，使输出信号 $y(t)$ 满足一定的特性后去激励次级声源。次级声源的输出与初级信号相叠加，消声后的信号由误差传声器读入，自适应控制器根据反馈的误差信号 $e(t)$ 来修正控制参数，使系统逐渐达到最佳消声状态。

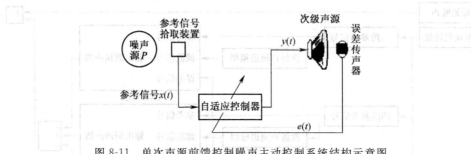

图 8-11　单次声源前馈控制噪声主动控制系统结构示意图

有源消声应用于工程实际的核心技术是自适应控制算法和控制器硬件系统。AANC 系统最常用的控制算法有自适应控制算法和神经网络算法等。硬件系统主要分为基于模拟电路的简易 ANC 系统、基于微机的通用 ANC 系统以及基于微处理器的 ANC 应用系统三种。随着微电子技术的发展，数字信号处理器（Digital Signal Processor，DSP）等微处理芯片在计算速度、存储容量、接口控制等方面的功能越来越强，配合以性能优良、计算量小的滤波器控制算法，使之成为 AANC 系统实用化的主要发展方向。

利用发动机的机体和各悬置点的振动加速度信号作为系统输入,可通过动态神经网络实时预测车内噪声。利用 MATLAB/SIMULINK 对控制系统进行仿真分析,并采用以 DSP 为核心运算器的车内多通道有源消声系统控制器,可进行车内消声效果的试验验证。

图 8-12 所示为车内主要消声区域(误差传声器的布放位置处)在进行主动消声前后的声压信号,其中时间历程曲线的纵坐标是用测量电压表示的。由图可见,主动消声系统可以明显降低车内噪声,对发动机谐振产生的车内峰值噪声具有明显的抵消作用,总消声量可达 16.4dB(Lin)。

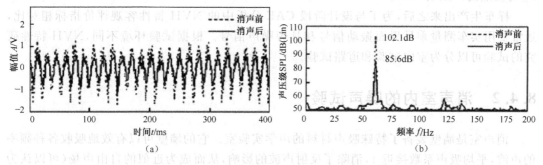

图 8-12 有源消声前后的时域、频域曲线(发动机转速 1920r/min)
(a) 时域信号;(b) 频域信号

在进行噪声主动控制的过程中,传声器测得的信号不是单纯初级声源的信号,而是初、次级声源信号的混叠,从而影响了自适应主动控制系统的稳定性。另外,目前空间有源消声的试验研究主要是针对单频或窄带噪声信号。当初级声源是非线性、时变和宽带信号时,其算法不能保证消声系统的稳定性和消声量。

总的来看,有源消声方法对消声过程中能量转化机理等方面的研究仍不够深入,三维空间有源消声的研究仍处于实验室阶段。

8.4 NVH 特性研究的试验方法

8.4.1 NVH 特性的评价方法

汽车 NVH 特性研究的是乘员的舒适性,其性能的好坏最终要由乘员实际乘坐来评价。由于人们对于振动、噪声的感觉以及耐受能力的差别很大,因此对 NVH 进行主观评价具有很大的难度。为此,各国专家学者通过大量的实际调查和研究提出许多参数和指标用于评价声质量(Sound Quality),如响度、尖锐度、粗糙度和抖动度等。但许多公司仍然坚持采用主观评价方法,即通过具有丰富经验的专家实际乘坐的方式进行综合评价。一般是将汽车的 NVH 特性分为 10 个等级(等级越高舒适性越好),专家们针对不同的车型以及消费群体对汽车 NVH 特性的不同要求,实际乘坐并给出车辆的 NVH 特性评分,通过与"对标"车辆测试结果进行对比来评价被试车辆 NVH 特性的好坏。

前面已经提到,在设计开发阶段,还没有样车时,一般采用振动噪声的客观评价指标(振动速度、加速度和声压级等)来确定整车 NVH 目标并进行分解,利用这些指标的仿真结果评价它的 NVH 特性。克莱斯勒公司的 NVH 工程师根据大量试验,提出一种用于主、客观评价指标之间转化的经验公式,即

$$\begin{cases} R_T = 8.19 - 4.39 \lg v \\ R_S = 13.6 - 0.175 L_{ps} \end{cases} \tag{8-9}$$

式中,R_T 为触觉方面的主观等级;R_S 为听觉方面的主观等级;v 为测点的运动速度(mm/s);L_{ps} 为测点的声压级(dB)。

样车生产出来之后,为了与设计阶段 CAE 分析中的 NVH 特性客观评价指标相对比,通常要用实车测量乘员界面振动信号和耳旁噪声信号。根据试验环境不同,NVH 特性研究的试验可以分为室内试验和道路试验。

8.4.2 消声室内的噪声试验

消声室是墙壁装备了特殊吸声材料的声学实验室。它的墙壁可以有效地吸收各种频率的声波,平均吸声系数接近 1,消除了反射声波的影响,从而成为近似的自由声场(可以认为是没有边界的声学空间)。

1. 车身声学和触觉传递函数的测量

乘员的 NVH 感觉来自通过结构和空气传递的各种力或压力的总和。每一个触觉和声学传递函数都影响着有多少输入力可以传递到乘员。因此,传递函数的测量对于研究车身系统振动噪声的传递特性以及连接点本身的动力学特性具有十分重要的意义。

传递函数 $H(w)$ 是指安装在车内特定位置上的加速度传感器(触觉)和传声器(声学)测得响应的频率函数 $X(w)$ 与作用在车身连接点上的激励力的频率函数 $F(w)$ 之比,即

$$H(w) = \frac{X(w)}{F(w)} \tag{8-10}$$

试验中采用的车身是指整车除去动力总成、悬架和排气系统之外,剩下的所有车身内外结构及部件。试验时将车身安装在固定平台上的空气软弹簧上,以使车身处于自由状态。

利用冲击锤激励车身的连接点。这些点包括动力总成悬置元件连接点、前后悬架的弹簧座和减振器支架连接点、副车架连接点以及排气系统的悬置元件连接点。这些点非常重要,它们的动态特性测试结果还要与 CAE 中的仿真结果进行相关性分析。

测量车身系统的响应信号,包括驾驶员座椅的内、外导轨和转向盘处的加速度信号以及驾驶员和乘客耳旁的声压信号。试验时激励和响应信号的测量布置方案如图 8-13 所示。

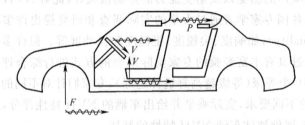

图 8-13 测量车身声学和触觉传递函数的布置简图
F—激励力信号;V—振动速度或加速度响应信号;P—声压响应信号

试验的频率范围根据具体情况而定,一般为10～60Hz、10～100Hz的低、中频范围用于测量振动(触觉)传递函数以及车身连接点的机械导纳;而50～600Hz的高频范围主要用于获得声学传递函数。通常用软橡胶锤施加低频激励,而高频激励采用塑料—尼龙锤。试验的平均次数一般为10次。在数据的采集和处理过程中,对冲击激励采用均匀窗,对于响应通常采用指数窗,以降低干扰噪声并且强制响应信号在时间窗的末端衰减至零。

2. 车室空腔声学模态的测量

声学模态是车内声场重要的声学特性,在NVH设计过程中起着重要的作用。声学模态的测试主要用于验证CAE的仿真结果,进而为声学设计提供准确可靠的试验依据。

声学模态试验是通过测量声学激励信号与响应信号之间的传递函数来确定车内空腔的模态参数,一般采用单点输入/多点输出的方法,其测量系统如图8-14所示。

信号发生器产生低频白噪声信号,通过功率放大器激励扬声器产生声信号。试验时声源不要布置在声压的波节位置,应尽量接近实际激励源。用精密声级计测量车内空腔不同测点处的声压响应信号,然后采集LMS数据,接着用标准FFT分析仪计算激励和响应的自谱和互谱,进而计算凝聚函数和传递函数,最后利用模态分析软件确定空腔的声学模态参数。

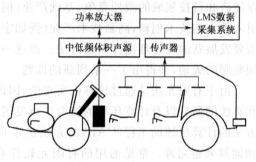

图8-14 车室内声学模态试验的测量系统布置图

此外,还可以利用声强测试技术对车身内表面进行声强扫描,以掌握车室表面声能量的流动状况。

8.4.3 道路噪声试验

在样车制造出来以后,用实车在路面上进行试验是必不可少的环节。它可以提供不同工况下车内的实际振动噪声环境,具有CAE分析以及消声室试验所无法比拟的真实性,对于验证仿真结果、最终评价整车的NVH特性具有不可替代的作用。

实车试验必须符合国家相关标准的要求。试验的工况可以根据具体研究内容而定,包括不同车速下的匀速行驶工况、规定挡位下的加速行驶工况、怠速工况以及不同制动强度下的制动工况等。激励信号可以来自于发动机悬置连接点、副车架连接点,也可以是悬架与车身的连接点或车桥轴头处的激励,还可以是制动器元件产生的振动和噪声。测量的响应信号主要包括车内关键位置(驾驶员耳旁、乘客耳旁等)的声压信号以及乘员界面上(座椅及其靠背、地板、转向盘等)的振动加速度信号。一方面可以用车内的总体响应水平评价整车的NVH特性,另一方面也可以通过测量不同激励与响应之间的传递关系,校对实验室中的测量结果,为以后的改进设计和新车的研发提供必要的试验依据。

8.5 有限元分析软件在车身NVH研究中的应用

有限元法是一种高效能、常用的计算方法。有限元法在早期是以变分原理为基础发展起来的,所以广泛地应用于以拉普拉斯方程和泊松方程所描述的各类物理场中(这类场与泛函的极值问题有着紧密的联系)。自从1969年以来,某些学者在流体力学中应用加权余数法中的迦辽金法(Galerkin)或最小二乘法等同样获得了有限元方程,因而有限元法可应用于以任何微分方程所描述的各类物理场中,而不再要求这类物理场和泛函的极值问题有所联系。其基本思想是由解给定的泊松方程化为求解泛函的极值问题。

经过近50年特别是近30年的发展,有限元法的基础理论和方法已经比较成熟,已成为当今工程技术领域中应用最为广泛、成效最为显著的数值分析方法。但是面对21世纪全球在经济和科技领域的激烈竞争,基础产业(例如汽车、船舶和飞机等)的产品设计和制造需要引入重大的技术创新,高新技术产业(例如宇宙飞船、空间站、微机电系统和纳米器件等)更需要发展新的设计理论和制造方法。而这一切都为以有限元法为代表的计算力学提供了广阔驰骋的天地,并提出了一系列新的课题。

由于有限元法是通过计算机实现的,因此其软件研发工作一直是和它的理论、单元形式和算法的研究以及计算环境的演变平行发展的。随着计算机技术的发展,应用基于有限元方法的计算机辅助工程(CAE)的方法越来越普及,有限元分析软件种类也越来越多,而且功能越来越完善。常见通用的有限元软件有LUSAS、MSC.Nastran、ANSYS、ABAQUS、Algor、Femap/NX Nastran、Hypermesh、COMSOL Multiphysics、FEPG等。

本章曾提到,有限元法只能处理低频噪声和振动信号,而车身产生的噪声和振动信号恰好处在这个范围之内,因此,有限元法对提高车身NVH性能具有很重要的作用。车身结构模态分析是新车型开发中有限元法应用的主要领域之一,是新产品开发中结构分析的主要内容。尤其是车身结构的低阶弹性模态,它不仅反映了汽车车身的整体刚度性能,而且是控制汽车常规振动的关键指标,所以应作为汽车新产品开发的强制性考核内容。实践证明,用有限元法对车身机构进行模态分析,可在设计初期对其结构刚度、固有振型等有充分认识,尽可能避免相关设计缺陷,及时修改和优化设计,使车身结构具有足够的静刚度,以保证其装配和使用的要求,同时有合理的动态特性达到控制振动与噪声的目的。使产品在设计阶段就可验证设计方案是否能满足使用要求,从而缩短设计试验周期,节省大量的试验费用,是提高产品可靠性的有效方法。

下面介绍有限元软件在车身模态分析中的应用。

8.5.1 建立有限元模型

HyperWorks是美国澳太尔(Altair)公司为用户提供的一款功能全面的CAE创新平台。它为用户提供:一流的前后处理技术,大幅提高CAE工程师的工作效率;杰出的概念设计工具,真正让企业实现CAE驱动创新设计;优秀的流程自动化和标准化开发环境,帮助提高CAE的工作效率和质量;高度开放且集成的CAE数据管理系统,在提高数据安全性和工作效率的同时,真正将专家知识纳入企业的知识体系。

  HyperMesh 作为杰出的有限元分析前后处理平台,拥有全面的 CAD 和 CAE 求解器接口、强大的几何清理和网格划分功能,能够高效地建立各种复杂模型的有限元和有限差分模型,其实体几何和实体网格划分功能建立了六面体和四面体网格划分功能新标准。Morphing 技术能够帮助用户更方便地实现 CAE 的参数化,从而提升优化设计的能力。此外,HyperMesh 突破有限元分析和多体动力学分析的界限,成为一个真正意义上通用的前处理平台。

  图 8-15 为白车身的几何模型,该模型是在 UG 环境下建立,在 HeperMesh 中建立有限元模型,如图 8-16 所示,白车身单元总数为 186981 个,节点总数为 192208 个。

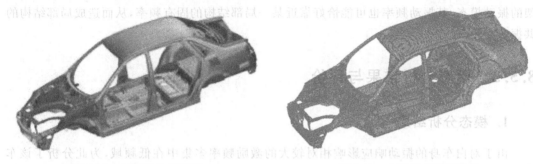

图 8-15 白车身几何模型   图 8-16 白车身有限元模型

8.5.2 模态分析

  模态分析可定义为对结构动态特性的解析分析和试验分析,其结构动态特性用模态参数来表征。在数学上,模态参数是力学系统运动微分方程的特征值和特征矢量;而在试验方面则是试验测得的系统的极点(固有频率和阻尼)和振型(模态向量)。构件的模态就是指构件本身的固有特性,可以利用模态分析得出构件的相应特性,然后对其设计加以改进以达到使用要求。

  自由模态分析的边界条件为无任何约束。

  为同时保证必要的车身结构强度与刚度指标,一般的模态参数修改方案是将车身结构低阶弹性模态频率提高到一定的水平。途径之一是应用密度小的材料如铝、塑料和超轻钢等做车身材料,以降低关注模态的模态质量;途径之二是合理修改关键零件的结构形式与尺寸,以提高关注模态的模态刚度。第一种途径受到生产成本、材料特性以及生产工艺等影响,应用较少。在用第二种途径进行车身结构模态参数修改时,关键是找出影响低阶关注模态的灵敏零件,通过改进结构增强车身的强度或刚度。例如车身某一结构处变形过大,可通过增加加强筋、加凸台、做翻边、增加材料厚度等方式改善;为了均衡车身整体刚度,可考虑在某些无须密封的构件上挖减轻孔改善,从而提高整体抗弯或抗扭刚度,改进该阶模态。

  MSC.Nastran 是一款具有高度可靠性的结构有限元分析软件,在 1969 年 NASA 推出了其第一个 MSC.Nastran 版本以来,经历了漫长的改进过程,并通过 50000 多个最终用户的长期工程应用的验证。MSC.Nastran 的整个研制及测试过程是在 MSC 公司的 QA 部门、美国国防部、美国国家航空航天局、联邦航空管理委员会(FAA)及核能委员会等有关机构的严格控制下完成的,每一版的发行都要经过 4 个级别、5000 个以上测试题目的检验。MSC.Nastran 的计算结果与其他质量规范相比已成为最高质量标准,得到有限元界的一致公认。通过大量工程实践的比较,众多重视产品质量的大公司和工业行业都用 MSC.Nastran 的计算结果作为标准代替其他质量规范。

由于 MSC.Nastran 是目前处理车身 NVH 的主流软件,因此本节用 MSC.Nastran 软件计算自由状态下白车身结构在 0~60Hz 范围内的固有频率和振型。由于白车身结构复杂,且有面积很大的薄板结构,因此在白车身的模态计算结果中有大量的局部模态,即局部结构的振动模态及由其引起的整体结构或弯或扭的小幅振动。而整体模态,即结构整体框架的振动模态,其振动频率也可能恰好靠近某一局部结构的固有频率,从而造成局部结构的共振。

8.5.3 模态分析结果与评价

1. 模态分析结果

由于对白车身的振动响应影响相对较大的激励频率多集中在低频域,为此分析了该车身前 10 阶典型振型。前 6 阶振型为刚体模态,故从第 7 阶模态分析开始,模态分析结果如表 8-2 所示,振型如图 8-17~图 8-20 所示。

表 8-2 白车身结构模态特征

阶数	7	8	9	10
频率/Hz	22.1	23.0	37.1	38.4

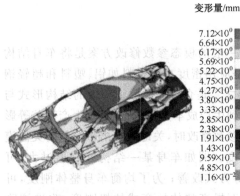

图 8-17 第 7 阶扭转(全局)

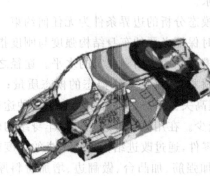

图 8-18 第 8 阶扭转(全局)

通过计算和分析,发现初期的设计方案中,位于后风窗下部的行李厢搁板、后地板的局部模态不够理想,局部结构不够合理,因此对行李厢搁板和后地板局部结构分别进行了优化。

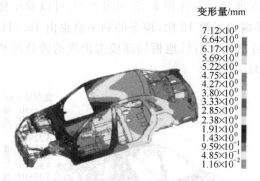
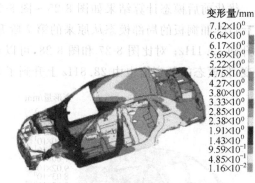

图 8-19　第 9 阶局部模态（俯视）　　　　图 8-20　第 10 阶弯曲和局部模态（全局）

2. 优化前后对比

优化前后结构对比如图 8-21～图 8-24 所示。对比图 8-21 和图 8-22，可以看出优化后的行李厢搁板独立出一个横梁（A 处），同时增加了一些加强筋（B 处）和凸台（C 处），从而使得行李厢搁板的局部刚度得到大幅提高；对比图 8-23 和图 8-24，可以看出优化后的后地板结构在现有的空间中合理地布置了两个加强件（D 和 E），从而使得后地板的局部刚度得到了明显提高。

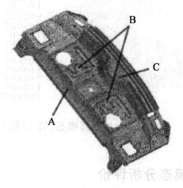

图 8-21　优化前行李厢搁板局部模型　　　图 8-22　优化后行李厢搁板局部模型

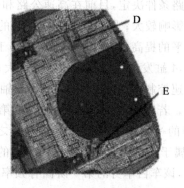

图 8-23　优化前后地板局部模型　　　　图 8-24　优化后后地板局部模型

优化前后模态计算结果如图 8-25~图 8-28 所示。对比图 8-25 和图 8-26,可以看出优化后行李厢搁板的局部模态从原来的第 7 阶升高到了第 12 阶,模态的频率值也由 18.7Hz 上升到 42.1Hz;对比图 8-27 和图 8-28,可以看出优化后后地板局部模态出现的阶数虽然没变,但模态的频率值也由 28.8Hz 上升到了 38.4Hz。

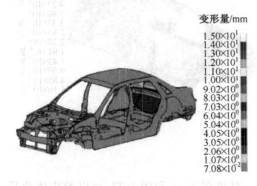

图 8-25 优化前行李厢搁板局部模态(第 7 阶)

图 8-26 优化后行李厢搁板局部模态(第 12 阶)

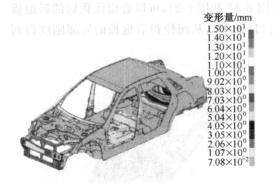

图 8-27 优化前后地板局部模态(第 10 阶)

图 8-28 优化后后地板局部模态(第 10 阶)

3. 模态分析评价

汽车的激励一般分为路面激励、车轮不平衡激励、发动机激励、传动轴激励。路面激励一般由道路条件决定,目前在高速公路和一般城市较好路面上,此激励频率多为 1~3Hz,对低频振动影响较大;因车轮不平衡引起的激振频率一般低于 11Hz,随着现在轮辋制造质量及检测水平的提高,此激励分量较小,易于避免;发动机引起的激振在 23Hz 以上(取怠速为 700r/min,4 缸发动机),此激励分量较大;城市中一般车速控制在 50~80km/h,高速公路上一般车速控制在 80~120km/h,传动轴不平衡引起的振动频率范围在 40Hz 以上,此激励分量较小。若以错开 2Hz 为界,轿车的第一阶模态应在 13Hz 以上。一般情况下,与该轿车相近车型的一阶模态应在 20~30Hz 之间。从模态分析结果可知,该车一阶模态值为 22.1Hz,属于正常频率范围。目标车型的一阶模态值为 20.2Hz。将该车与目标车型对比分析可知,该车白车身的第一阶固有频率值比目标车型高 10% 左右,刚度较好。

另外,通过计算和分析,发现初期的设计方案中,行李厢搁板和后地板的局部模态不够理想,局部结构不够合理,因此对行李厢搁板和后地板局部结构分别进行了优化。由于优化后上述结构的局部刚度都得到加强,因此局部模态出现的频率或阶数有一定提高。优化后行李厢搁板位置出现局部模态的频率值由 18.7Hz 上升到 42.1Hz;由于该车是在两厢车的基础上发展而来的,导致后地板局部相对刚度偏低,在对后地板局部结构进行优化后,该后地板位置出现局部模态的频率值由 28.8Hz 上升到 38.4Hz。这说明,优化后行李厢搁板和后地板的局部刚度都得到了较明显的加强,从而使这两个位置在较低阶频率发生局部振动的可能性减小,同时使得白车身整体刚度更加协调。

习 题

1. 车内噪声的主要来源有哪些?
2. 车身结构设计方面如何减小车内噪声?

第 9 章

车身材料及轻量化

9.1 车身常用材料

车身作为汽车重要组成部分之一，构成了驾驶员和乘员驾驶与乘坐的空间和环境，其外表展示了整车的造型艺术和整车的特征。随着汽车技术的发展和汽车的功能日益完善，现代汽车的结构越来越复杂，现代轿车通常由数以万计的零部件组成。因此，车身材料既要满足车身设计、生产（制造）、装配、维护方面的要求，还要满足节能、环保、安全、舒适的要求，实现轻量化、高强度、高性能等目标，即满足强度、刚度、耐腐蚀、拉延性以及可焊接、易加工成型等方面的要求。因此，构成汽车的材料也发生了巨大的变化。

汽车材料通常可分为金属材料和非金属材料两大类。金属材料包括钢板、铸铁等重金属材料；铝、镁、钛等轻金属及其合金材料、泡沫金属等材料。非金属材料包括工程塑料、纤维、树脂、玻璃、橡胶、非金属泡沫材料、非金属复合材料等。

随着汽车技术的发展，现代汽车材料除金属材料、非金属材料外，复合材料和纳米材料也将获得广泛应用。

9.1.1 车身用钢板

汽车用钢板的分类方法有多种，按轧制工艺分为冷轧钢板、热轧钢板、热轧酸洗钢板；按化学成分分为优质碳素钢板、普通碳素钢板（软钢板）、低合金钢板（HSLA）；按冲压级别分为一般、冲压、深冲、超深冲；按表面处理分为普通钢板、涂层钢板；按强度级别分为普通钢板（软钢板）、低合金高强度钢板（HSLA）、普通高强度钢板（高强度 IF 钢、BH 钢、含磷钢和 IS 钢等）和先进高强度钢板（AHSS）等。在以强度划分的钢板中，前两类钢种目前国内外应用均已趋于成熟；第三类钢种在国际上已批量商业化应用，国内也处于研制、试用（IS 钢）和推广应用阶段；第四类钢种在国际上处于研制趋于成熟和推广应用阶段，国内处于研制起步阶段。图 9-1 所示为按强度分类的钢板的伸长率与屈服极限的关系。轿车车身材料主要是金属薄钢板，一般厚度在 0.6~2.0mm。

用于车身的钢板主要考察其成型和焊接、涂装性能。板料对各种冲压成型加工的适应能力称为板料的冲压成型性能。具体地说，就是指能否用简便的工艺方法，高效率地用坯料生产出优质冲压件。冲压成型性能是个综合性的概念，它涉及的因素很多，其中有两个主要方面：一方面是成型极限，即材料的最大变形极限，这样可尽可能减少成型工序；另一方面是要保证冲压件质量符合设计要求，其指标主要是厚度变薄率、尺寸精度、表面质量以及成型后材料的物理力学性能等，这与钢板的力学性能直接相关。衡量车身钢板的力学性能的

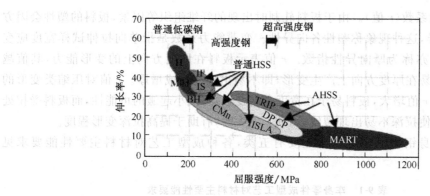

图 9-1 钢材强度与伸长率的关系

主要指标有弹性、塑性、韧性、强度、伸长率、硬度、变薄能力系数（r 值）、应变硬化能力指数（n 值等）。对板料冲压成型性能影响较大的力学性能指标有以下几项：

(1) 屈服极限 σ_s。屈服极限 σ_s 小，材料变形抗力小，产生相同变形所需变形力就小，并且屈服极限小，当压缩变形时，屈服极限小的材料因易于变形而不易出现起皱，弯曲变形时回弹小。

(2) 屈强比 σ_s/σ_b。屈强比小，材料容易产生塑性变形而不易产生拉裂，即有较大的塑性变形区间。尤其是对压缩类变形中的拉深变形而言，具有重大影响，当变形抗力小而强度高时，变形区的材料易于变形不易起皱，传力区的材料又有较高强度而不易拉裂，有利于提高拉深变形的变形程度。

(3) 伸长率 δ。拉伸试验中，试样拉断时的伸长率称为总伸长率或简称伸长率 δ。而试样开始产生局部集中变形（缩颈时）的伸长率称为均匀伸长率 δu。δu 表示板料产生均匀的或稳定的塑性变形的能力，它直接决定板料在伸长类变形中的冲压成型性能。从试验中得到验证，大多数材料的翻孔变形程度都与均匀伸长率成正比。可以得出结论，即伸长率或均匀伸长率是影响翻孔或扩孔成型性能的最主要参数。

(4) 应变硬化能力指数 n。单向拉伸硬化曲线可写成 $\sigma = K\varepsilon n$，其中，K 为强度系数，n 即为硬化指数，表示在塑性变形中材料的硬化程度。n 大时，说明在变形中材料加工硬化严重，真实应力增加大。材料拉伸时，整个变形过程是不均匀的，先是产生均匀变形，然后出现集中变形，形成缩颈，最后被拉断。在拉伸过程中，一方面材料断面尺寸不断减小使承载能力降低，另一方面由于加工硬化使变形抗力提高，又提高了材料的承载能力。在变形的初始阶段，硬化的作用是主要的，因此材料上某处的承载能力在变形中得到加强。变形总是遵循阻力最小定律，即"弱区先变形"的原则，变形总是在材料最弱面处进行，这样变形区就不断转移。因而，变形不是集中在某一个局部断面上进行，在宏观上就表现为均匀变形，承载能力不断提高。但是根据材料的特性，材料的硬化是随变形程度的增加而逐渐减弱，当变形进行到一定时刻，硬化与断面减小对承载能力的影响恰好相等，此时最弱断面的承载能力不再得到提高，于是变形开始集中在这一局部地区地行，不能转移出去、发展成为缩颈，直至拉断。可以看出，当 n 值大时，材料加工硬化严重，硬化使材料强度的提高得到加强，于是增大了均匀变形的范围。对伸长类变形如胀形，n 值大的材料使变形均匀，变薄减小，厚度分布均匀，表面质量好，增大了极限变形程度，零件不易产生裂纹。

(5) 变薄能力系数（r 值）。由于板料轧制时出现的纤维组织等因素，板料的塑性会因方向不同而出现差异，这种现象称塑性各向异性。变薄能力系数是指单向拉伸试样宽度应变和厚度应变之比，亦称为厚向异性指数。r 值表示板料在厚度方向上的变形能力，其值越大，表示板料越不易在厚度方向上产生变形，即不易出现变薄或增厚。r 值对压缩类变形的拉深影响较大，当 r 值增大，板料易于在宽度方向变形，可减小起皱的可能性，而板料受拉处厚度不易变薄，又使拉深不易出现裂纹，因此 r 值大时，有助于提高拉深变形程度。

一般来说，车身钢板的成形工艺主要有五类，各种成型工艺对材料主要性能要求见表 9-1。

表 9-1 车身零件成型工艺对材料主要性能要求

成型类别	薄板性能指标		典型零件
	主要指标	重要指标	
深拉延成型	$r \geqslant 1.50$	$n \geqslant 0.23, \delta \geqslant 44\%$	车门内板
胀形—深拉成型	$n \geqslant 0.21, r \geqslant 1.35$	$\delta \geqslant 42\%$	翼子板
浅拉延成型	$\sigma_s \leqslant 250\text{MPa}, \delta_{10} \geqslant 36\%$	$n \geqslant 0.225$	发动机罩
弯曲成型	σ_s 波动值 $\leqslant 50\text{MPa}$	$\delta_{10} \geqslant 34\%$	A柱上、下内板
翻边成型	$\delta_{10} \geqslant 31\%$	$n \geqslant 0.21\%$	车顶天窗

表 9-2 为我国宝钢生产的用于车身的部分钢板的规格代号及性能指标。

表 9-2 车身用板材性能

牌号	用途	主要性能				
		σ_s/MPa	σ_b/MPa	δ/%	r 值	n 值
SPCC	一般	—	270	34~38		
SPCD	冲压	—	270	36~40		
SPCE、SPCEN	深冲	210	270	38~42		
DC01(ST12)	一般	130~260	270	28~34		
DC03(ST13)	冲压	120~240	270	32~36	—	
DC04(ST14、ST15)	深冲	120~210	270	36~40	1.50	0.18
DC05(BSC2)	特深冲	110~190	260	38~41	1.80	0.20
DC06(ST16、ST14-T、BSC3)	超深冲	100~180	260	39~42	2.00	0.22
BLC	一般	140~270	270	36~42	—	
BLD	冲压	120~240	270	38~44	1.40	0.18
BUSD	深冲	120~210	260	40~46	1.60	0.20
BUFD	特深冲	120~190	250	42~48	1.80	0.21
BSUFD	超深冲	110~180	250	44~50	2.00	0.22
St37-2G	结构件	215	360~510			
St44-3G	结构件	245	430~580			
St52-3G	结构件	325	510~680			
B170P1	冲压	170~260	340	36~40	1.50	0.18
B210P1	一般	210~310	390	34~36	1.50	0.18
B250P1	结构	250~360	440	32~34		
B180P2(BP340)	一般	180~280	340			

续表

牌号	用途	主要性能				
		σ_s/MPa	σ_b/MPa	δ/%	r值	n值
B220P2(BP380)	结构	220~320	380			
B140H1	深冲压	140~230	270		1.60	0.20
B180H1	冲压	180~280	340		1.40	0.18
B180H2(BH340)	冲压	180~280	340		1.40	0.18
B240/390DP	结构件	240~380	390	29~33		
B280/440DP	结构件	280~420	440	26~30		
B340/590DP	结构件	340~500	590	16~20		
B400/780DP	结构件	400~590	780	14~16		
B340LA	结构件	340~460	440	22~26		
B410LA	结构件	410~560	590	16~18		

9.1.2 普通低碳钢板

普通低碳钢板是指含碳量在0.10%以下的碳素钢板。低碳钢退火组织为铁素体和少量珠光体，其强度和硬度较低，塑性和韧性较好。因此，其冷成型性良好，可采用卷边、折弯、冲压等方法进行冷成型。这种钢材具有良好的焊接性，且强度和刚度也能满足汽车车身的要求，因而在车身上得到大量应用。

为了满足汽车制造业追求轻量化的要求，钢铁企业推出高强度汽车钢材系列钢板。这种高强度钢板是在低碳钢板的基础上采用强化方法得到的，抗拉强度得到大幅增强。利用其高强度特性，可以在厚度减薄的情况下依然保持汽车车身的力学性能要求，从而减轻了汽车重量。例如，BH钢板是在低强度的条件下，经过冲压成型之后，进行烤漆加工热处理，以提高其抗拉强度。对比之下，以往生产的强度在440MPa的钢板，在采用这种加工技术以后强度可增加到500MPa。原来用厚度1mm钢板做侧面板，用高强度钢板只需厚度0.8mm。采用高强度钢板还可以有效地提高汽车车身的抗冲击性能，防止在行驶中由于路面的砂石飞溅碰撞产生凹痕，延长了汽车的使用寿命。

9.1.3 镀锌薄钢板

镀锌薄钢板因其具有良好的抗腐蚀能力而广泛应用于汽车车身。早期人们在试验中发现，将铁和锌放入盐水中，二者无任何导线连接时，铁和锌都会生锈，铁生红锈，锌生白锈；若在两者间用导线连接起来，则铁不会生锈而锌生白锈，这样锌就保护了铁，这种现象称为牺牲阳极保护。镀锌钢板就是基于该原理而生产出来的。经研究，在镀锌量350g/m²（单面）时，镀锌钢板在屋外的寿命（生红锈），田园地带为15~18年，工业地带为3~5年，比普通钢板长几倍甚至十几倍。

在自然环境下，裸露在外的车身钢板极易腐蚀，典型的如底板和挡泥板等。为防止腐蚀，提高抗高温氧化能力，世界各汽车公司纷纷采用表面处理钢板生产汽车零部件，并通过提高防锈蚀性来延长其使用寿命。现代轿车已经广泛使用镀锌钢板，采用的镀锌钢板厚度为 0.5～3.0mm，其中车身覆盖件多用 0.6～0.8mm 的镀锌钢板。例如，奥迪轿车的车身部件绝大部分采用镀锌钢板（部分用铝合金板），通用别克轿车采用的钢板 80% 以上是双面热镀锌钢板，帕萨特车身的外覆盖件采用电镀锌工艺，内覆盖件内部采用热镀锌工艺，可以使车身防锈蚀保质期达到 10～15 年。

汽车用表面处理钢板的种类有镀锌钢板、镀铝钢板、镀铜钢板、镀铅锡合金钢板和复层钢板。汽车用热镀锌钢板是镀锌钢板中的精品，目前车身和底盘零件采用的表面处理钢板主要为镀锌钢板，从镀锌钢板表面可分为单面镀锌钢板和双面镀锌钢板；从制造工艺上可分为热镀锌钢板和电镀锌钢板。采用热镀锌钢板制造的车身件有底板、门槛、发动机罩内板等；因为电镀锌钢板的涂漆工艺性好，所以车身外覆盖件大多采用电镀锌钢板制造，包括侧围外板、顶盖、车门外板、发动机罩外板及行李厢盖外板。高表面质量、高强度和高深冲性是汽车面板所必须具备的基础条件，镀层表面质量与薄板表面质量粗糙度、清洁度、带钢化学成分及其冲压成型性有直接的关系，同时热镀锌工艺、锌液成分、热镀设备也是影响镀层表面质量的重要因素。高强度和高冲压性与热镀锌基板化学成分、物理性能、热处理工艺以及热镀性能都有密切关系。

轿车的抗腐蚀性能指标越高，要求镀锌板的镀层就越厚，但是却降低了钢板的工艺性能（成型性和可焊接性）。为提高工艺性能，钢厂开发了镀 Zn-Fe 以及 Zn-Ni 合金钢板。根据不同零件的要求，镀锌钢板的基板也不相同，有高强度烘烤硬化钢板、高强度拼焊钢板以及低屈服点高延展性的深冲钢板等。

9.1.4 高强度钢板

高强度钢板（High Strength Steels, HSS）是在普通碳素钢基础上加入少量合金元素制成的，这种钢板的生产成本与普通碳素钢板相近，但由于合金元素的强化作用使其抗拉强度比普通钢板显著提高。

对高强度的定义，钢铁界普遍认同的是 USLAB-AVC（Ultra Light Steel Auto Body-Advanced Vehicle Concept）联合会进行的划分，将屈服强度为 210～550MPa 的钢定义为高强度钢，对应于传统的高强度钢，典型的如碳锰（CMn）钢、烘烤硬化钢（BH）等。屈服强度为 550MPa 以上的钢定义为先进高强度钢（Advanced High Strength Steel, AHSS）。

随着能源和环境问题的日益突出以及人们对安全的更加关注，社会对汽车提出了低油耗、低（无）污染、高安全的要求。由于高强度钢板是解决上述问题的有效手段，国外主要钢铁企业都投入大量人力和物力进行开发研究，并且开展了一系列的国际合作，如 ULSAB、ULSAC、ULSAS、ULSAB-AVC 等项目。以 ULSAB-AVC 项目为例，汽车结构几乎全部使用高强钢，其中先进高强钢的比例超过 80%。国际钢铁协会（IISI）《先进高强钢应用指南》（第 3 版）中将高强钢分为传统高强钢（Conventional HSS）和先进高强钢（AHSS）。图 9-1 所示为钢材屈服强度与的伸长率的关系，可以看出，随着屈服强度的提高，伸长率变小，表明材料的成型方式必须作相应的改变。

传统高强钢主要包括碳锰（CMn）钢、烘烤硬化（BH）钢、高强度无间隙原子（HSS-IF）钢和高强度低合金（HSLA）钢。目前，新型的低合金高强度钢以低碳（≤0.1%）和低硫（≤0.015%）为主要特征。常用的合金元素按其在钢的强化机制中的作用可分为：固溶强化元素(Mn、Si、Al、Cr、Ni、Mo、Cu等);细化晶粒元素(Al、Nb、V、Ti、N等);沉淀硬化元素(Nb、V、Ti等)以及相变强化元素(Mn、Si、Mo等)。

先进高强度钢,也称为超级高强度钢,主要包括双相(DP)钢、相变诱导塑性(TRIP)钢、马氏体(M)钢、复相(CP)钢、热成型(HF)钢和孪晶诱导塑性(TWIP)钢;AHSS的强度在500~1500MPa之间,具有很好的吸能性,在汽车轻量化和提高安全性方面起着非常重要的作用,已经广泛应用于汽车工业,主要应用于汽车结构件、安全件和加强件,如A/B/C柱、车门槛、前后保险杠、车门防撞梁、横梁、纵梁、座椅滑轨等零件;DP钢最早于1983年由瑞典SSAB钢板有限公司实现量产。

双相钢的组成是铁素体基体包含一个坚硬的第二相马氏体,通常强度随着第二相的体积分数的增加而增加。在某些情况下,热轧钢需要在边缘提高抗拉强度(典型的措施是通过空穴的扩张能力),这样热轧钢便具有了大量重要的贝氏体结构。在双相钢中,在实际冷却速度中形成的马氏体中的碳式钢的淬硬性增加。锰、铬、钼、钒和镍元素单独添加或联合添加也能增加钢的淬硬性。碳、硅和磷也可加强作为铁素体溶质的马氏体的强度。

TRIP钢的微观组织是在铁素体基体中还保留着残余奥氏体组织。除了体积分数最少为5%的残余奥氏体外,还存在着不同数额的马氏体和贝氏体等坚硬组织用高强度钢板应具有高强度和延塑性好的特点。TRIP钢通常需要保持在中温等温的条件以产生贝氏体。较高的硅碳含量使TRIP钢在最后的微观结构含过多的残余奥氏体。

具有代表性的多相钢需要很高的抗拉强度极限才能转变成钢。多相钢的组成有细小的铁素体组织和体积分数较高的坚硬的相,并且细小的沉淀使其强度进一步加强。和双相钢以及高强度、高延性钢一样,多相钢也包含了很多和它们相同的合金元素,但也经常有少量的铌、钛和钒形成细小的、高强度的沉淀物。抗拉强度值在800MPa或更高时,多相钢表现出了更高的屈服强度。多相钢的典型特征是具有高的成型性、很高的能量吸收和很高的残余变形能力。

马氏体钢是通过快速淬火致使大部分奥氏体转变成马氏体相而产生的。铁素体+马氏体双相钢的生产,是通过控制其冷却速度,使奥氏体相(见于热轧钢中)或铁素体+马氏体双相(见于连续退火和热浸涂钢中)在残余奥氏体快速冷却转变成马氏体之前,将其中一些奥氏体转变成铁素体。为了生成马氏体钢,在热轧或退火中存在的奥氏体在淬火和连续退火曲线中的冷却阶段全部转变成马氏体。该结构也会在成型后的热处理过程中形成。马氏体钢具有非常高的强度,抗拉强度极限达到1700MPa。马氏体钢经常需要用等温回火来提高其韧性,这样便能在具有极高的强度的同时具有很好的成型性。

目前高强度钢一般用于需要高强度、高抗碰撞吸收能、成型要求严格的零件,例如轮圈、加强构件、保险杠、防撞杠。随着材料性能及成型技术的进步,高强度钢板被用于汽车的内外板件,例如车顶板、车门内外板、发动机舱盖、行李厢盖等上。现在许多中高档轿车都采用高强度钢板。图9-2为某车型上应用的TRIP高强度钢板的例子。

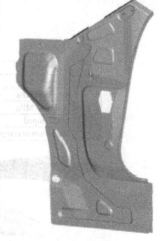

图9-2 采用TRIP钢的车身A柱内柱

轿车等级以及碰撞安全性也是高强度钢应用中应该考虑的一个因素,图9-3～图9-5为轿车车身高强度钢在骨架结构和覆盖件上的应用状况。目前,国际主流车型的高强度钢占车身的比例已普遍达到60%以上。另外,强度级别为780MPa、980MPa的高强度钢在车身结构件上应用已相当普遍。

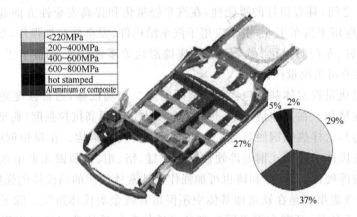

图9-3　轿车底板高强度钢应用示例

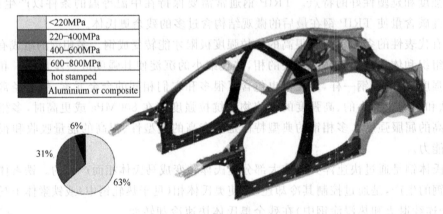

图9-4　轿车侧框高强度钢应用示例

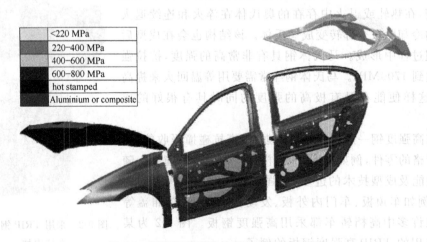

图9-5　轿车门及覆盖件高强度钢应用示例

随着汽车轻量化的发展,节能、排放和安全法规的日趋严格,高强钢和先进高强钢的用量将快速增长。根据国际钢铁协会组织的全世界32家钢铁公司及相关汽车行业的轻量化项目 ULSAB-AVC 的目标和研发成果,高强钢在白车车身中的使用越来越多,为了满足客户的需求,传统的高强钢和先进高强钢在将来会越来越多地采用。虽然在成型中遇到回弹等问题,但相比于其他替代材料(如铝),高强钢还是最具吸引力的材料。表9-3所示为该项目所使用的高强度钢的类型。

表9-3 ULSAB-AVC 车身制造使用的高强度钢

类型	牌号	主要性能				应用场合
		σ_s/MPa	σ_b/MPa	δ	n	
DP 钢	DP280/600	280	600	30~34	0.21	B
	DP300/500	300	500	30~34	0.16	B
	DP350/600	350	600	24~30	0.22	A、B、C
	DP400/700	400	700	19~25	0.14	A、B
	DP500/800	500	800	14~20	0.13	A、B、C
	DP700/1000	700	1000	10~15	0.13	B
TRIP 钢	TRIP450/800	450	800	26~32	0.14	A、B
Mart 钢	Mart950/1200	950	1200	5~7	0.09	A、B
	Mart1250/1520	1250	1520	4~6	0.07	A
BH 钢	BH210/340	210	340	34~39	0.23	B
	BH260/370	260	370	29~34	0.18	B
IF 钢	IF260/410	260	410	34~38	0.13	C
	IF300/420	300	420	29~36	0.21	B
CP 钢	CP700/800	700	800	10~15	0.13	B
HSLA 钢	HSLA350/450	350	450	23~27	0.14	A、B
软钢	140/270	140	270	38~44	0.28	A、C

注:A—辅助零件,B—车身结构件,C—覆盖件。

推进超轻型钢制车体 ULSAB (Ultra Light Steel Auto Body)、ULSAC (Ultra Light Steel Auto Closure)、ULSAS (Ultra Light Steel Auto Suspension) 的研究开发项目。ULSAB 的目标是在确保车体性能和冲撞安全性能,且不增加成本的基础上,通过大量采用高强度钢板,并应用液压成型技术、激光拼焊技术等使汽车车重减轻 25%;ULSAC 的目标是通过采用液压成型框架结构、汽车内板部件最佳化,以及高强钢板的应用,使门窗结构减重 25%,车顶棚和前后盖板减重 30%。

截至2017年市面上主流汽车品牌"最高强度钢板"及"热成型钢"使用情况如表9-4所示。

目前国内传统高强钢的品种和质量与国外的差距不大,相应的国家标准已由宝钢负责制定完成。但是 AHSS 与欧、美、日等发达国家和地区还有差距,使用的标准也主要是这些国家和地区制定的标准。近几年,我国汽车工业的发展非常迅猛,整体技术水平有了很大的提高,AHSS 的应用也大幅增加,有利地促进了国内 AHSS 的开发和生产。

表 9-4　主流汽车品牌"最高强度钢板"及"热成型钢"使用情况

品　牌	高强度钢比例/%	热成型钢比例/%
Audi A6 Limousine	52.8	11.3
BMW 5Ser GT	62.1	9.8
Nissan LEAF	49.0	0.0
Merc-Benz E-L(W212)	76.8	4.7
Cadillac ATS	64.0	5.8
Honda CIVIC	51.0	5.0
Range Rover Evoque	49.0	0.0
Volvo S60	58.4	14.2

高强度钢对车身减重、实现轻量化也起到重要作用,图 9-6 所示为雅阁轿车车身骨架应用高强度钢比例从 39% 增加到 48% 后,骨架质量减轻了 17.3kg,轻量化的效果非常明显。

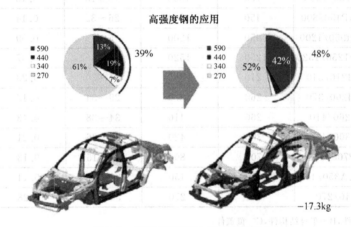

图 9-6　高强度钢应用于车身轻量化

为了提高车身的强度,同时达到轻量化的目的,现在在车身制造中也采用了激光拼焊技术,如 TWB(Tailor Welded Blanking)板,它是根据车身设计的强度和刚度要求,采用激光焊接技术把不同厚度、不同表面镀层甚至不同原材料的金属薄板焊接在一起,然后再进行冲压加工形成所需要的形态的部件,这样可以根据车身各个部位的实际受力和变形的大小,预先为某车身部件定制一块理想的拼接板料,从而达到节省材料、减轻重量且提高车身零部件性能的目的。在一些汽车制造强国,TWB 已经成为汽车制造业中的标准工艺,主要用来制造汽车车身侧框、车门内板、车身底盘、中间立柱内板、挡泥板和防撞箱之类的车身零部件。使用 TWB 板的意义在于:整体冲压,减少了零件数和模具,降低了成本;提高了材料利用率,减轻了重量;提高了尺寸精度;零件数减少,零件间的搭接和密封要求减少,提高了防腐性能,节省了焊接装配成本;可以改进车身结构的安全性能和耐久性。

图 9-7 为采用激光拼焊板冲压成型而成的某轿车车身侧框,从图中可以看出,A 柱部分(右边)要求更高的强度,右下部位采用的材料厚度最大(1.7mm),而车身后部采用的材料较薄(0.7～0.9mm),且材料的屈服强度也相应较低。

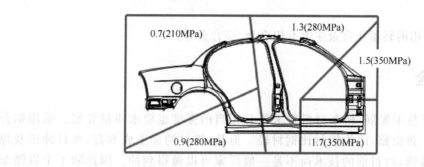

图 9-7 采用 TWB 板的车身侧框

采用激光拼焊技术,可以将不同料厚、不同牌号的材料通过精确裁剪拼焊在一起,从而实现车身的轻量化。图 9-8 为采用 TWB 板制作的车身零件。

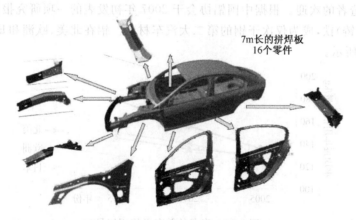

图 9-8 采用 TWB 板制作的车身零件

高强度钢还可提高碰撞能量的吸收能力,改善车辆碰撞安全性。图 9-9 为某车型采用高强度钢前后每千克材料的刚度情况,采用高强度钢后,该车的吸能效率提高了 35%。

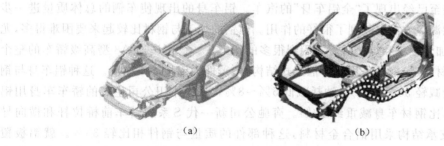

图 9-9 单位质量的刚度对比
(a) 1392N·m/kg; (b) 1881N·m/kg

9.2 轻合金材料

目前汽车上采用的轻量化合金主要有铝合金、镁合金等。

9.2.1 铝合金

随着现代轿车技术发展,轿车材料要求既有相当的强度也要求质量要轻。采用铝合金的车身材料是一条出路,因为铝材比钢材轻。但是,铝材的加工成本高,而且冲压及焊接技术要求比较特殊,以目前的技术尚不是一般厂家可以做得到的。因此除了个别轿车车身全部用铝合金材料外,大部分轿车还是局部零部件采用铝合金,例如车圈、发动机上盖等。

铝材在车身上的应用在近几年非常突出。铝合金强度高且质量轻,耐腐蚀性优越,越来越受到车辆制造者的欢迎。根据中国铝协会于2007年初发表的一项研究报告,铝在汽车中的用量已超过(铸)铁,成为仅次于钢的第二大汽车材料。铝在北美、欧洲和日本汽车中应用情况如图9-10所示。

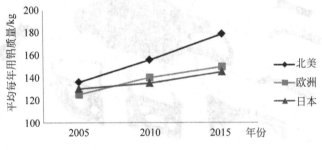

图9-10 汽车的单车平均用铝量

汽车车身的质量约为汽车总质量的30%。因此,车身的轻量化占有举足轻重的作用,用铝板取代钢板制造车身覆盖件也当然成为汽车轻量化的必然。国外很多车辆的车身使用铝材,在德国甚至已经出现了"全铝车身"的汽车。铝车身的出现使车辆的总体质量进一步下降,在节约能源等方面也起到了很好的作用。但铝的加工与钢材比较起来要困难得多,尤其是在进行冷加工校正和焊接时需要用到很多的新工艺。德国奥迪A8型高级轿车的整个车身均采用铝材制造,框架采用立体框架式结构,覆盖件为铝板冲压而成。这种铝车身与钢车身相比,质量减轻30%~50%,油耗减低5%~8%。日本本田公司生产的轿车车身用铝合金达162kg,比钢材车身减重约40%。奔驰公司新一代S系列轿车前桥拉杆和横向导臂、前桥整体支承结构采用铝合金材料,这种部件的质量与钢件相比轻35%。就铝板覆盖件的应用发展趋势看,强度高、成型加工性好、表面质量优良的铝板将取代钢板成为汽车覆盖件的主要材料。图9-11为采用铸铝合金的减振器支座,图9-12为全铝合金轿车车身骨架。

图 9-11 采用铸铝合金的减振器支座

图 9-12 全铝合金轿车车身骨架

9.2.2 镁合金

在汽车轻量化的发展过程中,铝材料也遇到其他轻型材料的竞争和挑战,比如镁、塑料等。镁的密度比铝轻得多,用于制造某些汽车零部件较铝更为合适。镁的密度为 $1.8g/cm^3$,仅为钢材密度的 35%,铝材密度的 66%。此外镁的比强度、比刚度高,阻尼性、导热性好,电磁屏蔽能力强,尺寸稳定性好,因此在航空工业和汽车工业中得到了广泛的应用。镁的储藏量十分丰富,镁可从石棉、白云石、滑石中提取,特别是海水的盐分中含 3.7% 的镁。近年来,镁合金在世界范围内的增长率高达 20%。

铸造镁合金的车门由成型铝材制成的门框和耐碰撞的镁合金骨架、内板组成。另一种镁合金制成的车门,由内外车门板和中间蜂窝状加强筋构成,每扇门的净质量比传统的钢制车门轻 10kg,且刚度极高。随着压铸技术的进步,已可以制造出形状复杂的薄壁镁合金车身零件,如前后挡板、仪表盘、方向盘等。图 9-13 为 Ford-Jaguar 轿车镁合金仪表台支架,重量仅 2.07kg。图 9-14 为采用 AM50 镁合金的 Daimler-Chrysler-Benz 轿车门内板,质量仅 2.5kg。

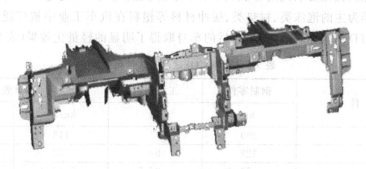
图 9-13 Ford-Jaguar 轿车镁合金仪表台支架

镁合金具有密度小、强度大、铸造性能和机加性能优良、减振性和屏蔽性好等优点,镁合金压铸近年来表现出强劲发展的势头。压铸成型过程具有高压力和高速度充型的特点,是生产镁合金零部件的有效方法。镁合金压铸成型技术主要包括镁合金熔化及保护、压铸模

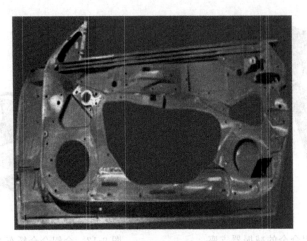

图 9-14 Daimler-Chrysler-Benz 轿车门内板

设计、工艺过程控制、承力零部件的后续热处理等。

由于镁在熔炼过程中易氧化燃烧,采取措施控制镁合金液质量对获得性能良好的压铸件尤为重要。根据镁合金液态成型特点并结合目前大多数压铸设备现状,通过控制镁合金液质量及合理选择压铸工艺参数,在普通冷室压铸机条件下可以实现装饰性或功能性要求压铸件生产。

9.3 塑料及复合材料

9.3.1 工程塑料

与通用塑料相比,工程塑料具有优良的力学性能、电性能、耐化学性、耐热性、耐磨性、尺寸稳定性等特点,且比要取代的金属材料轻、成型时能耗少。20 世纪 70 年代起,以软质聚氯乙烯、聚氨酯为主的泡沫类、衬垫类、缓冲材料等塑料在汽车工业中被广泛采用。如福特公司开发的 LTD 试验车,采用塑料化后的车身取得了明显的轻量化效果(表 9-5)。

表 9-5 福特 LTD 试验车轻量化效果

零 件	钢制零件 kg	工程塑料 kg	减重效果 kg/辆	%
车身	209	93	116	55
车架	123	90	33	27
车门	70.6	27.7	42.9	60
保险杠	55.8	20.1	35.7	64
发动机罩	22.2	8	14.2	64
前围	43.5	13.3	30.2	70
行李厢盖	19	6	13	68
其他(座椅骨架、托架等)	32.4	16.2	16.2	50

工程塑料用于汽车可实现轻量化和节能,且可回收和循环利用。目前六大类的塑料,即PP、PUR、PVC、ABS、PA 和 PE 在汽车上得到广泛的应用,通常用于制造车身覆盖件、车门门槛、车身内外装饰件和水箱面罩、保险杠和车轮护罩等。

9.3.2 复合材料

所谓复合材料,是指由两种或两种以上不同性质或不同组织的材料组合而成的新材料。复合材料是一种多相材料,是由有机高分子、无机非金属和金属等原材料复合而成。目前,玻璃纤维增强树脂复合材料和碳纤维增强树脂复合材料在汽车上已经获得成功的应用。

先进复合材料是比通用复合材料有更高综合性能的新型材料,包括树脂基复合材料、金属基复合材料、陶瓷基复合材料和碳基复合材料等。先进复合材料具有高的比强度、高的比模量、耐烧蚀、抗侵蚀、抗核、抗粒子云、透波、吸波、隐身、抗高速撞击等一系列优点,是工业中最重要的一类工程材料。

玻璃纤维增强树脂复合材料耐腐蚀、绝缘性好,特别是有良好的可塑性,对模具要求较低,对制造车身大型覆盖件的模具加工工艺较简易,生产周期短,成本较低。在轿车和客车上,已有采用玻璃纤维增强树脂复合材料制造的车身覆盖件、客车前后围覆盖件和货车驾驶室等零部件。

高强度纤维复合材料,特别是碳纤维复合材料(CFRP),因其质量轻,而且具有高强度、高刚性,有良好的耐蠕变与耐腐蚀性,因而是很有前途的汽车用轻量化材料。据统计,在欧美等国汽车复合材料的用量约占本国复合材料总产量的 33%,并继续呈增长态势,复合材料作为汽车车身的外覆件来说,无论从设计还是生产制造、应用都已成熟,并已从车身外覆件的使用向汽车的内饰件和结构件方向发展。

在碳纤维复合材料(CFRP)方面,由于碳纤维增强聚合物基复合材料有足够的强度和刚度,已在航天航空等领域广泛使用。它也是适用于制造汽车主结构——车身、底盘最轻的材料,受到汽车工业界的广泛重视。预计 CFRP 的应用可使汽车车身、底盘减轻质量 40%~60%,相当于钢结构质量的 1/3~1/6。但由于碳纤维增强复合材料的价格昂贵,碳纤维增强复合材料在汽车中的应用有限。为提高碳纤维增强复合材料的用量,发展廉价的碳纤维和高效率碳纤维增强复合材料的生产方法和工艺已成为汽车轻量化材料研究中的关键课题。

9.4 汽车车身轻量化设计

汽车轻量化是在保证汽车强度和安全性的前提下,采用现代设计方法和有效手段对汽车产品进行优化设计,或使用新材料,尽可能降低汽车的整备质量,从而提高汽车的动力性,减少燃料消耗,降低排气污染。资料表明,若汽车质量减轻 10%,燃油效率可提高 6%~8%,油耗可降低 6%~10%。燃油消耗下降,排放也随之减少,同时资源利用率提高,汽车使用寿命延长,使用性能也有显著提高。轿车车身质量约占整车质量的 50%,显然,汽车轻量化在很大程度上取决于车身轻量化。

但车身轻量化的前提是保证汽车的动力性和安全性等方面,即应保持汽车原有的性能不受影响,既要有目标地减轻车身质量,又要保证汽车行驶的安全性、耐撞性、抗振性及舒适性,同时汽车本身的造价不被提高,以免造成经济上的压力。

实现车身轻量化主要有三种途径:①采用新材料或材料替代。在替代材料方面,可使用同密度、同弹性模量而工艺性能好的截面厚度较薄的高强度钢,或者使用铝镁轻合金等有色金属材料、塑料聚合物材料、陶瓷材料等密度小、强度高的轻质材料。②采用先进的制造工艺,使用基于新材料加工技术而成的轻量化结构用材,如连续挤压变截面型材、金属基复合板、激光焊接板材等可达到轻量化目的。③优化车身结构,合理设计板件厚度和冲压薄板的形状,优化车身骨架传力路径和承载结构件材料分布,在结构设计上主要采用高刚性结构和超轻悬架结构等方法。

9.4.1 采用新材料实现车身轻量化

汽车轻量化要求一方面使用高强度的材料,另一方面要使用轻质材料,即强重比高的材料,而且还必须在适于成型、耐腐性、焊接、表面处理等方面具有良好的性能。根据车身零件的特性要求,合适的材料应用于合适的部位,车身多材料结构设计是今后汽车车身结构发展的趋势。通过对多材料结构进行优化,既能改进汽车性能,又能显著降低其质量。目前车身材料的组合仍以高强度钢、铝合金、镁合金、工程塑料、复合材料等为主。世界几种典型轿车用材比例见表9-6。

表9-6 世界几种典型轿车用材比例   %

车 名	钢铁	轻金属	塑料	其他
大众路波牌轿车	50.5	16.4	14.0	19.1
奔驰E系列轿车	63.0	6.0	9.0	23.0
奥迪A2型轿车	34.0	29.8	24.6	12.6
奥迪A6型轿车	59.3	12.8	17.1	11.8
福特新型P2000轿车	24.0	37.0	—	39.0
福特Taurus牌轿车	66.0	9.0	—	25.0
BMW公司3系轿车	56.7	11.5	14.5	—

1. 高强度钢在车身上的应用

目前车身使用的钢材大部分是近10年开发的新型钢材。由于性能的不断改进,以及新的制造技术和加工工艺的开发,钢材仍然是大批量生产汽车车身的主要材料。作为车身制造材料,不仅要求板材冲压性能好,而且还要满足部件的刚度、强度、防腐蚀能力。通过采用多种改进技术,近年来钢材的品质和性能大大提高,其中尤以超轻超薄高强度钢板最具发展潜力。当前车身用新型钢板主要有:

(1)冷轧钢板。冷轧钢板表面质量好,多用于车身冲压件。汽车车身多采用0.6~0.8mm厚的薄钢板。这种薄板的尺寸精度非常高,表面光滑,具有良好的力学性能、加工性能、成型性能和焊接性能,主要用于车身侧围板、顶盖、发动机罩、翼子板、行李厢盖、车门板和仪表板等覆盖件。

(2) 高强度钢板。普通低碳钢板的拉伸强度为 280~320MPa,高强度钢板的拉伸强度在 350MPa 以上。高强度钢板同时还具有较高的屈服点,因此降低板厚不会对冲压件的质量造成太大影响。高强度钢的缺点是冲压成型性比普通低碳钢差,容易产生成型不良现象,冲压时回弹较大,价格也较高。

高强度钢板主要包括含磷高强度钢板、微合金高强度钢板、双相钢板及烘烤硬化钢板等。为了解决高强度钢的冲压成型问题,同时又保持钢板较好的延展性和耐凹陷性,使钢板冲压成型前具有较低的屈服强度,对钢板进行高温时效处理,薄钢板的屈服强度可以得到一定程度的提高,这种薄钢板称为烘烤硬化钢板,即 BH 钢。BH 钢具有减小车身质量的作用,这是钢板本身强度较高并通过烘烤硬化提高零件屈服强度的结果。图 9-15 和图 9-16 为高强度钢板的应用实例。

图 9-15　BMW E60 侧框架

图 9-16　车门外板

(3) 表面处理钢板。在寒冷、沿海、酸雨和工业区,车身裸露部分的零件,特别是车架、底板和挡泥板等腐蚀现象非常严重。表面处理钢板可以防止腐蚀,提高车身材料的抗高温、抗氧化能力。表面处理钢板有镀锌钢板、镀铝钢板、镀铜钢板、镀铅、锡合金钢板和复层钢板。目前,车身底盘零件等采用的表面处理钢板主要是镀锌钢板。镀锌钢板可分单面镀锌钢板和双面镀锌钢板。从制造工艺上分为热镀锌钢板和电镀锌钢板。采用镀锌钢板的车身件有底板、门槛、发动机罩内板等。

(4) 高强度拼焊钢板。高强度拼焊钢板是在冲压前按车型设计将不同厚度和不同性能的钢板剪裁后拼焊起来的一种钢板。使用拼焊钢板坯料可以在汽车最敏感的部位使用涂镀层钢板,便于更好地发挥其耐腐蚀性,而在其他部位使用较薄的高强度钢板。拼焊钢板部件能够进行优质组装,还能减轻车身质量,提高机械强度,实现抗扭刚性、抗冲撞性与提高材料收缩率和降低生产成本的最佳组合。另外,使用拼焊钢板可减少零件数量,简化生产工艺,从而降低模具、焊接夹具、材料和组装成本,改善零件稳定性和抗疲劳破断性。

(5) 夹层板。夹层板有钢夹层板和铝夹层板两种。钢夹层板的外层是钢、铝、镁及纤维复合材料,中间夹层是网状或滚压的瓦楞型钢板;铝夹层板的外层与钢夹层板的外层材料相同,中间是发泡铝。其共同特点是质量轻、吸收噪声,可提高强度和刚度。

对车身不同部位,起不同作用的部件,应使用不同强度的高强度钢。如图 9-17 所示为车身高强钢的结构与性能。

目前,高强度超轻超薄钢材已应用在车身上。以博世公司为首的一个国际项目小组正在试验研究使用超轻高强度薄板钢来制造轿车车身的工艺技术。使用全镀锌钢板制造的车身,与普通类型车身相比,质量减轻 25%,而车身强度则提高 80%,抗弯强度提高 52%。目前,世界多家汽车制造公司已掌握了运用超轻超薄钢材制造汽车部件的相关工艺和技术,如

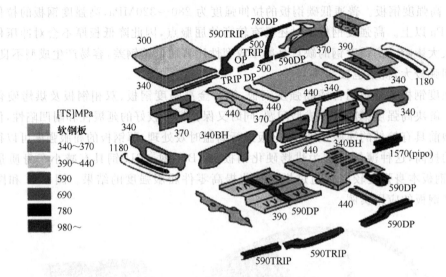

图 9-17 车身高强钢的结构与性能

特殊的冲压工艺、激光焊接技术,使超轻超薄高强度钢板的应用向汽车附件(如车门、发动机罩、行李厢盖等)延伸。这类零件若采用这种钢板制造,将使零件自身质量减轻 25%~30%。Volvo V70 采用高强度钢板的比例增加了 32%,同时提高了高强度钢板的等级。

2. 轻金属在车身上的应用

铝、镁、钛合金材料是所有现用金属材料中密度较低的轻金属材料(镁合金密度约 $1.74g/cm^3$,铝合金密度约 $2.7g/cm^3$,钛合金密度约 $4.51g/cm^3$,而钢的密度约 $7.8g/cm^3$),因而成为汽车减轻自重、提高节能性和环保性的首选材料。轻金属替代钢铁材料是汽车发展的重要方向。

1)铝及铝合金

在满足相同力学性能的条件下,用铝作为汽车材料可比钢减少质量 60%,且铝易于回收、发生碰撞时比钢多吸收 50% 的能量、不需防锈处理等。因此,铝合金是应用于车身较早且技术日趋成熟的轻量化材料,在汽车上的用量日益广泛。如整备质量为 1483.6kg 的轿车,在保持全部性能的前提下使用铝材,车身质量能降低 125kg。可见铝合金制件对于车辆的轻量化作用重大。目前,一般轿车车身上常用铝合金部件主要有发动机罩、行李厢盖、前翼子板、保险杠、散热器框架等。图 9-18 为铝合金在轿车上的应用。

20 世纪 80 年代后期铝合金开始应用在发动机罩、挡泥板上。全铝型无骨架车身用 6000 系(Al-Mg-Si)合金和 7000 系(Al-Zn-Mg)合金,可减少 30%~40% 质量,且安全性也得到加强。针对化学合成处理差的问题,研究者开发了一种可与钢板在同一流水线进行磷酸锌处理的铝板。由于在轻量化方面效果显著,目前美国和德国把轧制铝用于车身外板,使汽车的铝材化进入实用阶段,特别是现代无骨架车的推出,加大了铝材的应用空间。从近年国外出现的概念车来看,在车体结构上大都采用无骨架式结构和空间框架结构,而且大都以挤压型铝材为主。挤压型铝材是将铝合金挤压成各种复杂断面形状和中空状型材,具有密度小、比强度大、制造成本低的优点。用中空铝型材作保险杠,能减轻质量 30%~40%,并

第 9 章 车身材料及轻量化

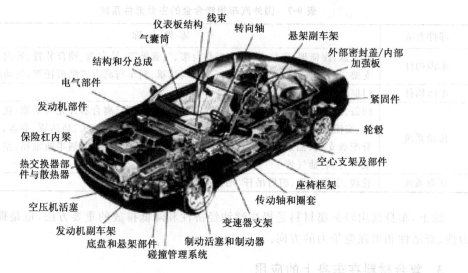

图 9-18 铝合金在轿车上应用

与钢材件具有同等的抗冲击强度。但因制造成本和材料成本等问题,铝合金向全车身的应用进展缓慢。

奥迪 A8 型高级轿车的整个车身均采用铝材制造,框架采用立体框架式结构,覆盖件为铝板冲压而成。这种铝车身与钢车身相比,质量减轻 30%～50%,油耗降低 5%～8%,如图 9-19 所示。日本本田公司生产的 Insight Hybrid 轿车车身用铝合金达 162kg,比钢车身减重约 40%,如图 9-20 所示。在铝材使用方面,宝马(BMW)X5/X6、通用(GM)SUV 混合动力车、Lambda 平台车(CUV)等较大型号车型的发动机罩均使用铝材。

图 9-19 奥迪 2011 款(全铝车身框架)

图 9-20 Insight Hybrid 轿车车架

2) 镁合金

镁是工业常用金属中最轻的一种。我国原镁产量目前居世界第一位,占全球总产量的 1/3。镁合金应用在汽车上,在减轻汽车质量、提高燃油经济性和安全性、保护环境、增强竞争能力等方面效果显著,在汽车上的应用潜力巨大。近年来,国外镁合金在汽车上的应用以年平均 25% 的速度快速增长,其主要应用情况如表 9-7 所示。据资料介绍,汽车上有 60 多种零部件可以采用镁合金生产,我国经过"十五"和"十一五"科技攻关,也有 20 余种汽车零部件可以采用镁合金生产,如仪表盘骨架、座椅骨架、进气歧管、赛车车轮、支架、转向盘骨架、缸体、壳体类零件等,目前镁合金件正向大型集成化发展。

表 9-7　国外汽车用镁合金的主要部件系统

部件系统	零件名称
车内构件	仪表盘、座椅架、座位升降器、操作台架、气囊外罩、转向盘、锁合装置、转向柱、转向柱支架、收音机外壳、小工具箱门、车窗马达罩、刹车与离合器踏板托架、气动踏板托架
车体构件	门框、尾板、车顶板、IP 横梁
传动系统	阀盖、凸轮盖、四轮驱动变速箱体、手动换挡变速器、离合器外壳与活塞、进气管、机油盘、交流电机支架、变速器壳体、齿轮箱壳体、油过滤器接头、马达罩、前盖、汽缸头盖、分配盘支架、油泵壳、油箱、滤油器支架、左侧半曲轴箱、右侧半曲轴箱、空压机罩、左抽气管、右抽气管
底盘系统	轮毂、引擎托架、前后吊杆、尾盘支架

综上，车身选用轻金属材料是提高燃油经济性和降低排放的重要方法，也是提高汽车动力性、舒适性和增强竞争力的方向。

3. 复合材料在车身上的应用

1）工程塑料

汽车上使用的工程塑料主要包括热塑性塑料、热固性塑料以及橡胶状塑料。汽车车身采用塑料材料具有质量小、易于加工和防锈防腐蚀的特点。塑料最先使用在汽车的内饰和外饰件上，如仪表板、侧围内衬板、车门防撞条、扶手、车窗、散热器罩等，目前汽车的保险杠几乎都是塑料件。近年来，塑料在车身板件和发动机周围的零部件上的使用量在不断增大，占车身质量的 10%~15%，尤以美欧的汽车制造商采用为多。如奔驰的 Smart 轿车车身覆盖件采用了可随时更换的塑料覆盖件，塑料的透明顶盖既轻量化，又有宽敞的视野，而且使整车的重心降低，对汽车行驶稳定性和安全性非常有利；雷诺的 Espace 和莲花的 Elise 轿车也采用塑料车身；戴姆勒—克莱斯勒司 1998 年推出的 CCV 概念车采用四块热塑车身板，加上板材连接件，白色的车身板件总质量 95kg，开创了全热塑车身的里程碑。汽车的尾灯和前大灯的玻璃也逐渐从天然材料转向塑料。一般热固性塑料力学性能好、强度高、表面质量好，具有良好的表面着色、电镀、植绒、铆接、耐腐蚀等性能，多作为外表面件使用。

今后的车用材料，正由金属向塑料方向转化，但塑料比金属材料的强度差，既便宜又有高强度的塑料有待开发。

2）纤维增强材料

常用的纤维增强材料主要有玻璃纤维增强塑料(GFRP)、碳纤维增强塑料(CFRP)和纤维增强金属(FRM)。与钢质零件相比，纤维增强材料生产周期短，质量较轻，便于汽车改型，制件整体性好，耐用性和隔热性好。常用的玻璃纤维增强塑料包括片状/块状模压复合材料(SMC)、玻璃纤维增强热塑性材料(GMT)和树脂传递模塑材料(RTM)。欧洲和美国玻璃钢(SMC)汽车部件用量最多，主要有悬架零件、车身及车身部件、发动机盖下部件、车内装饰部件等，其中尤以保险杠、车顶、发动机罩、发动机隔声板、前后翼子板等部件用量最大。图 9-21 为 SMC 保险杠。福特金牛座轿车前围里的下散热器托架，原钢制品有 22 个零件，而应用 SMC 只需 2 件，质量大减，成本降低 14%。美国通用汽车公司生产的 SMC 车门比钢门减轻了 19.1kg，如图 9-22 所示。

 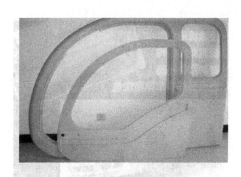

图 9-21　SMC 保险杠　　　　　　　图 9-22　SMC 大型汽车车门

　　GMT 是一种以热塑性树脂为基体,以玻璃纤维毡为增强骨架的复合材料,主要用于生产电池托盘架、保险杠、座椅骨架、前端组件、门模块、后举门、挡泥板、地板、隔声板、发动机罩、备胎箱、气瓶隔板、压缩机支架等。GMT 被视为 21 世纪绿色材料。宝马公司采用 GMT 代替原来的金属材料制造 M3 运动轿车的保险杠将质量至少减轻了 60%,如图 9-23 所示。

　　RTM 在汽车中主要应用于乘用车的车顶、后厢盖、侧门框和备胎仓,以及卡车的整体驾驶室、挡泥板等。雷克萨斯超级跑车 LF-A 整车采用了碳纤维增强塑料(CFRP)作为车身材料,不但能够实现 4 倍于铝材的高强度,而且降低了车身自重,如图 9-24 所示。

图 9-23　GMT 材质汽车保险杠　　　　　　　图 9-24　雷克萨斯超级跑车 LF-A

　3) 蜂窝夹层材料

　　蜂窝夹芯复合板是由两层薄而强的面板材料,中间夹一层厚而极轻的蜂窝组成。钢质蜂窝夹芯板可用于汽车零件,质量可减轻 35% 左右;可用于开发防弹材料,应用于运钞车、装甲车等;还可做散热器芯和减振夹芯板。夹芯结构在汽车上已经有了较多应用,主要用于车身外蒙皮、车身结构、车架结构、保险杠、座椅、车门等。图 9-25 为宾利大陆 GT 轿车的扰流板采用碳纤维蜂窝矩阵结构。图 9-26 为玛莎拉蒂 MC12 底盘采用碳纤维和蜂窝夹层结构。

　4) 树脂板

　　宝马、悍马(Hummer)、三菱和标致雪铁龙(PSA)等制造商均使用树脂板做挡泥板。Smart 自 20 世纪 90 年代以来一直以树脂板代替钢板。2007 年以后,业界开始聚焦代替后面及侧面板玻璃的聚碳酸酯树脂。树脂板在汽车上的应用动态见表 9-8。

图 9-25　宾利大陆 GT　　　　　　图 9-26　玛莎拉蒂 MC12

表 9-8　树脂：轻量化车体外板的应用动向

汽　　车	备　　注
悍马(Hummer)H3	在挡泥板上采用 Noryl GTX 树脂
三菱新劲炫 asx	车身前后的翼子板采用树脂翼子板
本田 Civic(欧洲市场)	本田在新 Civic(欧洲市场)的后窗上采用 SABIC 开发的树脂 Lexan GLX (Lexan GLX 是 SABIC 开发的替代玻璃用聚碳酸酯树脂)
标致(Peugeot)307 三厢车	采用 Noryl GTX 树脂挡泥板
宝马 i3	采用树脂制挡泥板组件、座椅、自承式后排座椅外壳、结构加固车顶框架等部件塑料材质大面积应用

另外，应用于汽车上的非金属材料还有纺织复合材料以及高强度结构发泡材料等。例如，福特汽车通过采用 Mu Cell 微发泡注塑成型技术在零件成型过程中充入气泡的方式，形成极为细微的蜂巢状结构，这些细微的空隙既节约了塑材，又减轻了质量，而且不会影响零件的任何性能，如图 9-27 所示。

图 9-27　福特汽车采用 Mu Cell 微发泡注塑成型技术

随着汽车车身轻量化技术的日益推进，越来越多的车型开始采用轻量化材料。降低成本必将成为轻量化技术发展的关键。

5) 纳米铝

纳米铝合金就是通过纳米工艺制造出的、具有全新概念内部组织的一种纳米多晶合金。纳米多晶合金是指结晶粒内将形状和构造各不相同的纳米析出物（超微析出物）进行分散，同时对PFZ的幅度及纳米析出物的形态进行控制，而制备出的复合组织。

如果能够成功地在纳米水平实现铝合金内部组织的最合理化，从而制备出纳米多晶材料，那么铝合金材料将作为各种汽车板材，在车架、挡泥板、顶盖、前后车门等方面扩大其应用范围，这对于提高汽车的燃料效率、显著减少废气排出、实现汽车的轻量化具有重大的意义。由于纳米多晶合金实现了高烘烤硬化（BH）性以及高成型性，具备了汽车板材所应有的突出性能，因此作为更轻、强度更高、成型性更好的新型合金材料，必将为汽车超轻量车身的实现而做出贡献。

9.4.2 采用新工艺实现车身轻量化

轻质材料在减轻车身质量的同时，也对汽车工艺提出了新的要求，例如，用新材料制造的零件进行组装时，就遇到了接合技术问题。采用高强度钢后，材料厚度更薄，传统的MAG焊接工艺面临无法解决的焊接难题。表9-9为车身组装接合技术。

表9-9 车身组装接合技术

种　类	接 合 技 术
熔融接合	MIG、MAG、CO_2弧焊、等离子焊、激光焊、缝焊、电子束焊
固态接合	摩擦搅拌接合、摩擦搅拌点接合
机械接合	铆钉连接、铆钉铆接、压力铆接、翻边咬合
钎焊	激光钎焊、钎焊
粘接	化学粘接
混合接合	粘接点焊、粘接铆接、激光电弧

目前，轻量化成型工艺技术在金属材料方面，有剪裁拼接技术、激光拼焊板技术、液压成型技术、发泡铝成型技术、镁型材的液压热挤出工艺、电磁成型技术、涂装技术、零件轧制新技术、半固态金属加工、喷射成型等新技术；在塑料和复合材料方面，有塑料/金属复合材料工艺、低压反应注射成型、气体辅助注射成型技术等满足汽车轻量化新工艺。下面将对车身中应用较多的几种新技术进行简要介绍。

1. 管件液压成型技术

也称内高压技术，是一种利用液体作为成型介质，通过控制内压力和材料流动来达到成型中空零件目的的材料成型工艺。一般用来制造空心轻体构件，其工艺过程如图9-28所示。内高压成型件具有质量轻、刚度好等优点。而且碳钢、不锈钢、铝合金、钛合金、铜合金及镍合金等都可用该技术成型，原则上适用于冷成型的材料均适用于内高压成型工艺。内高压成型（Hydroforming）具

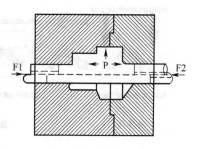

图9-28 内高压成型原理图

备优良的可延伸性。

金属板料液压成型原理如图 9-29 所示。使用液压成型方式制造的零件,由于成型后的回弹少、精度高,因此可以节省后续所需的加工以及组装费用。同时,可将原来需要分割成数个零件组合的部件,改以单一的零件代替,减少了零件组合的工作,同时增加车体的刚性,从而达到减轻质量、降低成本的目的。目前液压成型的汽车车身结构件主要包括散热器支架、引擎支架总成、侧门框、车顶纵梁、车身纵梁、车顶托架、副车架等,如图 9-30 所示。

与冲压焊接件相比,管材液压成型件质量更轻,一般结构件可减重 20%～30%,轴类零件可减重 30%～50%,并可减少后续的机加工量和组焊工作量,提高构件的强度与刚度,由于焊点减少而提高疲劳强度。目前,北美的新车型有近 50% 的结构件采用液压成型。今后,新设计的新型轿车 50% 的结构件将由冲压件改为液压成型件,广泛用于轿车的副车架、散热器支架、底盘构件、车身框架、排气系统异型管件等。

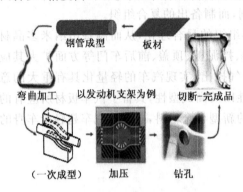

图 9-29　金属板料液压成型原理图

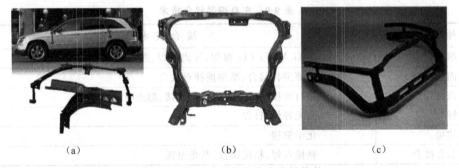

图 9-30　液压成型的汽车车身结构件

(a) Daimler Chryster 侧框;(b) Ford CDW27 引擎支架总成;(c) Volvo 850 铝制前端

2. 热冲压成型工艺

将钢板加热到 A_{c3} 点以上的 A(奥氏体)区域进行冲压成型,然后在冲模中从 A_{r3} 相变点以上进行急冷。热冲压原理如图 9-31 所示。在高强度下,冲压构件的回弹以及模具的磨损

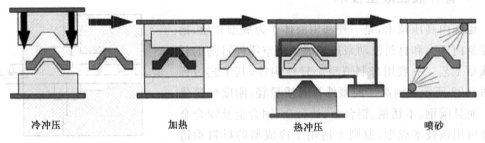

图 9-31　热冲压原理图

等都难以解决,在这种情况下产生了热成型高强度马氏体钢及相应的工艺成型技术,其应用也取得了进一步的发展。热冲压成型技术是将钢板(初始强度为 500~600MPa)加热至奥氏体状态,然后进行冲压并同时以 20~300℃/s 的冷却速度进行淬火处理,获得具有均匀马氏体组织的高强钢构件的成型方式。

热冲压成型的优点主要包括以下几方面:可以得到超高强度(1000MPa 以上)的车身零件;能够减轻车身质量,提高车身安全性、舒适性;改善冲压成型性;控制回弹,提高零件尺寸精度;提高焊接性、表面硬度、抗凹性和耐腐蚀性;降低压机吨位要求。德国大众速腾车身上,采用了超过 60% 的超高强度和高强度车身材料,具有极高的机械安全性。其中热成型钢板主要应用于前、后保险杠骨架以及 A 柱、B 柱等重点部位,在发生撞击时,尤其在正面和侧面撞击时,可有效减少驾驶舱变形,保护驾乘人员的安全。热冲压成型应用零件如图 9-32 所示。图 9-33 中,箭头所指部分为迈腾车身采用热成型钢材的部分,凭借热成型钢材的高强度特质减少驾驶舱变形。

图 9-32 热冲压成型应用零件
1—侧门;2—支架和梁;3—各种突出梁;4—柱加强板;5—外门板;6—加强板;7—纵梁

图 9-33 迈腾车身采用热成型钢材实图

3. 注射成型技术

随着塑料制品应用日益广泛,人们对塑料制品的精度、形状、功能、成本等提出了更高的要求,发展了一些新的注射成型工艺,如气体辅助注射、低压注射、层状注射、熔芯注射、剪切控制取向注射等,以满足不同应用领域的需求。例如,大型平板类零件,如桌面、车门板、汽车外饰件、冰箱托盘、散热格栅和机器外罩;以及形状复杂、薄厚不均的零件,如汽车车身、保险杠、仪表板、计算机和彩电外壳等。图9-34为应用注射成型技术的车门内板以及仪表盘。

图9-34 应用注射成型技术的车门内板以及仪表盘

4. 发泡铝成型技术

发泡铝是空气与铝复合而成的材料,它是一种在铝基体中均匀分布着大量连通或不连通孔洞的新型轻质多功能材料,分为胞状铝(闭孔泡沫铝)和多孔铝(通孔泡沫铝)两类,密度为铝的1/10。进一步研究发现,发泡金属泡孔组织结构的零部件强度/密度比极佳。如果向铝模具内充气或把将要发生化学反应的小颗粒注入铝模具,形成发泡铝的多孔组织,就能充分吸收能量、缓冲振动和降噪。目前主要应用在保险杠、纵梁、支柱等部件上。图9-35为泡沫铝在汽车上的应用。

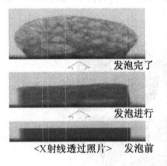

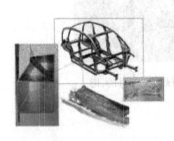
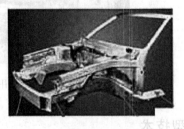

图9-35 泡沫铝在汽车上的应用

泡沫铝的生产加工工艺比较复杂,制备泡沫铝的原材料(铝粉或铝合金)也较贵。但是泡沫铝是集优良的力学、物理、热学、声学等性能于一身的多功能集成材料,因此发挥泡沫铝的多功能集成特性,是泡沫铝走向实用化的关键。

9.4.3 优化车身结构实现轻量化

1. 结构件优化连接工艺——可靠连接

汽车车身壳体是一个复杂的结构件,它是由百余种甚至数百种薄板冲压件经焊接、铆接、机械连接及粘接等方法连接而成的。

1) 焊接

由于车身冲压件的材料大都是具有良好焊接性能的低碳钢,所以焊接是现代车身制造中应用最广泛的连接方式。表 9-10 列举了车身制造中常用的焊接方法。

表 9-10 车身制造中常用的焊接方法及典型应用实例

焊接类型	焊接方法		典型应用实例
电阻焊	点焊	单点焊 悬挂式点焊机	车身总成、车身侧围等分总成
		单点焊 固定式点焊机	小型板类零件
		多点焊 压床式多点焊机	车身底板总成
		多点焊 C 形多点焊接	车门、发动机盖总成
	缝焊	悬挂式缝焊机	车身顶盖流水槽
		固定式缝焊机	油箱总成
	凸焊		螺母、小支架
电弧焊	CO_2 气体保护焊		车身总成
	亚弧焊		车身顶盖后两侧接缝
	手工电弧焊		厚料零部件
气焊	氧-乙炔焊		车身总成补焊
钎焊	锡钎焊		水箱
特种焊	微弧等离子焊		车身顶盖后角板
	激光焊		车身底板

电阻电焊通过施加在电焊电极上的电流将零件的接触表面熔化,然后在压力作用下连接在一起。电阻焊占汽车整个焊接工作量的 60% 以上,有的车身几乎全部采用电阻焊。由于车身零件大都是薄壁板件或薄壁杆件,其刚性很差,所以在装焊过程中必须使用多点定位夹紧的专用装焊夹具,以保证各零件或合件在焊接处的贴合和相互位置,特别是门窗等孔洞的尺寸等,这也是车身装焊工艺的特点之一。但是对铝件进行电阻电焊时,由于铝比钢的热传导快、电传导快、热膨胀系数大、凝固收缩率大等问题,因此必须增加压力和加大电流,致使电极变大,成本增加。另外,铝板表面的氧化铝膜也会增加电焊的难度,因此目前使用电阻电焊接合铝件的并不多。

激光焊是通过施加在电焊电极上的电流将零件的接触表面熔化,然后在压力作用下连接在一起。汽车车身用激光焊是从 20 世纪 90 年代平面坯料的焊接发展起来的,激光拼焊板是将几块不同材质、不同厚度、不同涂层的钢材焊接成一块整体板,以满足零部件对材料性能的不同要求,也可以把相同材质的等厚材料焊接到一起冲压,以提高材料利用率。激光拼焊工艺与传统工艺的对比如图 9-36 所示。图 9-37 为采用激光拼焊的车身外围板。

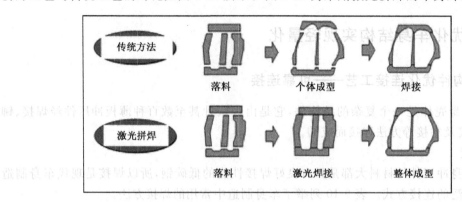

图 9-36 传统工艺和激光拼焊的对比

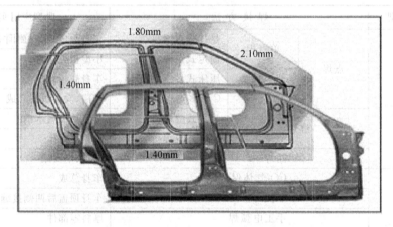

图 9-37 采用激光拼焊的车身外围板

采用激光拼焊技术可以从部件的一个侧面焊接,不用两面夹紧,热影响区小,非常适合型材和封闭断面零件的焊接,并且可以减少零件数量和材料消耗,降低整车质量,简化装配工艺,可应用于车身生产线上,如大众 Golf 车型上的激光焊接缝长度已超过 70m。激光焊的焊枪头尺寸小,可以在较窄的沟槽中焊接,如日产 FUGA 顶盖与边梁焊接处的沟槽宽度缩小了,而顶盖边梁断面可以扩大,从而提高了整车的刚性。激光焊目前主要有 CO_2 激光焊和 YAG 激光焊,激光电弧混合焊作为辅助焊接方法已经应用于 Audi A8 的车身组装焊接中。另外,激光铜焊也正在逐步发展,并已经应用于大众 Polo 车型上。图 9-38 为激光焊汽车车架。

汽车车身在组装中采用哪种接合方法,各汽车公司都会将现行的接合方法与本公司的具体条件结合起来综合考虑。第一代 Audi

图 9-38 激光焊汽车车架

A8 的接合方法有 4 种,且还有电阻焊点,而新 Audi A8 则成倍增加了自冲铆接(SPR)的点数,而取消了电阻电焊,并开始采用激光焊。Jaguar XJ 全铝车身的接合方法绝大多数使用 SPR,并以 MIG 和摩擦搅拌为辅助,并采用了粘接技术。

2) 机械连接

压力铆接(Adhesive Bonding)、钳铆(Clinching)、自冲铆接(Self-piercing Riveting, SPR)、盲铆(Blinding Riveting)和折叠,也称"自穿铆接",是将铆钉压入要连接的两层或多层板料,穿过上面的板料,而不透过最下面的板料。图 9-39 为压力铆接示意图。

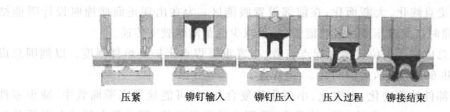

压紧　　铆钉输入　　铆钉压入　　压入过程　　铆接结束

图 9-39　压力铆接过程示意图

压力铆接既能连接同种材料,也可以连接不同种材料,没有熔融部和热影响区,连接强度大,不需要预先打孔,且容易实现自动化操作,因此压力铆接在全铝身组装中大有代替电阻焊的趋势。但由于压力铆接必须使用专用模具,增加了成本,并且背面会有突出来的铆钉尾部拱起,因此在进行结构设计时,要注意不能影响其他部件的组装。

摩擦搅拌接合/摩擦搅拌点接合(Friction Stir Welding,FSW)是通过棒状工具头高速转动并且加压,使被连接材料由于摩擦产生的热将材料接合处加热到能塑性蠕动,随着工具头的转动搅拌,将材料混合扩散而接合到一起,如果工具头连续转动又移动,使摩擦搅拌成为连续的线,即 FSW,如图 9-40 所示。摩擦搅拌接合不用铆钉,不需要焊丝,设备简单,加工温度低,没有熔融区,因而变形小,且接合部因晶粒细化而使强度和韧性都得到提高。但是由于工具头需

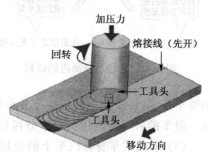

图 9-40　摩擦搅拌接合原理

要较高的硬度,因此目前还只是应用于铝、镁、铜等比较软的金属材料上。

由于人们对安全性和舒适性要求的提高,汽车自重不断增加,油耗和污染亦随之增加,为降低油耗减轻污染,必须实现汽车轻量化。新的成型工艺以及和新型材料的结合,如发泡铝、成型轧制等在汽车轻量化中发挥了重要作用,但尚有成本高、工艺复杂等问题。

2. 通过合理化结构实现汽车的轻量化

车身结构设计需要满足车身刚度、模态、碰撞安全性、疲劳寿命和 NVH 特性等诸多方面的性能要求及相关法律、法规和标准。进行轻量化设计也要满足上述性能的要求,同时要考虑车身的结构设计、车身结构的可加工性和生产成本。20 世纪 90 年代以来,汽车轻量化技术得到了迅速的发展,其中又以汽车轻量化结构设计和分析与轻质材料的研究发展最为迅速,成为实施汽车轻量化技术的主要手段。但是轻质材料的应用存在研发成本高、时间长、工艺不成熟等问题。而汽车结构的轻量化主要是通过对汽车的整体及零部件进行结构

分析和优化,改进汽车结构,使部件薄壁化、中空化、小型化和复合化,对内饰、发动机和底盘等汽车零部件进行结构和工艺改进,从而实现汽车零部件的精简、整体化和轻质化。

(1) 将车身划分为吸能区和刚性区。吸能区能吸收部分碰撞能量,并使用剩余碰撞能量分散性地传到刚性区,而刚性区能确保有足够的刚性和强度保护乘员不受损伤或少受损伤。各公司根据这种理念结合自身条件有相应的设计方案。如丰田公司的GOA式安全车身,马自达6的3H安全车身,Volvo的龙式车身,日产的ZONE BODY区域车身结构,本田的G-CON车身等。

(2) 前纵梁直线化、大断面化,在前部设置吸能区;为在出现正面碰撞时设计吸能结构,保证在碰撞时在此处压溃而吸收能量,尽量减少能量向驾驶室传递。

(3) 焊接总成在适当位置增加焊点点数、布置重要焊点来提高组件强度。以侧围总成为例,前门洞共60个焊点,后门洞共54个焊点。

(4) 车身部件的薄壁化、中空化、小型化和复合化,尽可能地提高断面效率,减少零件数。近年来,Downsizing受到关注,其意为"采用小排量发动机,降低整车尺寸和总质量",即在不增加成本的情况下,维持车身功能与抗冲击安全性的同时减轻车身质量。采用新型材料以及新工艺可以实现超轻车身,从而实现省能源、省资源、轻量化、低排放、低成本的目的,如图9-41所示。

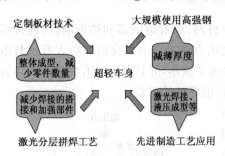

图9-41 超轻车身制造的措施

真正要实现在满足使用性能不变前提下的Downsizing,并不是让用户在牺牲汽车动力性能的情况下选择A00、A0、A级的微型车、小型车。小型化的对象是B级以上的C、D、F级的中级、中高级和高级乘用车。措施是综合采用各种现代发动机技术和整车技术,将车辆上的部件充分小型化、轻量化,从而降低车重,减小部件所占空间,使较低一级车的各项性能达到或十分接近较高一级车的性能指标。

(5) 承载式车身在汽车上的应用。对于家用车来说,非承载式车身最大的问题就是车身质量太大,因而随着汽车技术的发展,人们取消了非承载式结构中独立的刚性车架,整个车身成为一个单体结构,这就是承载式车身。承载式车身的外壳、车顶和地板以及A、B、C三根柱都是连接在一起的。在冲压阶段,钢板先被冲压成不同的形状,然后焊接成一个完整的车身。其实这些部件按照功能可以大致分为两种:车身覆盖件和结构件。承载式车身的最大优点是车身强度高,钢架能够提供很强的车身刚性,也有利于提高安全性,对于载重车和越野车来说这一点非常重要。

9.4.4 车身轻量化设计方法

车身设计包含七大要素:安全、耐久、NVH、功能、工艺、成本及重量,如图9-42所示。其中,安全、NVH、耐久代表了车身性能表现;车身设计质量的评价标准取决于这七大要素之间的平衡程度,用最小的成本、重量和工艺投入换来最优的安全性、NVH表现、耐久性并实现相应的车身功能。由此可见,车身轻量化设计并不是单纯的车身减重,而是和车身性能设计紧密联系在一起的一个系统的平衡设计。

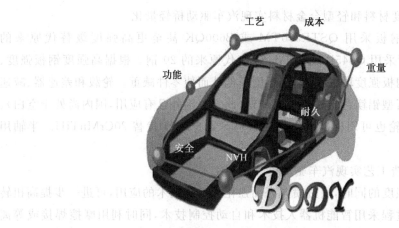

图 9-42 车身设计包含的七大要素

1. 车身轻量化的评价指标

为评价白车身的轻量化效果,宝马公司提出了轻量化系数的概念,它由白车身质量 m(不含车门和玻璃)、静态扭转刚度 k_i 和左右轮边宽度与轴距的乘积所得的面积 A 等参数共同决定,且满足:$L=m/(k_i A)$。对于车身单个零件或整体装配结构还可以通过控制单位质量的刚度进行方案对比及优化,即同时考虑质量最小和刚度最大两个条件。而对于车身碰撞变形区的吸能结构,可使用单位质量的吸能量来衡量其吸能效率。

2. 车身轻量化设计流程

在保证整车刚度、强度、碰撞安全及振动噪声性能不降低,并适当考虑制造成本的前提下,使车身质量最小是典型的车身轻量化优化模式。在概念设计阶段,可以应用拓扑优化技术对整体骨架和底盘结构形式、力传递路径进行优化;在详细的技术设计阶段,可以应用形状及尺寸优化技术对零件几何参数进行优化。现代汽车轻量化设计流程如图 9-43 所示。

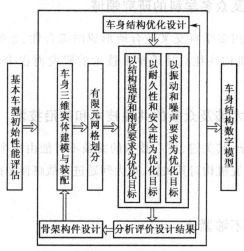

图 9-43 汽车轻量化设计流程图

1) 采用新型高强度材料和轻型合金材料实现汽车驱动桥轻量化

桥壳及安装支架钢板采用 QSTE500TM 或 B600QK 甚至更高强度级替代原来的 16MnL 和 BL510,套管采用 Q345B 或 HSM450 替代原来的 20 钢。根据高强度钢板强度、厚度经验公式可知当钢板强度增加后,钢板厚度降低从而使零件减重。轮毂和差速器、减速器壳体都可以考虑用新型铝镁合金替代球墨铸铁(此方法国外已有应用,国内尚处于空白)。另外,主减速器从动齿轮也可用标准的齿轮钢材料 SAE8620H 代替 20CrMnTiH。半轴用 40Cr,而不再用 45 钢。

2) 采用新型的制造工艺实现汽车驱动桥的轻量化

齿轮在提高材料强度的同时,通过喷丸表面强化等组合技术的应用,可进一步提高扭转传递能力。桥壳焊接过程采用智能机器人技术和自动控制技术,同时利用摩擦焊接或等离子焊接技术替代 CO_2 气体保护焊,以增加桥壳的强度。桥壳本体由一块整板冲压成型避免了中段焊接缺陷,提高了桥壳的支撑强度和寿命。另外,半轴花键通过采用滚轧成型工艺可提高花键扭矩的传递能力。

3) 合理布局,优化设计

通过改善受力分布,减小结构尺寸以提高支撑刚性和寿命。整车设计尽可能减小轮胎至弹簧的距离,减小桥壳危险截面的弯曲应力;通过增加套管直径而非壁厚来提高桥壳的承载能力;通过增加主从动齿轮的强度而非只简单增加齿轮直径以提高主减速器的承载能力。

9.4.5 车身轻量化面临的主要问题

目前,我国汽车轻量化技术无论在理论研究方面还是在实际应用方面与国外均有较大差距。轻量化技术的发展主要面临如下问题:

1. 轻量化技术涉及众多学科的研究领域

轻量化设计需要运用多学科交叉融合所形成的综合性、系统性知识体系,而在目前的研发体系下,各研发机构往往只注重单个技术的研发而很少开展各技术间的交叉与融合。

2. 汽车轻量化技术涉及众多的共性技术和前沿技术

轻量化设计过程复杂,其关键、核心技术的突破不可能由单个企业或科研机构独立完成,必须要由国家级的研究机构对其关键、重大问题进行战略性和前瞻性的超前部署。而目前此类机构尚未建立。

3. 产、学、研结合不够紧密

没有明确定位、合理分工。基础研究和技术开发研究的有机衔接不够。企业规模小而分散。轻量化技术开发能力薄弱,研发人才短缺,工艺水平落后。

习 题

1. 车身常用材料有哪些？各有何优缺点？
2. 什么是汽车车身的轻量化设计？
3. 车身轻量化的技术有哪几种？

参 考 文 献

[1] 黄金陵.汽车车身设计[M].北京：机械工业出版社,2012.
[2] 布雷斯,赛福尔特.汽车工程手册[M].魏春源,译.北京：机械工业出版社,2011.
[3] 柯尔.汽车工程手册[M].田春梅,李世雄,等译.北京：机械工业出版社,2012.
[4] 羊玢.汽车CAD/CAE技术基础与实例[M].北京：国防工业出版社,2013.
[5] 布莱恩.轻量化设计——计算基础与构件结构[M].陈力禾,译.北京：机械工业出版社,2010.
[6] 郭竹亭.汽车车身设计(上)[M].长春：吉林科学技术出版社,1992.
[7] 温吾凡.汽车人体工程学[M].长春：吉林科学技术出版社,1991.
[8] 孙凌玉.车身结构轻量化设计理论、方法与工程实例[M].北京：国防工业出版社,2011.
[9] 傅立敏.汽车空气动力学[M].北京：机械工业出版社,2006.
[10] 周一鸣,毛恩荣.车辆人机工程学[M].北京：北京理工大学出版社,1999.
[11] 吴亚良.现代轿车车身设计[M].上海：上海科学技术出版社,1999.
[12] 靳晓雄,张立军.汽车噪声的预测与控制[M].上海：同济大学出版社,2004.
[13] 马天飞.轿车低频NVH特性的刚弹耦合、声固耦合一体化研究[D].长春：吉林大学,2003.
[14] 张建伟.基于数值模拟技术提高微型客车正面抗撞性的研究[D].长春：吉林大学,2003.
[15] 刘晶郁,李晓霞.汽车安全与法规[M].北京：人民交通出版社,2005.
[16] 葛如海,刘志强,陈晓东.汽车安全工程[M].北京：化学工业出版社,2005.
[17] 谷正气.轿车车身[M].北京：人民交通出版社,2002.
[18] 温吾凡.汽车人体工程学[M].长春：吉林科学技术出版社,1991.
[19] 随允康,等.MSC.Nastran有限元动力分析与优化设计实用教材[M].北京：科学出版社,2004.
[20] 傅立敏.汽车空气动力学数值计算[M].北京：北京理工大学出版社,2001.
[21] 傅立敏.汽车新技术[M].长春：吉林科学技术出版社,2000.
[22] 李卓森.现代汽车造型[M].北京：人民交通出版社,2005.
[23] 马芳武.汽车空气动力学[M].北京：机械工业出版社,1993.
[24] 陈家瑞.汽车构造(下册)[M].4版.北京：人民交通出版社,2002.
[25] 王登峰.中国汽车轻量化发展[M].北京：北京理工大学出版社,2015.
[26] 朱茂桃,智淑亚.汽车车身现代设计[M].北京：国防工业出版社,2014.